勞動訴訟裁判評釋

陳金泉　著

三民書局

自　序

　　2021 年是很特殊的一年，作者執業律師三十幾年來，第一次遇到法院連兩個月都沒開庭，事務所律師同事全數在家工作 (work from home)，兩層樓辦公室就我和行政助理來上班。我一個人在樓上讀書寫字，連續兩個半月，完成二十篇左右有關勞動訴訟裁判的評釋文，只能當作是疫情期間的另一種收穫。

　　本書共收錄二十四篇裁判評釋，除前三篇是前曾已發表舊作外，其餘都是今年新完成。所處理議題不僅包括勞動實體法，大部分也都另涉勞動訴訟程序法制，這也剛好與作者近十年來讀書、教學重心放在勞動訴訟程序法制有關。選錄裁判之標準係以具重要性、代表性之議題為優先，書末另收錄一篇有關法律座談會決議之評釋。按「法律座談會決議」雖非法院裁判，但實務上仍具重要參考價值，爰一併收錄於本書之最末作為附論。

　　本書之能順利出版首須感謝三民書局。作者第一本勞動法專書「勞動法一百問」即是交由三民書局出版，這次仍然委請三民書局出版本書，感謝三民書局相關企劃、編輯同仁的聯繫安排與細心校對，謹在此致表由衷謝意。

　　其次，作者要感謝明理法律事務所的同事：葛百鈴律師、李瑞敏律師、黃胤欣律師、吳宗奇律師等人，謝謝他們全心全力的肩負起事務所工作，我才有餘暇可以用於讀書寫作，本書方能順利完成。

　　第三，我要感謝摯愛的家人，因為有他們的支持與包容，讓我無後顧之憂，可以週一至週日每週七天全天泡在辦公室，做我想做的讀書寫作工作，不必分心他顧。

　　最末，仍然要再重申，作者學力有限，所能搜尋閱讀到的裁判資料亦屬有限，因此容有思慮未週之處，懇請讀者先進諒察並惠予來信指正。

陳金泉

2021 年 9 月 9 日律師節作者謹序於明理法律事務所

凡　例

一、本書引用法院裁判數量多，為減省篇幅，除標題書寫法院全稱及完整裁判字號外，其餘內文引用時均使用簡稱。範例如下：

　　㈠最高法院 109 年度台上字第 1753 號民事判決 ： 最高法院 109 台上 1753 民事判決。

　　㈡臺灣高等法院高雄分院 110 年度勞抗字第 7 號民事裁定：高雄高分院 110 勞抗 7 民事裁定。

　　㈢臺灣高等法院 107 年度重勞上更一字第 2 號民事判決：臺高院 107 重勞上更一 2 民事判決（更一、更二的國字「一、二」均不另加括號）。

二、法院名稱除最高法院、最高行政法院書寫全稱外，其餘法院均寫簡稱，例示如下：

　　㈠臺灣高等法院：臺高院。

　　㈡臺灣高等法院高雄分院：高雄高分院。

　　㈢臺灣臺北地方法院：臺北地院。

　　㈣臺北高等行政法院：北高行。

　　㈤智慧財產及商業法院：智財法院。

三、摘錄裁判要旨時，如有分段並加「一、二、三」等之標號，純為閱讀及說明之便利而由作者所加，均為原判決書所無，讀者閱讀或引用時允宜特別注意。

四、依法院組織法第 57 條之 1 第 1、2 項規定，原最高法院判例其無裁判全文可資查考者停止適用，未停止適用者效力與未經選編為判例之最高法院裁判相同。本書引用原最高法院判例時，為利行文一貫並尊重過往確曾是判例的事實，引述時仍稱最高法院「判例」，但請讀者應特別注意上揭法院組織法第 57 條之 1 第 1、2 項之規定。

目 次

㊟ 論

01 職業災害補償和解與連帶補償責任之免除

——臺灣高等法院 90 年度勞上字第 33 號民事判決評釋❶

壹、前 言

勞工於職場上發生職業災害，輕則傷病、重則死殘，對勞工或其家屬都將造成重大災難，我國勞動基準法第七章雖設有「職業災害補償」專章，但短短僅共五、六個條文，必須靠司法實務合理的運作解釋始能達保護職災勞工目的。尤其在最容易發生職災的工程案例中，因國人習於層層發包，每一涉及職災，多數相關當事人常相互推諉，受害勞工（或其遺屬）又常因欠缺足夠的法律知識，以致應有權益平白受損，令人扼腕。本文以下即在以實際案例，說明勞工（或其遺屬）在訴訟上應如何請求，庶幾權益才不會平白喪失。

貳、案例事實

甲私立大學將其校園內水塔之清洗工作交付乙公司承攬，乙公司再將之轉包予丙小包承作，丙小包僱用勞工 A 實際從事清洗工作。A 於 87 年 7 月 9 日清洗水塔時不慎自高處跌落受傷成殘，依勞動基準法第 59 條計算職業災害補償金額含醫療費、醫療中不能工作之工資補償及職業災害殘廢補償等共計 241 萬 3,500 元。A 先與丙小包達成和解並受領 20 萬元和解金給付，於和解書中約明：「乙方（按即本文所指勞工 A）或任何其它人不得再向甲方（按即本文所指丙小包）要求其它賠償並不得再有異議及追訴等情事」。嗣 A 就不足之 221 萬 3,500 元部分，起訴求為命乙公司及丙小包應連帶給付職業災

❶ 本文原刊載於台灣本土法學雜誌，第 72 期，頁 227–230，2005 年 7 月。

害補償金共 221 萬 3,500 元之判決。

參、臺高院 90 勞上 33 民事判決要旨

一、「按稱和解者,謂當事人約定,互相讓步,以終止爭執或防止爭執發生之契約;又和解有使當事人所拋棄之權利消滅及使當事人取得和解契約所訂明權利之效力,民法第七百三十六條、第七百三十七條分別定有明文。又和解契約合法成立,兩造當事人即均應受該契約之拘束,縱使一造因而受不利益之結果,亦不得事後翻異,更就和解前之法律關係再行主張。上訴人(按即本文所指勞工 A)與被上訴人歐○○(按即本文所指丙小包)就本件事故以歐○○付二十萬元為條件達成和解,該筆款項亦經付訖,為兩造所不爭,則上訴人自應受該和解契約之拘束,其再行起訴請求歐○○給付職業災害工資補償、殘廢補償計二百二十一萬三千五百元,為無理由,應予駁回。」

二、「次按,債權人向連帶債務人中之一人免除債務,而無消滅全部債務之意思表示者,除該債務人應分擔之部分外,他債務人仍不免其責任;又債權人向債務人表示免除其債務之意思者,債之關係消滅,民法第二百七十六條第一項、第三百四十三條分別定有明文。債權人僅向連帶債務人中之一人或數人免除全部之連帶債務,對於全體連帶債務人亦發生消滅全部債務之效力。另依據勞動基準法第六十二條規定,事業單位以其事業招人承攬,如有再承攬時,承攬人或中間承攬人,就各該承攬部分所使用之勞工,均應與最後承攬人,連帶負本章所定雇主應負職業災害補償之責任。事業單位或承攬人或中間承攬人,為前項之災害補償時,就其所補償之部分,得向最後承攬人求償。查上訴人主張,被上訴人齊得公司(按即本文所指乙公司)為向東吳大學(按即本文所指甲私立大學)承攬系爭清洗水塔工作之承攬人,其再將工作交由被上訴人歐○○承攬,應與被上訴人歐○○就本件職業災害補償負連帶賠償責任,被上訴人對於齊得公司將工作交由歐○○負責招募工人完成,歐○○為中間承攬人乙節,既不爭執,則依上開規定,被上訴人齊得公

司於賠償損害時，對於被上訴人歐○○，即有求償權而無應分擔之部分，則債權人即上訴人向有負擔部分之債務人歐○○免除部分債務時，他債務人即被上訴人齊得公司即因而就免除部分亦同免其責任。而未免除之二十萬元，因連帶債務人之歐○○已為清償，該連帶債務即告消滅，齊得公司已無庸負責。」從而維持第一審法院駁回勞工請求之判決❷。

肆、本文評釋

一、事業單位與承攬人之辨

㈠依勞動基準法第 62 條規定：「I. 事業單位以其事業招人承攬，如有再承攬時，承攬人或中間承攬人，就各該承攬部分所使用之勞工，均應與最後承攬人，連帶負本章所定雇主應負職業災害補償之責任。II. 事業單位或承攬人或中間承攬人，為前項之災害補償時，就其所補償之部分，得向最後承攬人求償。」從法條文義解讀應認本條文規範之對象可分為「事業單位」、「承攬人」、「中間承攬人」、「最後承攬人」。

㈡其中「事業單位」是否應與承攬人等連帶對職災勞工負補償責任，因條文第 1 項僅規定承攬人或中間承攬人應與最後承攬人負連帶之責，疏未提及「事業單位」致生疑義。學者認為此應屬立法上之疏漏，解釋上參照同條第 2 項規定，應解為事業單位亦需同負連帶責任❸。最高法院 84 台上 2727 民事判決對此疑義亦採相同見解指出：「按勞動基準法第六十二條第一項之規定，就其字面觀之，須與最後承攬人負連帶責任者，似僅為承攬人或中間承攬人，而不包括事業單位在內，惟其立法理由在於規定事業單位以其事業交

---

❷ 本則判決嗣經上訴第三審後為最高法院以 91 台上 1331 民事裁定駁回上訴而告確定。

❸ 林更盛，承攬關係中職業災害案例評釋，法學叢刊，第 174 期，頁 167，1999 年 4 月。對此有詳細說明。

予他人承攬，或他人再將所承攬之工作，再次交予他人承攬時，事業單位對於交予他人承攬之工作所生職業災害，應與承攬人及以下各次承攬人負連帶補償責任。此由該條第二項係規定：事業單位或承攬人或中間承攬人，為前項之災害補償時，就其所補償之部分，得向最後補償人求償，益見招人承攬之事業單位應連帶負職業災害補償責任❹。」

　　㈢惟事業單位需與承攬人、中間承攬人、最後承攬人同負連帶補償責任者，限於「事業單位以其事業招人承攬」之情形。最高法院 88 台上 637 民事判決對此要件有明確之說明：「按事業單位與其事業承攬人依勞動基準法第六十二條第一項規定，對各該承攬部分所使用之勞工連帶負雇主職災補償責任者，須該事業單位以其事業之全部或一部招人承攬為必要。又依勞動基準法第二條、第三條，及勞動基準法施行細則第三條等規定，勞動基準法所稱事業單位，係指適用勞動基準法第三條從事依中華民國行業標準分類所定各業而雇用勞工為工作之機構。此觀上開各法條規定意旨自明。是法院於判斷事業單位應否負上開連帶職災補償責任時，首應就該事業單位依勞動基準法所從事行業類別、事業生產、營造或服務等工作內容暨其範圍等項為審認，始足決定。」換言之，事業單位必須是適用勞動基準法之行業；其次，該招人承攬之事項必須是事業之全部或一部。一般民眾委外承攬諸如房屋、水電整修工程等，一般民眾自身固非所謂的「事業單位」，其委外承攬之事項亦非其所經營事業之全部或一部，當然無庸依勞動基準法規定與承攬人連帶對勞工負職災補償之責，惟其是否應另依民法第 189 條規定負定作人責任，則屬另一問題❺、❻。

---

❹ 職業災害勞工保護法第 31 條第 1 項現已明定事業單位應與承攬人連帶負職災補償責任。本條規定自 2022 年 5 月 1 日起將由自該日起施行之「勞工職業災害保險及保護法」第 89 條規定取代。

❺ 黃越欽，勞動法新論，頁 274，2000 年 7 月。

❻ 職業災害勞工保護法第 31 條第 1 項將勞動基準法第 62 條之「以其事業招人承攬」修改成「以其工作交付承攬」，有謂解釋上事業單位只要將其「工作交付承攬」無論

㈣本案將水塔清洗工程委外承攬者固係甲私立大學，惟按各級私立學校乃係自88年1月1日起始納入勞動基準法適用範圍❼，本件職災事故發生時之87年7月9日，甲私立大學尚非勞動基準法適用行業，依上引最高法院88年度台上字第637號判決意旨，甲私立大學並非勞動基準法第62條所稱之「事業單位」要屬無疑❽。

㈤惟臺高院本則判決卻認乙公司為承攬人、丙小包為中間承攬人，則無異指甲私立大學為「事業單位」，揆諸上揭說明，似有未當。依本文淺見，乙公司既然以承包水塔清洗工作為其事業之一部，則其於受甲私立大學交付承

該「工作」是否為事業之全部或一部，即不免職災補償連帶責任云云。惟筆者以為此說過度擴大事業單位之責任，幾已至無從控制風險之地步。舉例而言，一般公司行號委外修理水電或交付快遞公司遞送文件，契約之性質應屬承攬無誤，假設該修理水電或遞送文件之「工作」非事業單位「事業」之一部分，如水電修復工或快遞人員發生職災也要事業單位依職業災害勞工保護法第31條第1項規定連帶負責，恐牽連過廣，令人難以接受。行政院勞工委員會91年9月27日勞安一字第0910050787號函示稱：「有關職業災害勞工保護法第三十一條『事業單位以其工作交付承攬者』，其所稱『事業單位』之認定，以該事業單位實際經營內容及所必要輔助活動，作個案認定；至於『以其工作交付承攬』之『工作』係以事業之經常業務為範圍，不以登記之營業項目為限，與勞動基準法第六十二條及勞工安全衛生法第十六條、第十七條中之『事業單位以其事業……』之『事業』範圍相同。」與本文見解同。

❼ 行政院勞工委員會87年12月31日(87)台勞動一字第059605號公告（第三階段擴大適用）。需特別澄清者，本則公告同時又將私立各級學校的教師、職員列為「不適用之各業工作者」，但僅是指私立學校聘僱之教師、職員不適用勞動基準法，非謂私立學校為不適用勞動基準法之行業。此正與律師事務所業已自87年4月1日納入勞動基準法適用範圍，但受僱律師排除適用，情形正屬相同（按受僱律師另自103年4月1日起納入勞動基準法適用範圍）。

❽ 甲私立大學縱於適用勞動基準法後將水塔清洗工作交付承攬，惟因水塔清洗並非該私立大學「事業之一部或全部」，亦無庸依勞動基準法第62條或職業災害勞工保護法第31條第1項規定與承攬人連帶負職災補償責任。

攬水塔清洗工程時，就有關該事業之執行，乙公司可直接認為係「事業單位」。乙公司嗣將該事業之一部（水塔清洗工程）交付承攬予丙小包承作，丙小包始為勞動基準法第 62 條意義下之「承攬人」。丙小包僱用勞工 A 於執行承攬工作時受傷致殘，身為「事業單位」之乙公司及「承攬人」丙小包依上引最高法院 84 台上 2727 判決意旨，應依勞動基準法第 62 條規定對勞工 A 連帶負職災補償之責。本案判決認乙公司為承攬人、丙小包為中間承攬人，雖然結論與本文並無不同（均同需對職災勞工負連帶補償責任），但其理由構成，卻似忽略了「事業單位」必以勞動基準法適用行業為限此一要件。

二、低於勞動基準法法定給付標準和解之效力

㈠在本案判決中勞工 A 因考慮到丙小包為較無資力之人，故雖然法定職災補償金為 241 萬 3 千 5 百元，仍僅以 20 萬元之數額與丙小包達成和解，並於和解書中約明：「乙方（按即本文所指勞工 A）或任何其它人不得再向甲方（按即本文所指丙小包）要求其它賠償並不得再有異議及追訴等情事。」解釋上應解為勞工已拋棄對雇主其餘之職災補償請求權。按勞工發生職業災害後，雇主應依勞動基準法第五十九條各款標準給予勞工或其遺屬補償金。該項補償金為法定最低標準，勞雇間事前約定或事後給予更優厚之補償者，依勞動基準法第一條規定立法意旨當為法之所許，自不待言。反面言之，勞雇間如事前約定較勞動基準法標準為低之補償金額甚或約定事先拋棄請求權者，其約定因違反法律之強行規定，自始無效。但如於職業災害事故發生後，勞雇間本於私法上之和解而由雇主給予較勞動基準法標準為低之補償金額而拋棄其餘部分之請求權者，其和解之法律上效力如何，頗富爭議。

㈡就勞工行政主管機關之立場言，雖然行政院勞工委員會 79 年 12 月 4 日 (79) 台勞資二字第 26298 號函就勞工本於勞動基準法所得主張之一般權利，例如資遣費、工資、加班費、工時、休息休假及退休金等認為：「有關各項權利勞資雙方自不得於事先以契約排除其適用。惟如依法雇主應給付資遣

費或退休金等事實已發生，依『契約自由』原則，勞資雙方得就各該部分成立和解，且屬合法有效❾。」本則行政函示列舉了工資、加班費、資遣費、退休金等勞工主要權利，卻獨漏勞工依勞動基準法第 59 條規定所得主張之職災補償請求權，似乎刻意予以排除在外。

㈢事實上內政部前於 75 年 10 月 17 日以 (75) 台內勞字第 443213 號函認為：「一、關於勞動基準法第五十九條職業災害補償標準屬法律之強行規定。調解、和解之內容，自不得違反此強行規定。若當事人間經法院核定之調解有違反前揭情事者，當事人得於法院核定之調解書送達後三十日內向原核定法院提起宣告調解無效或撤銷調解之訴，否則，即依法與確定判決生同一效力。二、至雇主違反勞動基準法第五十九條規定者，主管機關仍可依同法第七十九條規定處分，不因當事人間曾有調解協議而免責。」顯然對此爭議採無效說立場，認為低於法定標準給予之和解、調解在私法上亦屬無效，勞工或其遺屬得向原核定法院提起宣告調解無效或撤銷調解之訴。至於雇主違反勞動基準法第 59 條法定標準給予之公法責任（應依同法第 79 條第 1 項第 1 款規定處新臺幣 2 萬元以上 100 萬元以下罰鍰），亦不因勞雇間有和解協議而豁免。

㈣其後行政院勞工委員會 79 年 1 月 9 日 (79) 台勞動三字第 19437 號函對於「違反職業災害補償規定，主管機關執行罰則疑義」又作成統一解釋認為：「勞工遭受職業災害死亡，雇主與罹災者家屬以低於法定補償標準達成和解，餘不足部份罹災家屬拋棄對雇主之民事賠償請求權部份雖無法干涉，惟雇主違反公法之強行規定者，主管機關仍應依規定處分。」顯然在和解之「私法」效力上退一步不再干涉，不再認為無效，惟公法上行政院勞工委員會仍堅持認為只要給付低於法定標準就要裁罰，不因和解勞工拋棄請求權而受影

❾ 最高法院 85 台上 2254 民事判決認為：「勞工因退休而取得退休金請求權後，自願減少退休金之金額，甚至拋棄該項請求權，係對既得權利之處分，並非法所不許，該拋棄之意思表示，自屬有效。」另 77 台上 1407 民事判決同旨。

響。

㈤就最高法院之見解言，最高法院於 85 台上 812 民事判決中直接而明白的判認：「當事人依勞動基準法第五十九條規定所取得之權利，並非不得拋棄。上訴人於高雄市政府勞資爭議調解委員會調解時拋棄部分權利與被上訴人達成協議，自發生拋棄之效力。上訴人指該協議無效，不無誤會。」顯然純依民法第 737 條和解之規定而為裁判，絲毫不受行政機關不同見解之影響❿。

㈥就此一問題，有學者見解認為：「當事人雖得就職災補償為和解，惟此和解應與勞動契約之其他約款同樣地受到審查。若依個案具體狀況，職災補償權利人因和解僅單純地放棄其部分權利，卻未獲得相對地合理利益；或是和解之內容嚴重低於法定補償數額；又或是職災補償權利人在相關事實上未明朗或就其法律上所能享有之權利不清楚、甚至是處於某程度不當的壓力之下而為和解，則依（勞動）契約內容控制之理論，原則上應認為該和解抵觸勞動基準法第五十九條規定而無效。惟勞工若是在明確地知悉其法律上應有之權利的情況下為和解、而且其放棄部分權利、在客觀上具有合理正當事由者，該和解原則上得認為合法⓫。」

㈦筆者淺見以為職業災害事故發生後，勞工為了早日獲得補償，或因雇主有清償能力之虞等種種考量，往往不得不接受雇主低於法定標準之給予，情非得已，固然在私法效力上不得不認為已生和解之效力。惟為了警惕雇主並促使雇主「盡可能」依法定最低標準給予勞工補償，公法上之罰鍰責任或許收效不大，但行政機關為維護勞工「最低」權益所做之努力與用心則不難

---

❿ 板橋地院 91 勞訴 59 民事判決曾採行政解釋令見解判認低於勞動基準法給付標準之和解無效，惟該案經上訴二審後此一見解旋即為臺高院以 92 勞上易 104 民事判決廢棄確定。

⓫ 林更盛，承攬關係中職業災害案例評釋，法學叢刊，第 174 期，頁 172，1999 年 4 月。

理解❶。

　㈧本則案例中，勞工與雇主之和解金額遠低於法定最低給付標準，惟勞工並未爭執和解之效力，法院判決也未以之為爭點加以論斷，或許本案中之勞雇雙方及法院並不曾意識到有此一問題之存在。

三、勞工與最後承攬人和解所生之「毀滅性」效力

　㈠勞動基準法第 62 條第 2 項規定：「事業單位或承攬人或中間承攬人，為前項之災害補償時，就其所補償之部分，得向最後承攬人求償。」則依此規定，立法上使事業單位、中間承攬人、最後承攬人共負連帶責任，純是為了讓勞工追償便利擴大應負責之對象，但透過連帶債務人間內部求償之機制，則使最後承攬人負起終局的補償責任。

　㈡最高法院 87 台上 1949 民事判決對上述立法原意有詳盡之說明：「且勞動基準法第六十二條規定之立法意旨，其第一項規定：『事業單位以其事業招人承攬，如有再承攬時，承攬人或中間承攬人，就各該承攬部份所使用之勞工，均應與最後承攬人，連帶負本章所定僱主應負職業災害補償之責任。』。核其立法真意，係為給予勞工更充分之保障，始規定事業單位或承攬人應與最後承攬人（即僱主）對勞工連帶負職業災害補償之責任。因職業災害補償本係僱主對勞工應負之法定無過失責任，故於同條第二項始規定：『事業單位或承攬人或中間承攬人，為前項之災害補償時，就其所補償之部分，得向最

---

❶ 惟如此一來，雇主給付資遣費、退休金不足勞動基準法第 17 條、第 55 條規定標準者，縱使出於勞雇雙方事後之和解協議，是否也同樣要依同法第 78 條規定科處刑罰？如為肯定，則顯然過苛，迄今亦無類此法院判決案例。如為否定，則顯然輕重失衡，違反勞動基準法第 59 條給付標準者，情節較輕法律上僅科處行政罰鍰，勞雇雙方和解雇主仍不免責任。而違反勞動基準法第 17、55 條給付標準者情節較重，法律上甚至要科處刑罰，結果只要勞雇雙方和解，雇主即免刑責亦無其他行政罰鍰責任，小錯重責、大錯免責，如此結論令人無法接受。（作者 2021.8.14 補註：按勞動基準法第 78 條之行政刑罰規定，自 2011 年 6 月 29 日起已修法改成行政罰）

後承攬人（即僱主）求償』，即明示勞工職業災害補償之最終責任應係僱主之責任，已與同法第五十九條之職業災害補償無過失責任制度相呼應。由上開『得向最後承攬人求償』之文義，足見最後應就職業災害負擔補償責任之人為『最後承攬人』❸。

　　㈢在此原則下，因事業單位、中間承攬人並無內部應分擔額，所以當承攬關係下之職災勞工與最後承攬人就補償請求權為和解時（不論訴訟中或訴訟外），如和解條件為勞工受領部分給付並拋棄對最後承攬人其餘部分之請求權時，因依民法第 276 條第 1 項規定：「債權人向連帶債務人中之一人免除債務，而無消滅全部債務之意思表示者，除該債務人應分擔之部分外，他債務人仍不免其責任。」反面言之，被免除債務之債務人其應分擔部分，其他連帶債務人同享債務免除之利益。就本件案例言，丙小包為最終承攬人依法應負最終補償責任，亦即就內部關係言應負「全部」補償責任。乙公司依勞動基準法第 62 條規定固然對外需與丙小包對勞工 A 負連帶補償責任，但於「內部關係」則無應分擔額。所以當勞工 A 與丙小包先以 20 萬元達成和解，並拋棄其餘對丙小包之請求權時，固然勞工 A 之內心本意是要向比較有資力之事業單位乙公司追償其餘未受償部分之請求，但事與願違，乙公司分文不必負責矣！

　　㈣勞工 A 之職災補償債權 241 萬 3,500 元中，20 萬元部分已自丙債務人處因受領丙之清償而消滅，乙公司依民法第 274 條規定同享丙部分清償之利益；至就其餘 221 萬 3,500 元部分，A 與丙之和解固然無消滅「全部」債務

---

❸ 事業單位、承攬人或中間承攬人內部如有職災補償責任轉嫁約款者，曾有案例認為此種約款違反勞動基準法第 62 條第 2 項規定判決無效（板橋地院 93 訴 687 民事判決參照）。惟筆者淺見以為事業單位、承攬人或中間承攬人先行對勞工補償後得向「最後承攬人」求償乃係依勞動基準法第 62 條第 2 項規定，與前手間如有內部責任轉嫁之約定並不相衝突，只要該內部求償（責任轉嫁）之約定不能對抗勞工不使勞工之法定權益受到損害，法律上應無不准事業單位與承攬人（或其後之中間承攬人）為內部求償約定之理。

之意思，但 A 已因和解而拋棄、免除丙就該 221 萬 3,500 元部分之債務，而此 221 萬 3,500 元部分債務，全部屬丙於內部關係應負擔者，乙公司依民法第 276 條第 1 項規定亦同享免除 221 萬 3,500 元部分債務之利益，結果是乙公司不必負分文補償責任，A 勞工最終僅獲得 20 萬元補償。以故，勞工於訴訟中或訴訟外與職災連帶債務人為和解時，應非常小心、謹慎，才不致因小失大。

㈤與上揭案例相似者，勞工因其他共同工作勞工之過失而於職場受傷，雇主除依勞動基準法負職災補償責任外，依民法第 188 條規定雇主亦需與該有過失之勞工對受職災勞工連帶負僱用人侵權行為損害賠償責任，此時受職災勞工如因考慮到與該有過失勞工為同僚關係，而與其先行和解時即會發生同上案例之遺憾結果。臺高院 89 勞上易 11 民事判決中，勞工張○○於鈺承企業有限公司擔任電子剪裁機操作員之工作，86 年 12 月 22 日上午 10 時許在工作中（一人分配一臺剪床工作），有同事黃○○走來張○○這邊，誤踏剪床之開關機器往下切，張○○因閃避不及，左手大拇指被切斷，造成職業災害。勞工張○○除行使勞動基準法上之職災補償請求權外，同時又依民法第 188 條規定向雇主請求僱用人之連帶賠償責任。法院就此侵權行為損害賠償部分判決勞工全部敗訴，理由即為：「按連帶債務未全部履行前，全體債務人仍負連帶責任，又債權人向連帶債務人中之一人免除債務，而無消滅全部債務之意思表示者，除該債務人應分擔之部分外，他債務人仍不免其責任，固為民法第二百七十三條第二項及第二百七十六條第一項所明定，然若他債務人無應分擔之部分（例如民法第一百八十八條之僱用人），而債權人向有負擔部分之債務人（如受僱人）免除部分債務時，他債務人就該免除部分即因而免其責任，否則他債務人（僱用人）於為全部之清償後，依民法第一百八十八條第三項規定，尚得向有負擔部分之債務人（受僱人）行使求償權，則債權人向該有負擔部分之債務人（受僱人）免除部分債務，將毫無意義。（最高法院七十三年度台上字第二九六六號判決參照）。本件張○○於與第三人黃○

○之原法院八十七年度易字第五八九九號過失傷害案件審理中達成和解，第三人黃○○僅付十一萬元就不用負其他責任，業經張○○自認，揆諸前開說明，張○○既向有負擔部分之債務人（即第三人黃○○）免除部分債務時，他債務人（即鈺承企業有限公司）就該免除部分即因而免其責任，則張○○依侵權行為之法律關係請求鈺承企業有限公司應負損害賠償，即屬無據，應予駁回。」

㈥從上所舉兩則案例分析，受職災勞工往往因不諳法律且又基於人情之常，先行與較無資力之最後承攬人或共同工作之同僚和解，甚且有可能是在訴訟中因法官之勸喻而達成和解（上舉與共同工作之同僚和解即是在板橋地院 87 易 5899 號過失傷害案件審理中達成者），卻發生如此「毀滅性」之效力，而完全阻卻了勞工對事業單位、承攬人、中間承攬人及最後承攬人就和解金額以外部分之職災補償請求權，勞工豈可再予輕忽！

四、勞工「消極的」不向最後承攬人請求，亦會產生「毀滅性」的後果

㈠上文所述都是勞工採取「積極」的作為，向最後承攬人或其他共同工作同僚行使職災補償請求或侵權行為損賠請求後達成和解之情形。但縱使勞工並未積極的與最後承攬人請求、達成和解進而拋棄部分請求，即僅是單純的消極的不向最後承攬人行使職災補償請求權，亦同樣產生毀滅性的結果。

㈡勞工如消極的不向最後承攬人行使職災補償請求權，致令其請求權已罹於時效消滅時（職災補償請求權時效依勞動基準法第 61 條第 1 項規定為 2 年短期時效期間），縱使對事業單位或中間承攬人之請求權還在時效期間內，本於事業單位及中間承攬人並無內部分擔額之法理，再參照民法第 276 條第 2 項規定，勞工也不得再對事業單位或中間承攬人請求補償矣。最高法院 86 台上 1524 民事判決稱：「事業單位以其事業招人承攬，如有再承攬時，承攬人或中間承攬人，就各該承攬部分所使用之勞工，均應與最後承攬人，連帶

負本章所定雇主應負職業災害補償之責任;事業單位或承攬人或中間承攬人,為前項之災害補償時,就其所補償之部分,得向最後承攬人求償。」可資參照。由此可知實質上負補償責任之人為最後承攬人。由於事業單位與最後承攬人所負為連帶債務且事業單位並無內部分擔額可言,故受領補償權人對最後承攬人之請求權若已逾 2 年消滅時效,自不得再向事業單位要求負連帶補償責任❶❹。

或謂我國消滅時效立法例係採抗辯權發生主義,應負終局補償(或賠償)責任之連帶債務人在此情形下並非訴訟當事人,是否援用時效消滅抗辯亦不可知,如於裁判時任令其餘連帶債務人援用他債務人時效完成之利益,對債權人並不公允❶❺。惟最高法院 87 台上 1440 民事判決中對此則判認:「連帶債務人中之一人消滅時效已完成者,依民法第二百七十六條第二項規定,固僅該債務人應分攤之部分,他債務人同免其責任,惟民法第一百八十八條第三項規定,僱用人賠償損害時,對於侵權行為之受僱人有求償權,則僱用人與受僱人間並無應分擔部分可言,倘被害人對為侵權行為之受僱人之損害賠償請求權消滅時效業已完成,僱用人自得援用該受僱人之時效利益,拒絕全部給付,不以該受僱人已為時效抗辯為必要。又依同法第二百七十九條規定,連帶債務人中之一人,所生之事項,除前五條規定或契約另有訂定者外,其利益或不利益,對他債務人不生效力。是則債權人對連帶債務人中之一人起訴所生時效中斷或履行請求之效果,對於他債務人既不具效力,他債務人時效之繼續進行,自不因此而受影響。」

❶❹ 學說部分可參照孫森焱,民法債編總論下冊,頁 874–876 之說明,2020 年 4 月修訂版。

❶❺ 臺高院 84 重勞上更一 2 判決即曾採此一見解認為:「時效中斷或不完成非具絕對效力事項,債權人於時效完成前,選擇對有資力債務人起訴後,若謂其債權仍受無資力債務人時效完成之影響,有欠公允,且時效係採抗辯主義,修○○並未對為侵權行為之金○○、李○○、蔡○○、陳○○起訴請求賠償,各該加害人是否以時效抗辯,尚未可知,港務局、永隆公司即主張時效完成,要無可採」。

㈢所以勞工發生職業災害時不可因考慮最後承攬人為較無資力之人或因與其有直接僱傭關係等考量，而疏未對其請求補償。否則一旦對最後承攬人之請求權罹於時效消滅，事業單位、承攬人及中間承攬人均同免責任，勞工所受損害即追償無門❶。

伍、結　語

一、勞工於承攬關係中發生職災者，依勞動基準法第 62 條規定，事業單位、承攬人、中間承攬人及最後承攬人需對勞工負連帶補償責任，立法目的在於以擴大勞工追償對象之方式使勞工權益獲更周全保障。惟因立法技術上使最後承攬人負最終局的補償責任，解釋上事業單位、承攬人及中間承攬人在內部關係並無「應分擔額❶」，結果當勞工因與最後承攬人和解拋棄部分請求或勞工對最後承攬人之請求權罹於時效消滅後，事業單位、承攬人及中間承攬人依民法第 276 條規定均同免責任，此項結果往往出乎勞工（及最後承攬人）意料之外，惟卻是現行法下運作的結果，法院判決依法用法並無不當。

二、於此突顯的問題是當身為經濟上弱勢的勞工，又不幸遭逢職業災害時，實有獲得專業法律扶助的迫切需求，否則本文所舉的案例中勞工只因不諳法律之細密規定致追償無門的遺憾，將不會只是絕後的個案。職業災害勞工保護法第 32 條第 1 項前段規定：「因職業災害所提民事訴訟，法院應依職業災害勞工聲請，以裁定准予訴訟救助❶。」縱使能徹底落實，也僅是於訴

---

❶ 鄭玉波先生對此問題評論稱：「連帶債務之債務人非止一人，其資力又未必悉等，因之，債權人對於某一無資力之債務人，本不擬向其請求給付，而只擬向其他有資力之人請求者，亦屬人情之常，此種情形，若他有資力之債務人之債務，亦當然受此無資力者時效完成之影響時，未免欠當。」鄭玉波，民法債編總論，頁 422，1978 年 7 月七版。

❶ 在此一原則下最高法院 87 台上 1949 民事判決甚且不許「無過失」之最後承攬人於補償勞工後向「有過失」之事業單位求償。

❶ 本條規定依「勞工職業災害保險及保護法」第 107 條後段規定，將自 2022 年 5 月 1

訟中提供職災勞工法律扶助耳❶，對於未提起訴訟之職災勞工的法律服務需求，則未相對應的提供適切的扶助機制，立法上亟待補足。

日起停止適用，但法制上已由自 2020 年 1 月 1 日起施行之勞動事件法第 14 條第 2 項規定取代，對職災勞工之訴訟救助保護並無空窗期。

❶ 依民事訴訟法第 110 條第 1 項第 3 款規定，法院准予訴訟救助時除暫免相關裁判費外並得為受救助人選任律師代理訴訟，暫行免付酬金。職災勞工如於訴訟中都能獲得律師的專業法律服務，當不致再有本文所舉案例之遺憾。

02 違法調職之司法救濟

—— 臺灣高等法院 97 年度重勞上字第 27 號民事判決評釋❶

壹、前　言

調職又稱調動，勞動基準法第 10 條之 1 已明文稱之為「調動」，但在相關文獻上仍頗多稱為「調職」者，意思相同。違法調職者，勞工不受拘束，但勞工應如何在職場上爭取應得權益，過去的文獻多以勞工被迫辭職請求資遣費為其結論，對於勞工假如還願意留在職場者，則其應如何主張權益，則比較少著墨。勞工面對違法之調職令但不願去職者，在調職合法與否尚未經法院判決確定前，勞工第一個困難的選擇就是究竟應否先遵循雇主之調職令向新職報到服勞務，或者堅持調職違法無效之立場繼續向原職報到，此中產生的權利義務關係有何差別，勞工應在訴訟上如何主張，此即本文嘗試要探討的議題。

貳、案例事實

一、本件勞工主張伊任職雇主之試驗部，原已升任經理以 14 等 4 級薪敘薪，每月底薪 102,921 元。詎雇主先於 96 年 5 月 1 日違法將伊降職為高級專員，每月底薪 73,030 元，復於同年 10 月 6 日再以伊不適任為由，以強制退休為名將伊資遣，因兩造間僱傭關係存否並不明確，伊有確認兩造間僱傭關係存在之法律上利益，且雇主預示拒絕受領伊提供勞務，依法仍應給付報酬等情。

---

❶ 本文原收錄於元照出版社出版之「勞動法精選判決評釋」，頁 110–119，2013 年 9 月。

二、雇主則以勞工任職期間，多有懈怠職務及未盡部門經理管理責任，確有不能勝任情事，因勞工不同意調職為高級專員，伊得以勞工不適任經理人事由解僱勞工等語，資為抗辯。

三、本案爭點：

㈠雇主之調職行為有無違反勞動契約或權利濫用禁止原則？

㈡勞工對於所擔任之工作是否有不能勝任情事？

㈢兩造間之勞動契約是否已由雇主合法終止？

參、臺高院 97 重勞上 27 民事判決要旨

一、企業實務上，員工之採用、配置、人事異動、人事考核等，為雇主依勞動契約取得得一方裁量行使之權利，人事權既為雇主依勞動契約取得之權利，雇主行使之際，自應依勞動契約合意內容慎重判斷其權利之有無或界限，並應受權利禁止濫用原則限制。而關於職務調動，無論是工作地點之變更，或勞務提供內容之轉換，均屬雇主人事權之一環，倘無違反勞雇間勞動契約合意內容，亦未違背權利濫用原則，自應尊重雇主之裁量。

二、調整員工職務，尤其是將任管理職員工調降為非管理職員工，通常伴隨工資之較大幅度調降，對勞工影響層次不可謂不大，因此判斷降調命令是否為雇主濫用其人事權，自必更為慎重，而應從企業業務上、組織上必要性之有無、程度、勞動者之不利益、降調事由、勞動者之能力、適性等項為綜合判斷。

肆、本文評釋

一、本案訴訟過程摘要

本案第一審原判決勞工敗訴，經勞工提起上訴後，臺灣高等法院 97 年度重勞上字第 27 號民事判決（下稱：本則判決），改判勞工確認僱傭關係存在

及給付獎金部分勝訴。改判勞工確認僱傭關係存在部分勝訴之理由，係因雇主無從證明勞工無法勝任研究企劃部高級專員工作，而非認定雇主所為調職行為有違反權利濫用禁止原則之情形。本則判決經勞雇雙方分別提起第三審上訴，最高法院以 100 台上 620 號民事裁定駁回勞雇雙方之上訴而告確定。

二、本文評釋重點

本則判決關於調職部分涉及之主要爭點為雇主調職權行使是否違反權利濫用禁止原則❷。雇主所為調職意思表示違反權利濫用禁止原則時，法律效果如何？勞工應如何尋求救濟？當下究竟要選擇離職或留任？如決定繼續留任究應前往新職報到？抑或堅持應繼續向原職報到服勞務？選擇不同的報到方式會面臨何種不同的法律效果?以下謹簡述並評析目前司法實務處理方式。

三、調職之定義

上述勞工面臨雇主違法調職如決定留任時，勞工有向「新職」報到及繼續向「原職」報到兩種選擇，是則關於調職自必以調職前後產生「原職」及「新職」之區別為要件，果如某一法律事實並未產生「原職」與「新職」之區別，自無所謂調職之問題。

---

❷ 司法院 74 年 10 月 14 日第 7 期司法業務研究會第 3 則法律問題研討結論認為調職命令應受「不得為權利濫用」原則之限制。臺高院 100 勞上易 37 判決亦認為內政部調動五大原則，係判斷雇主行使其人事異動權利時，有無違反權利濫用禁止原則之參考。勞動法學說上對於調職是否該當權利濫用禁止原則之判斷基準，可參邱駿彥，勞工調動，載：勞動基準法釋義——施行二十年之回顧與展望，頁 150–152、164–167，2009 年 9 月二版。黃越欽先生認為如雇主選擇在勞動者具備退休條件為規避退休金而以調職作為手段，藉此迫使其去職，可依民法第 148 條權利濫用規定處理；黃越欽，勞動法新論，頁 333，2006 年 9 月修訂三版。楊通軒先生亦認為雇主的調動行為應受權利濫用禁止原則之限制；楊通軒，個別勞工法理論與實務，頁 264，2010 年 5 月。

是否為調職如有疑義，通常得以「職務（內容）、職稱、職級」三者有無變動來觀察，三者有其一產生變動，即屬調職。工作地點如有變動，通常固係調職附隨產生之結果，但單純「工作地點」之變動，未必即是調職。舉例而言，甲勞工任乙公司法務長，工作地點原在國貿大樓五樓的乙公司辦公室，嗣因原辦公處所房屋屋主收回自用不再續租，乙公司乃遷移至同一棟大樓二十樓。甲勞工隨之遷移到新辦公室仍續任法務長一職，一般人通常不會認為這是調職，蓋甲勞工仍繼續擔任法務長一職，「職務、職稱、職級」都未變動也。而且吾人也殊難想像會有在五樓上班的法務長「原職」與在二十樓上班的法務長「新職」之區別。設如這種單純工作地點之變動屬於調職，而甲勞工也主張這是違法調職，豈非謂甲勞工有向「原職」（五樓原址原法務長辦公室）報到服勞務之權利？

從以上說明，筆者淺見以為單純工作地點之變動未必即屬調職，仍應以「職務、職稱、職級」有無變動來觀察。假如上述從同一棟大樓往上遷移十五個樓層（上下垂直變動約 45 公尺）變動工作地點之案例非屬調職，則公司從臺北遷移到新竹工作地點「水平變動約 80 公里」，也應非調職才是，除非吾人服膺「量變變質變」之理論，認為「上下變動 45 公尺」固非調職但「水平變動 80 公里」即變成調職。

以故，「企業遷廠」並非所謂的調職，勞工有無移地勞動之義務、能否請求資遣費離職、應否負違反最短（低）服務年限約款責任等，應從其他面向而非調職此一議題來處理❸。

---

❸ 惟需特別註明者，司法實務通說仍將企業遷廠以「調職」來處理，板橋地院 90 勞簡上 15 民事判決可資參照。最高法院 110 台上 34 民事判決更明確的指出：「惟按雇主調動勞工工作除不得違反勞動契約之約定外，尚應受權利濫用禁止原則之規範，因此勞基法第 10 條之 1 明訂雇主調動勞工職務不得違反之五原則。又雇主因遷廠，致須變更勞工工作地點，屬變更勞動契約原約定工作場所，如符合勞基法第 10 條之 1 所規範之調動五原則，即難謂其調職非合法。……倘若如此，上訴人之廠房係自臺中市大里區遷至同市神岡區，依其交通距離，改變工作地點，對被上訴人等全體是

四、違法調職之法律效果

雇主違法調職，法律上應認為無效❹，無效是自始、當然、確定的不發生效力。調職法律行為無效不影響雇主已為該無效法律行為之事實，故考量勞工工作權益及法律安定性，此時法律上賦予勞工有選擇是否繼續勞動契約之權利，筆者將之歸類為二種類型：

(一)契約終止型

勞工得依勞基法第 14 條第 1 項第 6 款規定，主張雇主調職違反勞動契約或勞工法令致有損害勞工權益之虞，不經預告終止勞動契約，並請求雇主給付資遣費。訴訟上曾有雇主抗辯調職縱使違法不過產生調職無效之結果而已，勞工本不必遵守違法調職之命令，勞工應繼續向原職報到服勞務，雇主如拒絕受領勞務者，只產生雇主受領勞務遲延之法律效果而已，並不能使勞工還額外享有依勞基法第 14 條第 1 項第 6 款規定離職請求資遣費之權利云云。惟查，法律行為是否無效與有無為該法律行為之事實本為兩回事，法律行為評價為無效不等於行為人從未為該法律行為。且勞基法第 14 條第 1 項第 6 款規定僅以致有損害勞工權益「之虞」為要件，並不以勞工已具體受有實際損

否均造成特別困難之處境？被上訴人等須忍受之生活不利益，是否均已逾社會一般通念可容忍之合理範圍？上訴人每月加薪 6,000 元，能否謂已提供通勤之必要協助？此涉及上訴人所為之調動，是否符合勞基法第 10 條之 1 各款情事，均待釐清。」換言之，仍以一貫的「調動」（調職）之要件來檢視企業邊廠。

❹ 無效的依據通說是認為適用權利濫用禁止原則之結果。權利之行使被評價為權利濫用後，法律上就不使其發生權利行使之效力，或直接認定為無效（最高法院 91 台上 754 民事判決）。高雄高分院 89 勞上 14 民事判決、臺高院 94 勞上易 55 民事判決等均以權利濫用作為評價調職是否合法有效之依據。至若該當不當勞動行為之調職（降調），則工會法第 35 條第 2 項已直接明定其法律效果為無效，無待援引權利濫用禁止原則。

害為限。從而，實務上對於違法調職，勞工得終止契約請求資遣費並無異說❺。

(二)契約繼續型

勞工當然有權選擇繼續留任而非得只能選擇上述之「被迫辭職」，否則違法調職不啻將成為雇主逼退勞工之最佳手段。勞工選擇留任者現實上可能採取之作法有二：

1.向原職報到

勞工雖接獲雇主之調職命令，但認為調職違法無效不能拘束勞工，不願前往新職報到服勞務，惟因契約未終止勞務給付義務仍未免除，故仍繼續向原職報到服勞務❻。

---

❺ 臺高院 100 勞上易 63 民事判決指出：「上訴人稱縱其調動違法，僅生調動不生效力，被上訴人應繼續提出給付致其受領勞務遲延云云，無異強令被上訴人於上訴人違法調動之情形下，仍須繼續依調動前之職務提出勞務給付，實與前開規定要件不符。」可資參照。

❻ 勞工主張調職無效非謂即可拒絕提供勞務，仍有向原職服勞務之義務，否則亦屬曠職。士林地院 95 重勞訴 6 民事判決參照。另最高法院 109 台上 2250 民事判決更明確指出：「雇主違法調職者，勞工固無接受之義務，惟勞工如未依勞基法第 14 條第 1 項第 6 款規定終止契約而選擇繼續留任時，自應繼續提供勞務；除雇主拒絕受領勞工提出之勞務給付，或勞工因調職致客觀上無法提供勞務等情形，勞工因此未服務，可認有正當理由外，尚不可因此遲不到職。上訴人自 106 年 8 月 21 日起至 106 年 9 月 7 日止均未到班，復未請假，所罹疾病又無不能以電話、委託他人，或以書面請假，無到職服勞務之意思等情，既為原審確定之事實，則其謂上訴人無正當理由曠工 14 日，被上訴人得依勞基法第 12 條第 1 項第 6 款之規定，終止系爭勞動契約，於法並無不合。上訴人謂因被上訴人違法調職，其即無服勞務之義務云云，尚非可採。」

2.向新職報到

　　勞工雖認為調職命令違法無效，但因擔憂未前往新職報到者將遭雇主以曠職為由解僱，故一方面暫時先依調職命令前往新職報到服勞務，另一方面又同時訴請司法救濟。

五、違法調職之司法救濟

　　依上述違法調職之法律效果類型，勞工面臨雇主違法調職時，所採取之司法救濟方式也有所不同：

㈠契約終止型

　　勞工依勞基法第 14 條第 1 項第 6 款規定，主張雇主調職違反勞動契約或勞工法令致有損害勞工權益之虞，不經預告終止勞動契約，並請求雇主給付資遣費。此時勞工所提起者為給付資遣費訴訟，法院審理重點在：調職是否合法、勞工是否遵守勞基法第 14 條第 2 項除斥期間、勞工年資、平均工資數額。

㈡契約繼續型

1.向原職報到

　　⑴勞工不願離職，但主張調職無效也不願前往新職就職，當然只能繼續向原職報到服勞務。此時除非雇主願意讓步收回成命，通常雇主不會受領勞工向原職報到所提出之勞務給付。雇主仍會主張調職合法要求勞工應向新職報到，勞工拒絕向新職報到者，雇主接下來就是以三曠為由依勞基法第 12 條第 1 項第 6 款規定行使懲戒解僱權，勞工從而再主張解僱無效勞雇關係繼續存在，此時違法調職即轉由「違法解僱訴訟」來處理❼。

⑵法院審理雇主解僱是否合法，將先認定雇主調職是否合法，假如認定雇主調職合法者，則勞工拒絕向新職報到服勞務即屬「無正當理由之曠職」，雇主懲戒解僱合法有效，勞雇關係不復存在。

⑶假如認定雇主調職違法無效者，則勞工無向新職報到服勞務之義務，其拒絕向新職報到乃屬有正當理由，不符合勞基法「曠職」之要件，雇主解僱不合法，勞雇關係繼續存在。且雇主拒絕受領勞工向原職提出之勞務給付，構成受領勞務遲延，雇主應繼續給付至准許勞工復職日止之工資。雇主敗訴確定後通常即會安排勞工回復原職。

2.向新職報到

⑴上述勞工如選擇繼續向原職報到，有可能面臨萬一法院認定雇主調職合法有效，勞工將遭雇主合法懲戒解僱一無所有離職之命運。按我國法院判決之可預期性並不高，相同的案情不同的法院甚至相同的法院不同的法官就有可能作出完全歧異之判決❽。勞工雖堅信雇主之調職違法無效，但慮及如堅持僅向原職報到而法院未來卻又認定調職合法有效時，將面臨如上所述失去工作權又一無所有的離職之下場。勞工乃選擇先暫時性的向調職後之新職報到服勞務，但同時又向法院提起違法調職訴訟尋求救濟，此種情形下縱使未來違法調職訴訟敗訴，勞工至少還可保住工作權，此實為勞工合理的司法避險措施，不能非議，亦不能將勞工一邊已經到新職服勞務卻又一邊跟雇主訴訟主張調職違法之情形指為違反誠信。

⑵假如認為勞工主張雇主調職違法時，本於無效就是自始、當然、確定的不生效力之法理，勞工只能在繼續向原職報到服勞務的前提下才可爭執調職的合法性，如已向新職報到服勞務就認定為是同意調職，爾後不得再起訴

---

❼ 當然亦不排除雇主也遲不發動解僱權之情形，此時勞工司法救濟途徑應為提起給付工資訴訟（主張雇主受領勞務遲延）或兼提起後述的違法調職訴訟。

❽ 民間有云：「法院判決像月亮，初一十五不一樣！」

爭執調職之合法性，則不宜將雇主違法調職之法律風險全轉由勞工承擔。蓋如認勞工只能在向原職報到服勞務之前提下才可爭執調職之合法性，則如上所述，萬一法院後來判決調職合法，勞工將因三曠被雇主合法解僱喪失工作權且一無所有的離職，形成勞工二頭落空的不利結果。勞工如為了避險改向新職報到卻又被認為是同意調職，失去訴請法院判斷調職合法與否之機會，等同雇主違法調職之風險均由勞工承擔，筆者不能認同。故本文以為，勞工主張調職違法仍得一邊向新職報到服勞務，一邊向法院起訴尋求救濟❾。

　　(3)上述勞工雖已向新職報到但仍得對調職命令提起訴訟爭執之論點，建立在勞工應「及時」訴請救濟之前提，假如勞工業已向新職報到任職多時並無異議，事後突又起訴爭執調職之合法性，應有權利失效原則之適用。臺高院 94 勞上易 71 民事判決指出：「按有權利者而在相當期間內不為行使，致他方相對人有正當事由信賴權利人不欲其履行義務者，則權利再為行使，前後行為發生矛盾，依誠實信用原則，自應加以禁止。本件上訴人之調職事件發生時點係在於 90 年 9 月 1 日，其間經過上訴人赴新職服務半載有餘，再經上訴人退休而領取退休金，已長達 3 年之久，上訴人復行爭執此調職事件之合法性，致被上訴人公司在勞動訴訟有事實上之資料彙整、證據提出之困難，而被上訴人公司實有正當期待上訴人不再就 3 年多前兩造間之調職事件為任何爭執或主張之確信，上訴人於領得退休金之後復為此爭執之作為，顯然有違誠信原則，而應有權利失效原則之適用。」可資參照。本文淺見以為參照勞資爭議處理法第 39 條第 2 項申請裁決期間之規定，勞工應於知悉被違法調動之次日起 90 日內起訴（或申請裁決）爭執調職合法性，假如超過 90 日即應認為勞工已同意調職，事後不得再行爭執，以兼顧勞雇雙方利益❿。

---

❾ 臺中地院 95 勞訴 94 民事判決認同勞工「原告（按指勞方）為保全工作並免遭記過，遂先行至新單位報到」之主張，判認勞工雖至新職報到但仍有起訴請求確認調職命令無效之利益。

❿ 但臺高院 99 勞上 99 民事判決一案中，雇主於 97 年 11 月 3 日發布調職，勞工就任

⑷向新職報到後尋求司法救濟之訴訟類型

A給付訴訟

臺高院 87 勞上 3 民事判決一案中勞工請求法院判決：「被上訴人（指雇主）應撤銷對上訴人（指勞工）之○○號調職令，並回復上訴人調職前於被上訴人之原工作職位。」即請求雇主應撤銷違法之調職令並回復勞工調職前原職❶。法院判決對於雇主抗辯勞工此一請求聲明欠缺請求權基礎一節並未處理，而是直接以實體理由（認為調職合法）駁回勞工之請求。類此給付訴訟請求法院判命雇主應撤銷調職命令及回復原職，勞工在實體法上必需有請求權依據。依筆者淺見，請求雇主撤銷調職意思表示及回復原職之請求權基礎，應是民法第 113 條無效法律行為之當事人負回復原狀責任之規定。

B.確認訴訟

臺中高分院 96 勞上 12 民事判決要旨：「被上訴人（指雇主）對上訴人（指勞工）所發之系爭人事命令是否有效，關係上訴人究應依原任職務或新任職務提供勞務，及兩造間勞動契約內容是否已經變動，自屬民事訴訟法第 247 條第 1 項後段所稱之法律關係基礎事實。且上訴人主觀上認被上訴人系爭人事命令無效，其無依新職務提供勞務之義務；惟被上訴人則認其人事命令有效，主張上訴人應按新職務提供勞務，否則將予懲處。故兩造間前開爭議，已致上訴人法律上地位存有不安之狀態，而有提起確認訴訟之必要。」亦即，勞工主張調職無效得訴請法院判決「確認雇主之調職命令無效」❷。

新職一年多後之 98 年 11 月 17 日始起訴爭執調職之合法性，法院仍實體逐項審查雇主之調職有無符合調動五大原則。對勞工逾期多時再起訴並未因之為程序上之不利益認定。

❶ 上引臺高院判決勞方之聲明請求為：「被上訴人（按指雇主）應回復上訴人（按指勞方）為企畫科畫線組之工作。」性質上屬於請求回復原職之給付訴訟。

❷ 勞動部不當勞動行為裁決委員會 100 勞裁字第 6 號不當勞動行為裁決決定書主文第一項載為「確認相對人（按指雇主）對申請人（按指勞方）於民國 99 年 5 月 24 日所為調職行為無效。」類此確認訴訟之救濟方式。

確認訴訟判決既判力雖僅產生確認調職違法之結果，並無執行力，無法如上述請求回復原職給付訴訟類型判決確定後有執行力，惟勞工確認調職命令無效訴訟勝訴確定後，勞工確定的無須向新職服勞務，勞工得不待雇主調回原職即得自行向原職報到服勞務。此時雇主如仍於原職拒絕受領勞務將陷於受領勞務遲延，而勞工不再到新職服勞務也屬有正當理由的不到職無虞遭雇主以三曠為由懲戒解僱，一般理性的雇主應會趕快將勞工調回原職。故雖僅單純提確認調職無效訴訟，原則上仍應可達到回復原職之目的。

C.形成訴訟

形成訴訟必需法律有明文規定賦予形成訴權始得提起。勞基法（或其他法律）並未賦予勞工有訴請撤銷調職命令之撤銷訴權，因此現階段不允許勞工提起形成訴訟，請求法院以判決的形成力撤銷雇主之調職命令。

伍、結　語

所謂調職必需產生「原職」與「新職」間之區別始足當之，通常可由「職務（內容）、職稱、職級」三者觀察有無變更來判定，單純工作地點之變動未必即屬調職。以故，企業遷廠產生的勞工有無移地勞動義務、可否請求資遣費離職等問題，不宜透過調職來處理。

勞工主張雇主違法調職除可選擇終止契約請求資遣費外，當然亦可決定繼續任職。在後者情況下，勞工為求避險得一方面依調職意旨向新職報到，一方面尋求司法救濟，不能因勞工向新職報到就剝奪勞工起訴主張調職違法之權利。

勞工得提起給付訴訟請求雇主撤銷調職之意思表示並回復勞工原職，亦得提確認訴訟請求法院判決確認雇主之調職命令無效。此類訴訟之性質應屬關於財產權之訴訟，應依民事訴訟法第 77 條之 12 規定核定訴訟標的價額❸。

---

❸ 臺北地院 98 審補 1501 民事裁定認為應以調職前後薪資之差額計算十年期間所得計為訴訟標的價額。但查，違法調職未必產生薪資差額，此一計算方式欠缺共通性。

現階段，勞工對於雇主違法之調職命令尚不得提起形成訴訟，請求法院以判決的形成力撤銷雇主違法之調職命令。

作者淺見認應以訴訟標的價額無法核定，依民事訴訟法第 77 條之 12 規定，據以核算訴訟標的價額。

03 裁決命復職後二次解僱法律問題初探

—— 臺灣高等法院 101 年度重勞上字第 37 號民事判決評釋

壹、前　言

訴訟繫屬中二次解僱之相關議題，首應涉及違法解僱訴訟繫屬中雇主通知復職之法律效力，其次再探討雇主得否為二次解僱。又二次解僱法律行為之定性與判決既判力遮斷效之影響為何，以往學說、實務並未有所討論。況且 2011 年 5 月 1 日新設立之不當勞動行為裁決制度，常見裁決決定發布命復職之救濟命令，受不利裁決之雇主如一方面依勞資爭議處理法第 48 條第 1 項規定提起民事訴訟，另一方面遵守裁決命令先通知勞工復職然後再為二次解僱者，此際勞工針對復職後之第二次解僱再為第二件裁決申請，然此與因第一件裁決後所提起之民事訴訟間有極其錯綜複雜之關係亟待釐清。本文嘗試針對此新興之議題分析各種可能之情況，並以臺高院 101 重勞上 37 民事判決之事實為基礎出發，討論訴訟繫屬中二次解僱所涉及之相關法律問題。

貳、案例事實

本案源於雇主之第一次解僱遭裁決決定認定為解僱不合法，後依勞資爭議處理法第 48 條第 1 項規定以勞工為被告提起確認僱傭關係不存在之前訴，並於前訴中通知勞工復職；嗣於前訴上訴二審時，雇主再為第二次解僱，而第二次解僱亦遭裁決決定認定為解僱不合法，雇主針對第二件裁決又再度提起後訴。本文先按事實發生時序整理本案事實如下：

一、2011 年 8 月 29 日雇主第一次解僱。

二、2011 年 12 月 9 日裁決委員會作成 100 年勞裁字第 6 號裁決決定書

（下稱「第一件裁決」），主文認定雇主（第一次）解僱無效，並命復職、付薪。

三、2011 年 12 月 30 日雇主收受第一件裁決書後，一方面對勞工提起確認僱傭關係不存在訴訟（下稱：「前訴」），另一方面則於 2012 年 1 月間通知勞工復職。

四、2012 年 8 月 21 日臺北地院以 101 重勞訴 10 民事判決就前訴判決雇主敗訴。雇主旋向臺高院提起第二審上訴。

五、2013 年 4 月 16 日前訴第二審上訴程序審理中時，雇主再以曠職為由（不准會務假）通知第二次解僱。但雇主向法院陳明此二次解僱事由將「另案處理請法院無庸審酌」。

六、2013 年 6 月 25 日前訴第二審言詞辯論終結。

七、2013 年 7 月 16 日臺高院以 101 重勞上 37 民事判決駁回雇主就前訴所提之第二審上訴。

八、2013 年 9 月 27 日裁決委員會作成 102 年勞裁字第 18 號裁決決定書（下稱「第二件裁決」），主文認定雇主第二次解僱無效，並命復職、付薪。雇主對於第二件裁決案亦再度提起民事訴訟（下稱「後訴」）。

九、2014 年 5 月 19 日最高法院以 103 台上 918 民事判決駁回雇主就前訴所提第三審上訴，前訴雇主敗訴確定。

十、2014 年 7 月 11 日臺北地院以 103 重勞訴 1 民事判決雇主後訴勝訴，主文「確認兩造間僱傭關係自 102 年 4 月 16 日起不存在。確認被告對原告如附表所示之債權不存在。」

十一、2015 年 2 月 10 日臺高院以 103 重勞上 32 民事判決改判駁回雇主後訴之訴。

十二、2016 年 6 月 16 日最高法院以 105 台上 1022 民事判決駁回雇主就後訴所提第三審上訴，後訴雇主敗訴確定。

參、臺高院 101 重勞上 37 判決要旨

又上訴人（按指雇主）就被上訴人（按指勞工）於 101 年 1 月間暫時復職後之工作情況，另於 102 年 4 月 16 日以被上訴人連續曠職 3 日或 1 個月內曠職達 6 日為由終止兩造間僱傭契約，上訴人已陳稱此部分將另案處理，在本案毋庸審酌，附此敘明。

肆、本文評釋

一、違法解僱訴訟繫屬中雇主通知復職之法律效力

本案雇主於裁決決定認定第一次解僱不合法後，雖然依勞資爭議處理法第 48 條第 1 項規定遵期以勞工為被告提起前訴，但提起民事訴訟並不影響裁決救濟命令之效力；換言之，雇主如不遵第一件裁決救濟命令意旨讓勞工復職並付薪者，勞動部得依工會法第 45 條第 2 項規定課處雇主新臺幣（下同）6 萬元以上 30 萬元以下罰鍰❶，雇主為了避免遭裁罰風險，乃決定一方面起訴請求民事法院判決確認僱傭關係不存在，另一方面又「暫時性」的通知勞工復職。然則，這兩種行為顯然矛盾，假如雇主認定自己解僱有效、勞雇關係已不復存在，又如何能通知勞工「復職」？既然已經通知復職，又如何能於法院繼續主張勞雇關係已不復存在？

以故，違法解僱訴訟繫屬中雇主通知「復職」之效力如何，即有先探討之必要。實務上，違法解僱訴訟繫屬中雇主通知復職之情形不外以下三類：

❶ 本案第一件裁決就解僱部分係認定雇主違反工會法第 35 條第 1 項第 1 款，調職部分則係違反同條項第 5 款，但未表明於裁決主文。其後第二件裁決雖明確於主文第 2 項確認雇主之（第二次）解僱係違反工會法第 35 條第 1 項第 1 款及第 5 款，但命復職、付薪之救濟命令僅為就同條項第 1 款針對個別勞工之救濟命令，並非於雇主違反同條項第 5 款之救濟，故縱使雇主不遵救濟命令復職、付薪，亦僅能依工會法第 45 條第 2 項裁罰（一次），而無從依工會法第 45 條第 3 項規定連續處罰。

一、雇主為避免訴訟風險所為之通知復職；二、假處分下之通知復職；三、裁決救濟命令之通知復職。

以下分別討論各該情形下雇主通知勞工復職之效力。

㈠雇主為避免訴訟風險之通知復職

雇主為了避免繫屬中之違法解僱訴訟萬一將來敗訴確定，必須負擔訴訟期間之工資，但卻無法享受勞工服勞務之利益，乃本於避免訴訟風險考量，一方面繼續訴訟另一方面卻又通知勞工復職；如此一來即使將來敗訴確定需支付訴訟期間勞工工資，但因勞工也已有服勞務，雇主並無損失。此外，若勞工接獲通知後不願前往復職，雇主亦得據此再發動第二次解僱，至少也可主張滌除受領勞務遲延責任而免除工資給付義務。這實符合雇主的經濟理性考量。

我國司法實務判決曾有承認這種避險考量的復職通知者，臺高院 93 勞上易 80 民事判決認為：「惟查上訴人（按指雇主）……容或為避免給付薪資而未受領被上訴人（按指勞工）服勞務之不利益，並另通知被上訴人復職，衡情即非不合理，亦不足以此遽認上訴人未合法通知被上訴人復職。」此一判決認為雇主一方面在訴訟中繼續主張解僱有效勞動契約業已終止，另一方面卻又通知勞工復職容或只是為了避免給付薪資而未受領勞工服勞務之不利益，衡情並非不合理，言下之意似乎認為雇主發出復職之通知，不能影響到繫屬中之訴訟。且該復職之通知顯屬合法有效，勞工拒不接受到職服勞務者，雇主受領勞務遲延之狀態即會滌除（亦可能構成二次解僱之原因）。

但如此一來卻會造成雇主違法解僱幾無任何成本或代價之結果。蓋雇主可以放心大膽的先作合法性不高之解僱，勞工如果順服不敢、不願或不能提起訴訟者，雇主先坐享解僱有效之利益（勞工不爭執）；勞工如果爭執提起訴訟者，立即施以通知暫時復職之避險措施，一方面繼續訴訟一搏法院判決（誤判？）解僱有效之利益。最壞的結果法院判決解僱無效者，雇主也毫無損失，

蓋訴訟期間雖然工資應該照付（這是解僱無效下雇主本來的義務）但仍可享勞工續服勞務之利益，可謂 "nothing to lose!"，其結果顯見的是違法解僱幾無成本，所有的不利益均在勞工身上，好端端繼續在工作卻要冒著因訴訟失去工作權之可能。且一方面繼續在工作另一方面卻還要同時分心應付訴訟捍衛自己的工作權，豈有公允可言？

本文認為應區分復職通知內容而異其效力，若無任何加註或聲明保留官司照打等（或類似）之文義，而僅單純通知復職，此際應解釋為雇主已在「訴訟外自認」解僱無效（否則何以通知復職？），最高法院 58 台上 1559 民事判決指出：「訴訟外之自認，固無強制法院採用之效力，但不失為普通證據之一種」[2]，勞工當然得援引為訴訟攻防。此時，關於解僱有效與否之爭議，法院應否受此雇主訴訟外自認之拘束？

查法律行為（解僱）有效與否乃法律爭執，有認為法院應本於職權依法裁判，不受雇主訴訟外自認之拘束，蓋此與法律事實之自認不同也。但亦有認為本於處分權主義、誠信原則，法律行為有效與否仍得本於當事人之自認而拘束法院[3]。

例如雇主依勞基法第 11 條第 2 款以業務緊縮為由資遣勞工，但勞雇雙方對於資遣費之計算產生爭執，於是勞工提起給付資遣費訴訟（雇主對於資遣之事實不爭執）。法院審理後雖認為事實上雇主根本不存在該「業務緊縮」之事實，資遣本來應該自始無效，惟勞雇雙方既然對資遣有效一節均不爭執，仍應僅就資遣費多寡之爭議裁判，不得以資遣無效為由駁回勞工之請求[4]。

---

[2] 另最高法院 97 台上 1400 民事判決亦認為：「當事人之一造主張之事實，他造對之曾於訴訟外為承認，該當事人雖不免其舉證責任，惟他造所為訴訟外承認之事實，並未排除其證據能力。」

[3] 有關權利自認的法律問題可參邱聯恭口述，許士宦整理，口述民事訴訟法講義（三），頁 170–181，2012 年 8 月筆記版；呂太郎，所謂權利自認，載：民事訴訟之基本理論（一），頁 243–268，2009 年 5 月二版。

[4] 例如長榮航空資遣案第一件訴訟案中，有 23 名員工共同起訴，其中 5 人（A 原告）

　　以故，雇主於訴訟外「無條件」的通知勞工復職，解釋其意思表示之真意當然就是自認解僱無效的意思（假如解僱有效契約已經消滅，何來通知復職？），而勞工在訴訟上更是主張解僱無效，據此，勞雇雙方就解僱是否有效一節事實上已有共識都認為「解僱無效」，法院自不宜再強以自己的意志凌駕在當事人意思自主之上，再為相異之判斷。

　　此際，雖然解釋雇主通知復職即是自認解僱無效，但因雇主仍在訴訟上就勞工訴請確認僱傭關係存在（及／或給付工資）之請求聲明駁回，法律關係不明確之狀態仍然存在，勞工仍有訴請確認之利益與必要。

　　倘若雇主為防勞工在訴訟上主張雇主復職之通知即是「訴訟外自認」，乃又註記復職之通知僅為「暫時性」、「附條件」性質（或類似意思）者，則此一復職通知是否產生滌除受領勞務遲延之效力？勞工不遵通知復職服勞務者，雇主得否據此再啟動二次解僱？亦有爭議。

　　我國學者認為與受領遲延相關之給付的提出與受領問題，不應該與給付所本之債之關係的有效與否問題相分離。雇主只要並非以履行契約之意思而受領勞務給付者則仍陷於受領遲延。因此，雇主必須是以履行原勞動契約之意思而受領被解僱勞工之勞務給付，受領遲延狀態才會終了。雇主若提出定期之新勞動契約或繼續原約而帶有解除條件之要約，則此時勞工縱使同意，雇主之受領勞工的勞務亦是一種基於新的法律關係之受領，與原勞動契約所生之受領遲延無關。換言之，在此涉及者係一危險分配問題，行使終止權而

原不爭執資遣之效力，而僅請求資遣費差額，另 18 人（B 原告）則主張資遣無效請求續付工資。其後 A 原告變更主張認雇主資遣無效請求續付工資（列為先位聲明），原資遣費請求部分則改列為備位聲明。臺灣桃園地院 91 重勞訴 1 民事判決認 A 原告勞工在訴訟上曾一度表示「不爭執」雇主資遣之合法性，表示僅願請求資遣費差額，雖法院調查結果亦認同全體勞工之主張認定雇主確無合法之資遣事由存在，但因 A 原告前所為之不爭執已生訴訟法上自認效力，又無合法的撤銷自認，故判認 A 原告事後不得再爭執資遣之合法性，乃駁回請求續付工資之先位之訴只判准備位資遣費差額之請求，可資參照。

消滅勞動關係之一方，本即應承擔該終止權行使無效時之危險，應不得藉由任何方式迴避之❺。

　　據此，雇主暫時性的通知復職，並非本於債之本旨下的受領。蓋原勞動契約並非以訴訟期間為存續期間的定期契約，雇主暫時性的通知復職顯然並非以履行「原」勞動契約之意思所為，勞工從而拒絕既然並不生受領勞務遲延狀態滌除之效果，自然也不構成「無正當理由的曠職」，蓋勞工的拒絕到職有正當性也。

　　本文認為雇主暫時性通知復職行為，實出於僥倖博彩之動機，不應獲得法院支持。雇主發出復職之通知，如為暫時性或附條件式受領之意思者，不生滌除受領遲延狀態之效果，勞工也無復職義務。而如是以受領原勞動契約勞務給付之意思為復職之通知者，可認為雇主已於訴訟外自認解僱無效。但基於我國訴訟制度第三審為法律審，無法審酌事實審言詞辯論後的新事證（民事訴訟法第四七六條第一項規定：「第三審法院，應以原判決確定之事實為判決基礎。」），故若此（不附條件之）復職之通知係在第三審繫屬中發出者，第三審法院仍無法審酌此一雇主在訴訟外業已自認解僱無效的新事證。

㈡假處分下之通知復職

　　違法解僱訴訟中勞工如依民事訴訟法第 538 條規定向法院聲請獲得定暫時狀態假處分❻之裁定者（本文以下所稱之假處分均指此類定暫時狀態假處

---

❺ 黃程貫，解僱無效時雇主受領遲延問題——台北地方法院七十九年勞訴第二十五號，載：勞動法裁判選輯（二），元照，頁 149–150，1999 年 12 月。

❻ 論者有認為自 92 年民事訴訟法修法後，定暫時狀態假處分應統稱為「定暫時狀態處分」者，鄭傑夫，勞動訴訟，載：勞動基準法釋義，新學林，頁 613，2009 年 9 月二版；許士宦，定暫時狀態處分之基本構造，載：證據收集與紛爭解決，新學林，頁 101，2005 年 2 月。惟學說、實務仍沿襲舊稱稱為定暫時狀態假處分者較多，黃國昌，民事訴訟理論之新開展，元照，頁 504，2000 年 1 月；陳計男，民事訴訟法論（下），三民，頁 486，2011 年 1 月修訂五版；吳明軒，民事訴訟法（下），自版，

分，而非指民事訴訟法第 532 條規定之保全將來執行之假處分），假處分准許之內容個別差異甚大，有准許暫定勞雇關係者❼，有僅命雇主應續付工資者（此為大部分假處分准許內容）、亦有僅准許勞工以工會幹部身分進入職場內之工會會所執行工會會務者❽，極少數案例則裁定命雇主應容許勞工進入職場工作❾，當然亦有結合以上各類型之假處分者（通常為暫定勞雇關係並命繼續付薪、勞工如為工會幹部者並命准進入職場執行工會會務）。

在暫定勞雇關係假處分情形下，勞雇間權利義務與一般情形下完全相同，雇主得通知勞工復職，且勞工接獲通知後也有復職之義務固不待論❿；而於

頁 1681，2007 年 9 月修訂七版；最高法院 100 台抗 862 民事裁定等可資參照。本文從通說。

❼ 暫定勞雇關係之假處分亦有稱之為「保全勞工地位」之假處分者，請參黃書苑，定勞工地位保全之假處分——評最高法院八十八年度台抗字第九二號裁定及最高法院九十一年度台抗字第二九四號裁定，法令月刊，第 55 卷第 11 期，頁 18–27，2004 年 11 月；丁嘉惠，日本勞動假處分——以保全地位假處分·禁止妨害業務假處分為例，月旦法學雜誌，第 131 期，頁 50–75，2006 年 4 月。此類裁定之主文形式略如：「聲請人以新臺幣○○○元為相對人擔保後，相對人應自民國一百零一年十二月十九日起至聲請人對相對人所提確認僱傭關係存在及給付工資之訴確定之日止，暫時回復與聲請人之僱傭關係，並按月給付聲請人薪資新臺幣○○○元。」（臺北地院 102 全 11 裁定），或如「本院一百年度勞訴字第三六號確認僱傭關係存在等事件判決確定前，聲請人與相對人間僱傭關係暫時存在。」（臺北地院 100 全 735 民事裁定），或如「抗告人應暫時維持與相對人間之僱傭關係至兩造間僱傭關係之訴訟確定時止」（臺高院 100 抗 636 民事裁定）。

❽ 新北地院 95 全 9、臺南地院 98 裁全 811、臺南地院 100 裁全 36、臺北地院 100 全 735、臺高院 100 抗 636 民事裁定等參照。

❾ 例如桃園地院 93 裁全 2225 民事裁定即命「相對人（按指雇主）應依兩造勞動契約容許聲請人（按指勞工）為其從事工作並按月給付聲請人工資。」

❿ 臺中高分院 87 抗 1276 民事裁定指出「況准許就僱傭關係之存在定其暫時狀態之假處分，勞工亦需相對付出其勞動以換取報酬。」（引自最高法院 88 台抗 92 民事裁定），可資參照。

命僱主應容許勞工進入職場工作之假處分情形下，僱主更有容許勞工工作之「義務」，換言之，通知勞工復職服勞務已是僱主之義務而非僅「權利」爾。但如假處分僅是命僱主續付工資，或僅准許勞工以「工會幹部」身分進入職場執行會務工作，並未暫定勞僱關係者，此時僱主可否通知勞工復職？

就此一問題，行政院勞工委員會 87 年 3 月 17 日 (87) 台勞資二字第009550 號函曾指出：「依來函所附臺灣新竹地方法院 86 年度裁全字第 1396號民事裁定中主文所敘，貴公司不得拒絕李○仁先生進入廠區與廠房執行職務及執行工會會務之行為，其旨在維持僱傭關係暫時存在，亦即本於勞動契約之權利義務均賡續履行及取得，不因僱主曾片面終止而消滅。依此，李君除依工會法相關規定得從事會務外，仍需依勞動契約之內容提供勞務，僱主亦得依契約規定為合理之指揮監督。勞工於此期間如有勞動基準法第十二條之情事，僱主仍得依同條規定辦理。」上揭函文所指法院假處分裁定並未暫定勞僱關係，而是命僱主應容許勞工進入職場執行職務（應即指服勞務）及執行工會會務，但行政解釋認為假處分的意旨就是「維持僱傭關係暫時存在」，故僱主有權要求勞工復職，勞工也有復職之義務。

另臺南地院 98 裁全 811 號假處分裁定僅准續付工資及准勞工以工會幹部身分進入職場執行工會會務，並未暫定勞僱關係，惟於裁定理由中對於僱主得否要求勞工復職一事表示其見解認為：「本件相對人（按指僱主）既否認與聲請人（按指勞工）之僱傭關係，而拒絕聲請人至相對人處所執行工會會務，則聲請人以該工會常務理事名義請求相對人容忍其進入相對人公司執行工會會務之行為，即屬有據。至於相對人是否願意於此期間內同時受領聲請人提出之勞務給付，自有斟酌之權利。」解釋該段文字意義，似乎認為僱主當然有權利要求勞工復職服勞務，惟此為僱主之「權利」並非義務，僱主自得斟酌情形決定是否行使對勞工之勞務給付請求權。

本文淺見以為無論是哪一種類型之假處分，縱使僅是容許勞工進入職場執行工會會務而已並未暫定勞僱關係，甚至亦未命續付工資，都應認為假處

分意旨就是「維持僱傭關係暫時存在」，此時雇主有權要求勞工復職服勞務，勞工亦有復職服勞務之義務。

在假處分裁定下之復職，乃是本於法院裁判之強制效力，與上述雇主為了避免訴訟風險所為之復職通知不同，不能解為通知復職就是自認解僱無效，否則雇主遵守假處分裁定意旨通知復職，就等於在本案訴訟投降，違背假處分僅是定「暫時狀態」不應影響本案訴訟之制度設計❶。

此時雇主通知勞工復職，乃係遵法院假處分裁定而為，性質上即屬「暫時性」、「附條件」的復職，復職期間與本案訴訟期間同，條件即為視本案判決而定。本案判決勞工勝訴確定者，暫時性復職轉為永久性復職；反之勞工敗訴確定者，雇主得聲請撤銷假處分裁定（民事訴訟法第 530 條第 1 項、第 533 條、第 538 條之 4），雇主得於假處分裁定撤銷確定後請勞工離職。

雇主遵守法院假處分執行命令，在本案訴訟中暫時性地回復僱傭關係、通知勞工復職。勞工復職後雇主可否再予調職？假如勞工不遵調職命令者，可否以此為由再發動二次解僱？（新北地院 95 勞訴 65 民事判決參照。本件勞工先獲裁准續付工資假處分，雇主即通知復職，復職後調職又再解僱，判決理由以雇主調職不合法為由，否認雇主二次解僱之合法性，惟對於假處分一節並未提及。）

按假處分所暫時回復的勞雇關係與原勞雇關係並無二致，勞工也不能因此反受額外利益（跌打非中彩），原勞雇關係底下雇主的調職權、懲戒權、考核權等在假處分復職中仍可繼續行使（換言之，假處分復職勞工並未因此取

---

❶ 有關類此滿足性假處分與本案訴訟之關係，可詳參李木貴，滿足的假處分之再認識，月旦法學雜誌，第 97 期，頁 50–69，2003 年 6 月；黃書苑，定暫時狀態假處分之研究，頁 124–127，國立臺北大學法律系博士班法學博士論文，2008 年 5 月。呂太郎亦認為：「債務人依該處分（滿足的假處分）所為給付，性質上仍為暫時性，故法院於本案訴訟中，原則上不應斟酌，仍應依原有事實判斷債權人之請求有無理由。」氏著，假處分裁定程序之研究，載：民事訴訟之基本理論（二），元照，頁 300，2009 年 6 月。

得「免死金牌」)。所以假如是合法調職，勞工仍有接受調職之義務。至於勞工如果拒絕接受合法之調職，雇主可否據以再行二次解僱，容於下一章節「違法解僱訴訟繫屬中二次解僱之容許與禁止」中再詳予討論。

㈢遵守裁決命令之通知復職

違法解僱訴訟中暫時通知復職，除了前述假處分外，尚有可能是裁決案件，雇主遵守裁決命令而暫時通知復職。

查裁決認定雇主解僱違法並命雇主應復職、付薪者，雖雇主不服裁決決定依勞資爭議處理法第 48 條第 1 項規定提起確認僱傭關係不存在、薪資債權不存在訴訟，然因雇主之起訴並未阻斷裁決救濟命令之效力，此際雇主如不遵守裁決命令通知勞工復職，將遭勞動部依工會法第 45 條第 2 項規定裁罰，雇主通常會選擇一方面起訴，一方面先通知勞工「暫時性」的先復職。

雇主如不遵守裁決命令復職與付薪，中央主管機關之勞動部得依工會法第 45 條第 2 項規定裁罰，此不因雇主已提起訴訟救濟而受影響，幾乎等同「假處分」之效果。早期裁決案件主文中未特別確認雇主之解僱是違反工會法第 35 條第 1 項的哪一款❷，但自 101 年度勞裁字第 43 號裁決以後即已明白於主文中載明解僱構成工會法第 35 條第 1 項的個別條款。勞動三權作為基本權，同時具有個人權及團體權之雙重性格，因此工會法第 35 條第 1 項各款之申請人可為個人或工會，或二者。僅個別勞工申請裁決時得主張工會會員得就本身權益受損而主張工會法第 35 條第 1 項第 1 款、第 3 款、第 4 款，也得以其工會會員之身分主張自身所屬工會權利受損，而同時主張同條項第 5 款。但針對個別勞工發復職、付薪之救濟命令，則一定是本於工會法第 35 條第 1 項第 1 款、第 3 款、第 4 款並不包括第 5 款，所以雇主不遵救濟命令復職、付薪，僅得依工會法第 45 條第 2 項裁罰(一次)，而無依工會法第 45 條第 3 項連續裁罰之餘地。

---

❷ 但解僱案件邏輯上不可能涉及工會法第 35 條第 1 項第 2 款。

此時依裁決命令所為之通知復職，應認與前述假處分相同，並非訴訟中或訴訟外自認「解僱無效」，不影響本案訴訟之進行。本文所評釋之臺高院101重勞上37判決記載：「上訴人（按指雇主上○商銀）已依系爭裁決書主文第3項，於100年12月30日收受裁決書後，於101年1月間通知被上訴人暫時復職。」即明白承認此類暫時性復職。

又雇主依裁決主文通知暫時復職後，受領遲延狀態是否即告滌除，容有討論餘地。拙見以為此與假處分復職暫付薪資不影響本案訴訟請求者應無不同，裁決命復職仍僅是暫時性質，如雇主依勞資爭議處理法第48條第1項規定所提起之訴訟，聲明請求確認自解僱日起薪資債權不存在，法院仍應依原有法律狀態判斷雇主有無陷於受領勞務遲延。

雇主之解僱如遭裁決認定違反工會法第35條第1項規定，其法律效果工會法第35條第2項明定為「解僱無效」，故裁決主文都會以「確認」的方式確認雇主某一特定解僱行為無效。此外本於勞資爭議處理法第51條第2項規定，裁決委員會亦得作成令當事人為一定行為或不行為之裁決處分，此於違法解僱案件，通常一併作成令復職、付薪之救濟命令。假如雇主未於裁決定書正本送達30日內以勞工為被告提起民事訴訟者，依勞資爭議處理法第48條第2項規定，裁決委員會應將裁決決定書送裁決委員會所在地之法院（目前為臺北地院）審核，法院核定後，依勞資爭議處理法第49條規定，裁決即與民事確定判決有同一效力。

有疑義的是裁決送法院核定究竟僅限於「確認解僱無效」部分？抑或連同命復職、付薪之救濟命令也應一併送法院核定？查能否由法院核定差別甚大，假如法院不能核定者，則復職、付薪並無執行力，雇主如拒不遵從，除主管機關之裁罰外，勞工只能另提起給付工資訴訟以求救濟。反之，如復職、付薪得經由法院核定取得與民事確定判決同一效力者，則該復職、付薪之救濟命令即有執行力，勞工無庸另再提民事給付工資訴訟。

有論者認為送法院核定之範圍應僅止於「確認解僱無效」部分而不包括

「復職、付薪」之救濟命令。其理由為勞資爭議處理法第 48 條第 2 項明定法院核定之裁決限於同條第 1 項之裁決，而第 1 項之裁決專指工會法第 35 條「第 2 項」減薪、降調、解僱「無效」部分。至於復職、付薪乃係針對雇主違反工會法第 35 條第 1 項不當勞動行為之救濟，其裁決依據為勞資爭議處理法第 51 條，而該條第 1 項準用之範圍並未包括第 48 條，所以裁決命復職、付薪之救濟命令無從經法院核定取得執行力，勞工仍只能再提給付工資訴訟。

上開見解如從法條文義作邏輯推演，固非無據。但查復職、付薪其實僅是確認解僱無效後之附隨效果而已，當確認解僱無效部分之主要效果都已經法院核定產生與民事確定判決同一效力後，結果勞工同一裁決所取得復職、付薪救濟命令之附隨效果，卻還要勞工另提民事訴訟才有執行力，恐勞工也不能理解，是否符合立法本旨尚非無疑。目前士林地院針對解僱案之復職、付薪救濟命令，都與確認解僱無效之裁決主文同時予以核定（士林地院 101 核 2010 法院審核書參照）。拙文亦表認同。

二、違法解僱訴訟繫屬中二次解僱之容許與禁止

㈠二次解僱之容許

違法解僱訴訟進行中，雇主再發動二次解僱大部分原因係雇主「備位」的主張，為減免訴訟風險考量而為。但亦有因漫長訴訟期間內發生經濟變遷而產生雇主歇業或企業併購等情事，甚或有勞工在訴訟進行到一段期間後符合強制退休要件，或前述因假處分、裁決復職但於復職後「前訴」訴訟期間內又發生解僱事由（例如曠職）等之情形。

此時，為終局處理因應經濟變遷等因素（例如歇業、企業併購）所產生的勞工安置問題，或使符合強制退休要件的勞工終局離開職場，或處理復職後又符合解僱要件之勞工，訴訟繫屬中二次解僱確有存在的必要性及合理性。

上文曾引述之行政院勞工委員會 1998 年 3 月 17 日 (87) 台勞資二字第

009550 號函末段即表示：「民事裁定中主文所敘……其旨在維持僱傭關係暫時存在，亦即本於勞動契約之權利義務均賡續履行及取得，不因雇主曾片面終止而消滅。依此，李君……，仍需依勞動契約之內容提供勞務，雇主亦得依契約規定為合理之指揮監督。勞工於此期間如有勞動基準法第十二條之情事，雇主仍得依同條規定辦理。」換言之，本則行政解釋意旨認為假處分復職期間內，勞工如有勞基法第 12 條懲戒解僱事由，雇主當然可以再發動第二次解僱。

按訴訟中二次解僱，與雇主解僱後於訴訟中追加變更解僱事由，應予以區別。前者有兩個不同時間點的終止意思表示，後者仍僅是一個終止的意思表示，只是雇主在原先（第一次也是唯一的一次）解僱行為所表明的事由之外再行追加或變更解僱事由爾。

一般而言，若僅只有一個終止（解僱）行為，此際涉及解僱事由涵攝範圍之解釋，並無所謂變更或追加事由問題，法院只需審酌雇主於終止契約當時所主張的事由是否存在，如同時存在不同終止事由（例如同時有業務性質變更、也同時存在勞工違反工作規則情節重大等事實），法院審酌時應視雇主行使終止權當時是否有同時主張。若終止之際只有援引一個事實，事後不可再追加或變更終止之事由❸，若兩個以上終止事由合併以一個終止權來行使，即須個別審酌各該終止事由是否存在。任一終止事由存在勞動契約均合法終止。

至若二次解僱，並不涉及終止事由變更或追加問題，而是有前後時點不同的兩個終止事由與兩個終止行為。第一個終止行為與終止事由，一定是發生在訴訟前，於雇主行使終止權後勞工不服對之提出訴訟爭執（或裁決決定對雇主不利由雇主對勞工起訴，即本文所稱之：前訴）。然後第二個終止行為所涵攝的事實則發生（或知悉）在後，一定是在前訴訴訟繫屬中才提出主張終止❹。照理依雇主之主張，勞僱法律關係已因第一個終止權行使而告消滅，

---

❸ 最高法院 95 台上 2720 民事判決、最高法院 101 台上 366 民事判決等參照。

對於業已消滅的契約法律關係根本不可能再為第二次終止權。此際如何定性第二個解僱行為？容於下文「二次解僱之定性」章節內再予詳述。

(二)二次解僱之禁止

上文曾引述之行政院勞工委員會 1998 年 3 月 17 日 (87) 台勞資二字第 009550 號函文末段表示假處分復職期間內「勞工於此期間如有勞動基準法第十二條之情事，雇主仍得依同條規定辦理。」認為假處分期間復職內勞工如有解僱事由，當然不能禁止雇主再發動第二次解僱。

然於勞工所聲請得之定暫時狀態假處分，有暫定勞雇關係者❶，雇主二次解僱之行使將受限制。暫定勞雇關係假處分下的復職，於該暫定期間內（通常為本案訴訟判決確定前），無論任何原因雇主均不得再為二次解僱，理由為假處分裁定業已命本案訴訟期間暫定勞雇關係繼續存在，雇主如再為二次解僱顯然違背並牴觸假處分裁定暫定勞雇關係存在之意旨❶。

假處分復職勞工如有嚴重失職行為（例如侵吞公款、性騷擾員工等），雇主仍必須先以情事變更為由聲請撤銷假處分（民事訴訟法第 530 條第 1 項、第 533 條、第 538 條之 4），待假處分撤銷確定後才可以實施二次解僱。

在假處分禁止解僱期間，勞基法第 12 條第 2 項之 30 日解僱除斥期間，應參照勞資爭議調解、仲裁、裁決期間禁止解僱之例停止計算，俟假處分裁

---

❶ 訴訟繫屬「前」雇主即為二次解僱者，則較少見，實例如慈濟大愛臺案。雇主先於 2015 年 5 月 5 日以不能勝任為由第一次資遣勞工，旋又於 2015 年 6 月 15 日以勞基法第 12 條第 1 項第 4 款、第 5 款為由第二次開除勞工，勞工則於 2015 年 7 月 3 日向士林地院提起「確認僱傭關係存在訴訟」，以故，雇主前後兩次解僱均發生於訴訟繫屬前，詳情請參勞動部不當勞動行為裁決委員會 104 年度勞裁字第 35 號裁決決定書之記載。惟本文以下所述之二次解僱，均僅討論訴訟繫屬中之二次解僱。

❶ 同註❼各裁定參照。

❶ 外國法制對此容有不同處理模式，惟本文係以我國法制為研討範圍，故所論述者乃我國法制之實踐。

定撤銷確定，雇主解僱權不再受禁制後再繼續計算❶。

在假處分裁定尚未撤銷前假如雇主即為二次解僱，該解僱因牴觸假處分而當然無效。無效之依據，有認為應依強制執行法第 136 條：「假扣押之執行，除本章有規定外，準用關於動產、不動產、船舶及航空器執行之規定。」第 140 條：「假處分之執行，除前三條規定外，準用關於假扣押、金錢請求權及行為、不行為請求權執行之規定。」最後準用強制執行法第 51 條第 2 項：「實施查封後，債務人就查封物所為移轉、設定負擔或其他有礙執行效果之行為，對於債權人不生效力。」之結果。

然準用強制執行法第 51 條第 2 項解釋結果僅產生「相對無效」之效力，即僅假處分債權人可以主張對其不生效力而已（最高法院 26 渝上 867 民事判例參照）。但解僱無效理應是自始、當然、絕對、確定的無效，相對無效說無法圓融解釋，此說顯不足採。

臺高院 93 上 374 民事判決則認為：「一般假處分之執行，如係禁止債務人將特定有體物交付他人，固可準用前述關於假扣押之規定，經債權人同意而使有效。但定暫時狀態假處分係藉由定暫時狀態假處分裁定之效力，將有爭執之法律關係定暫時狀態，直至本案訴訟判決確定為止，以拘束債權人、債務人及第三人，任何人均得據該定暫時狀態假處分之內容而作主張，該處分具有絕對效力，與假扣押係保全強制執行之方法不同，並無強制執行法第五十一條第二項查封效力相對性之適用。」採取絕對效力說。

本文認為定暫時狀態假處分裁定送達後，法律狀態（暫定勞雇關係）就已形成直至本案訴訟判決確定為止，此為法律強制形成之狀態，無庸執行亦無法執行❶。二次解僱顯然違反此一法律賦予假處分裁定所強制形成之狀態，依民法第 71 條本文規定：「法律行為，違反強制或禁止規定者，無效。」二

---

❶ 最高法院 99 台上 2054 民事判決參照。

❶ 張劍男、阮富枝等，法院辦理民事執行實務參考手冊，司法院民事廳，頁 392，2007 年 6 月。

次解僱因違反法律之強制規定而當然無效。

以上所述禁止二次解僱的原因都是本於該假處分是有「暫定勞僱關係」的假處分。但實務上多有僅命續付工資之假處分而未同時命暫定勞僱關係者。則於此類僅命續付工資假處分下之復職，理論上並不禁止雇主二次解僱，蓋禁止解僱尚不在假處分裁定意旨範圍內也。雇主假如為二次解僱，在假處分裁定尚未被撤銷確定前，依續付工資假處分意旨則仍有繼續給付工資予勞工之義務，否則勞工得聲請強制執行。雇主理應以情事變更為由先聲請撤銷假處分裁定，待假處分撤銷確定後再為二次解僱，以避免雖已主張合法二次解僱但卻必須繼續支付薪資之荒謬狀況。

至若依裁決主文命令通知勞工復職，並無禁止雇主二次解僱之效力，此蓋因裁決主文並無假處分暫定勞僱關係存在之效力，故並無二次解僱無效之問題。此時雖本案第一件裁決之復職命令尚未經行政法院撤銷確定，但雇主二次解僱亦無違反第一件裁決命復職救濟命令問題。蓋雇主於第一件裁決後已然按裁決救濟命令通知勞工復職（縱使僅是暫時性的復職），即屬已履行完畢裁決所命為一定之行為。後續雇主再二次解僱並不在第一件裁決命「復職」救濟命令之射程禁止範圍，淺見以為此時應不得再以工會法第 45 條第 2 項規定裁罰。

故裁決命復職後之勞工要避免被二次解僱命運，還是要依勞資爭議處理法第 50 條規定聲請法院暫定勞僱關係之假處分。

三、違法解僱訴訟繫屬中二次解僱之定性

前已述及依雇主主張之邏輯，勞僱法律關係已因第一個終止權行使而告消滅，對於業已消滅的契約法律關係根本不可能再為第二次終止（羅馬法以來的契約法原理：契約不能消滅兩次，就好像人不能死兩次一樣！）。此際如何定性第二個解僱行為？見解不一，有附條件解僱說及定攻擊防禦方法次序說等兩種對立之見解。

(一)附條件解僱說

按同一契約不能消滅二次，最高法院 71 台上 2161 民事判決指出：「同一契約，不得為二次以上解除。」最高法院 72 台上 1795 民事判決認為：「解除權之行使祇須以意思表示，向他方當事人為之，且不得撤銷，故同一契約不可能有二次以上之解除。」最高法院 82 台上 1429 民事判決亦認：「契約解除權之行使，依民法第二百五十八條第一項之規定，應向他方當事人以意思表示為之，且依同條第三項規定解除契約之意思表示不得撤銷，故同一契約不可能有二次以上之解除。」等均著有明文可資參照。則以邏輯而論，雇主二次解僱但還繼續主張第一次解僱合法有效的場合，本於「契約只能消滅一次」之原則，顯然雇主的真意是「以法院判決認定雇主第一次解僱不合法作為第二次解僱生效之停止條件。」蓋第一次解僱如已合法消滅勞雇關係，第二次解僱就無再行使之必要及可能，但現實上雇主已作了第二次解僱意思表示之通知，法理上要圓融的解釋只有暫時先不讓「第二次解僱」之意思表示發生效力，直到第一次解僱被法院認定為不合法後，第二次解僱才立即發生效力來消滅沒有被第一次解僱消滅掉的勞雇關係。從而，在雇主第一、二次解僱的效力都同時主張有效的場合，顯然第二次解僱必是附以第一次解僱被法院認定無效之停止條件無疑。

惟解僱為終止權（形成權、單獨行為）之行使，學說上認為解除、撤銷、承認等單獨行為本為確定法律關係，如容許附加條件，將使法律關係越不確定，易陷相對人於不利，故為保護相對人利益，原則上應認不許附加條件，僅於附加條件為相對人所同意或條件成就與否純由相對人決定等時，始例外容許之❸。

最高法院 98 台上 2381 民事判決指出：「被上訴人於 88 年 5 月 7 日令中所附決議中所表明之待司法程序終結再予適當之處分是否係附有停止條件之

---

❸ 王澤鑑，民法總則，頁 474，2014 年 2 月增訂新版。

終止勞動契約之法律行為，亦滋疑義。再者，終止契約之意思表示既係為形成權之行使，無待乎對方之同意即生效力，無從撤回，則該終止之單獨行為，倘附以條件，是否使相對人即上訴人陷於不得任意脫退之不確定狀態，而處於極不利之狀態，原審未遑推闡明晰，逕認附停止條件之終止契約行為對上訴人並無不利益，且與勞動基準法第 12 條第 2 項規定之適用並無有所扞格，兩造之勞動契約溯及於停職時發生終止之效力，進而為上訴人不利之判決，亦不免速斷。」亦可資參照。

不許附條件而附條件者，依學者通說並非僅「條件無效」爾，而是整個法律行為無效[20]。

二次解僱必須實際上在第一次解僱後復再發生（或雇主再知悉）二次解僱事實；此際雇主一方面仍繼續堅守第一次解僱仍然合法有效業已消滅勞雇關係的第一道防線，然後再輔以「退一萬步言，縱認第一次解僱不合法，第二次解僱也已合法消滅勞雇關係」的第二道防線，這對勞工來說增加了很多訴訟中攻防的困難。

首先，若肯認得二次解僱，意味著也可能存在三次、四次解僱甚或 N 次解僱，對於勞工而言不知防禦底線到哪裡、法院審理範圍也一直無法清楚的界定。

再者，第一次解僱後勞工都已實際離開職場，對於嗣後的二次解僱事由根本沒有知悉、接觸的機會，可說毫無招架之力，任由雇主主張全然無法防禦。人在人情在，離開了越久與原來老同事的「連結」越薄弱，勞工欲從「內部」探查二次解僱事由之真假越形困難。

---

[20] 洪遜欣，中國民法總則，頁 419–420，1978 年 11 月修訂再版；史尚寬，民法總論，頁 433，1975 年 10 月再版。王澤鑑同前註書則認為不許附條件之法律行為，如附以條件時，不能一概認為其法律行為全部無效，應視該行為性質，參酌民法第 111 條但書規定而定其效力。本文淺見以為縱使依民法第 111 條但書規定檢視，附條件解僱之法律行為，解釋表意人（雇主）意思表示之真意，並無使其所附條件與終止行為本身分離之意思，仍應解為法律行為全部無效，較為妥適。

　　事實上即便僅將二次解僱定性為訴訟攻防順序，也不能忽視實體法之適用。蓋二次解僱固為訴訟上之攻防行為，但因其同時產生「實體法」上終止契約之私法效力，如同訴訟中和解、抵銷等一般，此時應同時受實體法、訴訟法之規範。

　　此即學說所稱訴訟行為的兩面效力。臺高院 97 重勞上 16 民事判決中稱：「……再依勞基法第 11 條第 4 款規定，資遣被上訴人等語，乃增加訴訟上之攻擊防禦方法……」，此論述固無錯誤，但除了是訴訟上攻擊防禦方法外，二次解僱行為同時會產生私法上效果，即發生勞動契約關係因二次解僱權行使而消滅之法律效果。

　　據此，訴訟上二次解僱產生的實體法上效力，才真正是雇主最主要的目的：消滅勞動契約關係。法院僅看到「定攻擊防禦方法的先後次序」之訴訟行為，卻忽視實體法效果才真正是當事人（雇主）關心重點所在，自非妥適。

㈡定攻擊防禦方法次序說

　　此說認為二次解僱僅是訴訟上定攻擊防禦方法之次序爾❷❶，尚與所謂的「附條件」無涉。臺高院 96 勞上 46 民事判決認為：「本件上訴人（按指雇主）雖分別於 96 年 10 月 2 日、97 年 1 月 17 日以勞基法第 11 條第 4 款為資

---

❷❶ 按傳統通說認為訴訟中有多數攻擊防禦方法時，法院得依其訴訟指揮權自由斟酌應審理及採取何者之次序，不受當事人所主張順序之拘束，請參駱永家，訴之客觀的合併，載：民事法研究 II，頁 79 以下，1999 年 3 月修訂七版。但近來的有力說則認為基於公正程序請求權之法理，訴訟指揮權之行使應顧及當事人利益，此利益包含實體法與程序法上利益，如當事人有兩個以上攻擊防禦方法而排列審理之前後次序，可認為有值得保護之實體法或程序法利益時，法院指揮決定審理順序之自由應受相當限制，邱聯恭口述，許士宦整理，口述民事訴訟法講義（二），元照，頁 221，2012 年 8 月筆記版。 查違法解僱訴訟上常見雇主預備的抗辯主張稱設如原告（勞工）主張有理由時，其亦得主張民法第 487 條但書工資之扣除，就有關雇主此項工資扣除之抗辯，顯為當事人所定攻擊防禦方法之最後順位，即是顯例。

遣丁○○、己○○、丙○○、甲○○等 4 人之意思表示；以勞基法第 54 條第 1 項第 1 款之規定，為強制乙○○退休之意思表示，與其於 93 年 6 月 18 日及 7 月 31 日所表示之資遣事由不同，因係兩造於本件訴訟進行中，經原審言詞辯論終結後，新發生上開之事由，故上訴人再主張以 96 年 10 月 2 日上訴理由（一）狀及 97 年 1 月 17 日上訴理由（三）狀送達被上訴人，作為強制乙○○退休，以及預告與丁○○等 4 人終止勞動契約之意思表示，應屬防禦方法之次序，尚難認係附有條件，故被上訴人主張上訴人前開部分，屬形成權之行使附有條件，與形成權之本質不合，上訴人意思表示應屬無效云云，尚非可採。」

另一則臺高院 97 重勞上 16 判決亦同樣認為：「上訴人（按指雇主）於 96 年 11 月 14 日具狀表示縱認上開資遣（即指 96 年 3 月 23 日以被上訴人不能勝任工作為由之第一次資遣）不合法，仍因其業務性質變更而有減少勞工之必要，再依勞基法第 11 條第 4 款規定，資遣被上訴人等語，乃增加訴訟上之攻擊防禦方法，而因有資遣時間先後之別，自須先行認定上開無法勝任工作之資遣事由不成立，始再論究有無該當勞基法第 11 條第 4 款規定之事由，被上訴人主張後者係以法院認定上訴人於 96 年 3 月 23 日之解僱不合法為停止條件，應屬無效，尚有誤會，合先敘明[22]。」均認為二次解僱僅是定攻擊防禦方法之次序而已，並非附條件解僱。此為目前司法實務通說。

(三)本文見解

如前所述二次解僱有其存在必要性。尤其在企業歇業、併購等場合，實屬不得不然，在此情形下，一律禁止二次解僱無解於現實問題之解決。更且，確定判決之「時」的既判力，係以事實審言詞辯論「終結時」為準，尤其我

---

[22] 本則判決其後由最高法院 98 台上 652 民事判決以其他理由廢棄發回，臺灣高等法院 98 重勞上更一 1 民事判決改判勞方勝訴（其後確定），但對二次解僱之效力問題則隻字未提。

國司法實務有關解僱無效訴訟，通常均以「法律關係」（僱傭關係）為訴訟標的提起確認訴訟，而非以某一特定「法律行為」（解僱）為訴訟標的確認其有效與否❷，故在事實審言詞辯論終結前的事實均會包含在法院審判範圍內。針對第一次解僱所提起的訴訟，於訴訟進行中再發生其他終止事由時，當然不能也不必禁止雇主再為終止權之行使。

雇主發動二次解僱，是否必須以放棄第一次解僱的效力為前提，換言之雙方僅就第二次解僱的效力來作攻防，則應作適度之考量。假如就具體個案判斷雇主所主張二次解僱純只是增添勞方攻防困難，並非本於第一次解僱後因客觀環境變遷而產生諸如企業併購、歇業等情事者，則就稍解勞工攻防困境立場言，附條件解僱說實有其見地。但相對的，如二次解僱確實是本於第一次解僱後客觀環境變遷引起的企業併購、歇業等因素者，亦不能僅因勞工有訴訟繫屬在先，就要雇主放棄第二次解僱之權利，或責令雇主必須先放棄第一次解僱有效之主張才可合法行使第二次解僱權，如此一來反而構成對雇主不公平對待。

至若雇主主張第二次解僱根本未附條件者，則等同於訴訟上「自認」第一次解僱無效，法理與前述訴訟中通知復職之說明相同，於茲不贅，此時法院應僅就第二次解僱有無理由加以審理。

二次解僱（不論訴訟中或訴訟外）如定性為「附條件解僱」者，在假處分復職後之二次解僱，應作例外處理。蓋雇主之所以發動二次解僱，可能是因勞工復職後違法、違紀行為所致，而勞工之所以復職，是因雇主遵守法院假處分裁定使然，假如竟因此就要雇主放棄第一次解僱之效力，顯然是對遵

---

❷ 臺高院 101 重勞上 17 民事判決指出：「況上訴人所稱德國勞動契約終止保護法之內容，與我國現行制度並不相同，無從引為上訴人有利之認定。蓋德國勞動契約終止保護法第 4 條及第 5 條之訴訟標的為雇主該次終止行為之效力，勞動關係並未因雇主之終止而消滅，而我國係確認整個僱傭關係之存在與否，並非只是雇主之特定終止意思表示而已。」可資參照。

法行事的雇主為變相懲罰並不妥適。而且易啟勞工僥倖之心，勞工如果知道雇主要合法對其施以二次解僱必以放棄訴訟中第一次解僱之效力為前提，而雇主顯然不願放棄者（否則何必爭訟？）則預期雇主應不會發動二次解僱，豈非意味著勞工因假處分復職後即可以任意違法、違紀、違約，也無虞遭解僱懲處？（除非雇主願意忍痛放棄第一次解僱之效力）對雇主職場秩序與紀律之維護將產生極大衝擊。

故本文以為縱使採取「附條件解僱」之定性，於假處分復職後本於復職期間內在職場違法、違紀、違約行為之二次解僱，應例外不予適用。

裁決命復職之情形與假處分之復職相同，於二次解僱時均應作相同解釋，即例外不得解為附條件解僱。

四、判決既判力遮斷效與二次解僱

㈠遮斷效之意義

所謂判決既判力遮斷效，是指為了貫徹既判力「終局地強制解決紛爭」之制度目的，既判力除具有「確定當事人間於基準時點[24]所存在之法律關係」之效果外，並可阻斷當事人於後訴提出在前訴基準時點以前所存在事由之可能性，亦即當事人於前訴既已被賦予就爭執之法律關係提出攻擊防禦方法之機會，從而其在基準時點所得提出之事由，若已提出固得由法院審酌而成為判決基礎，若未提出，則亦產生失權之效果，不得於判決確定後再行主張，故遮斷效又稱為「失權效」或「排除效」[25]。

既判力遮斷效為我國司法實務通說所一致採認。最高法院 42 台上 1306

---

[24] 既判力之基準時點為最後事實審言詞辯論終結時，最高法院 39 台上 214 民事判例：「判決之既判力，係僅關於為確定判決之事實審言詞辯論終結時之狀態而生，故在確定判決事實審言詞辯論終結後所後生之事實，並不受其既判力之拘束。」

[25] 黃國昌，民事訴訟法教室 I，頁 192，2010 年 9 月二版。

民事判例指出：「訴訟標的之法律關係，於確定之終局判決中經裁判者，當事人之一造以該確定判決之結果為基礎，於新訴訟用作攻擊防禦方法時，他造應受其既判力之拘束，不得以該確定判決言詞辯論終結前，所提出或得提出而未提出之其他攻擊防禦方法為與該確定判決意旨相反之主張。」最高法院51台上665民事判例更進一步認為：「所謂既判力不僅關於其言詞辯論終結前所提出之攻擊防禦方法有之，即其當時得提出而未提出之攻擊防禦方法亦有之。上訴人前對系爭土地提起確認得標無效及登記應予塗銷之訴，既受敗訴判決且告確定，則其就本件訴訟請求確認買賣關係不存在及登記應予塗銷，雖所持理由與前容有不同，然此項理由，乃於前案得提出而未提出者，即仍應受前案既判力之拘束，不容更為起訴。」

　　最高法院104台上2116民事判決更明白闡釋遮斷效之意義及範圍，其謂：「按民事訴訟法第四百條第一項所稱既判力之客觀範圍，除及於後訴訟之訴訟標的與前訴訟之訴訟標的同一者，其為相反而矛盾，或前訴訟之訴訟標的係後訴訟請求之先決法律關係者，亦均及之；又不僅關於其言詞辯論終結前所提出之攻擊防禦方法有之，即其當時得提出而未提出之攻擊防禦方法亦有之。是為訴訟標的之法律關係，於確定之終局判決中經裁判者，當事人之一造以該確定判決之結果為基礎，於新訴訟用作攻擊防禦方法時，他造應受其既判力之拘束（既判力之『遮斷效』、『失權效』或『排除效』），不得以該確定判決言詞辯論終結前所提出、或得提出而未提出之其他攻擊防禦方法，為與確定判決意旨相反之主張，法院亦不得為反於確定判決意旨之認定。訴訟標的之權利或法律關係具有得撤銷、解除或終止之事由者，與法律行為之無效，同屬附著於訴訟標的權利或法律關係本身之瑕疵，在事實審言詞辯論終結前，就撤銷、解除或終止權等形成權之行使如無法律上之障礙，則因判決之確定，該等瑕疵即被滌清，其後即不得主張其行使權利之效果，而對經確定之權利或法律關係加以爭執。」可資參照。

㈡二次解僱與遮斷效

違法解僱訴訟繫屬中雇主更為二次解僱，如二次解僱發生在基準時點之前（即最後事實審言詞辯論終結前）者，雇主不論有無提出主張，依上揭說明，在前訴判決確定之後，均不得再提出主張。雇主如以二次解僱之事由再提起後訴，法院應依民事訴訟法第 249 條第 1 項第 7 款規定，以「裁定」駁回雇主之後訴❷❻。假如受理後訴之法院違背既判力規定竟對勞工為不利「判決」者（例如認定雇主二次解僱有效、勞雇關係不存在），勞工得依民事訴訟法第 496 條第 1 項第 12 款規定，提起再審之訴以除去後訴確定判決之既判力。在以再審之確定判決除去後訴確定判決之既判力前，於規範秩序上存在兩個矛盾之確定判決（前訴判認勞雇關係存在、後訴判決勞雇關係不存在），通說認為此時應以在後之確定判決優先，以其判斷作為當事人間實體法律關係之基準❷❼。

本件臺高院 101 重勞上 37 民事判決案例事實，雇主於第二審言詞辯論終結前之 2013 年 4 月 16 日已行使二次解僱，則理應於該案言詞辯論終結前提出主張，乃竟未提出該項攻防方法，事後於第二件裁決後再以之為由提起後訴，顯然違背前訴判決之既判力，受理後訴之法院應以裁定駁回後訴。

雇主之二次解僱必須發生於前訴最後事實審言詞辯論終結前，方受此既判力效果所遮斷，假如二次解僱發生於前訴最後事實審言詞辯論終結之後（例如前訴第三審上訴訴訟繫屬中），自不受既判力之遮斷效所遮斷，仍得另訴主張，自不待言❷❽。

---

❷❻ 最高法院 100 台上 229 民事判決參照。

❷❼ 黃國昌，民事訴訟法教室 I，頁 189，2010 年 9 月二版。

❷❽ 最高法院 29 渝上 1244 民事判例：「讓與房屋所有權於被上訴人之某甲，前向上訴人終止租賃契約，請求遷讓房屋，固已經確定判決，認為不得終止，將其請求駁回，然此項判決確定後，被上訴人因已得終止契約，遂為終止之意思表示請求遷讓房屋，並非此項確定判決之既判力所能及。」可資參照。

又二次解僱不以雇主已經具體行使為限，依學者通說，形成權已具體行使者，固受遮斷效之拘束❷，即連已具備形成權行使要件但形成權人「尚未」行使之者，通說亦認為該形成權同受既判力遮斷效所遮斷❸。前曾引述之最高法院 104 台上 2116 判決指出：「訴訟標的之權利或法律關係具有得撤銷、解除或終止之事由者，與法律行為之無效，同屬附著於訴訟標的權利或法律關係本身之瑕疵，在事實審言詞辯論終結前，就撤銷、解除或終止權等形成權之行使如無法律上之障礙，則因判決之確定，該等瑕疵即被滌清，其後即不得主張其行使權利之效果，而對經確定之權利或法律關係加以爭執。」同樣認為除非形成權之行使有法律上之障礙，否則該得行使而未行使之形成權同受既判力遮斷效所遮斷。換言之，前訴訴訟繫屬中如果已另有二次解僱事由，雇主理應及時行使並提出主張之❸，假如當時不行使二次解僱，待前訴

---

❷ 邱聯恭口述，許士宦整理，口述民事訴訟法講義（三），元照，頁 298 指出：「依上開既判力之作用即遮斷效，就實體法上形成權而言，如果在基準時以前，形成原因（事由）已存在且經行使，以致發生法律關係之變動，則亦不容許於基準時後主張此項變動來爭執確定判決就訴訟標的之法律關係所為之判斷。」可資參考。

❸ 黃國昌，民事訴訟法教室 I，頁 193-202，2010 年 9 月二版；邱聯恭口述，許士宦整理，口述民事訴訟法講義（三），頁 298-301，2012 年 8 月筆記版；駱永家，新民事訴訟法 II，頁 72-73，2011 年 10 月；陳計男，民事訴訟法論（下），頁 63-65，2011 年 1 月修訂五版；陳榮宗、林慶苗，民事訴訟法（中），三民，頁 639-640，2011 年 1 月修訂七版。有關本問題的進一步討論可參，許士宦等，基準時後之撤銷權行使與遮斷效，載：民事訴訟法之研討（六），民事訴訟法研究基金會，頁 333-402，1999 年 4 月。但通說也認為「抵銷」是唯一的例外，於基準時前已抵銷適狀但被告不主張抵銷，待判決確定後再行主張抵銷者仍不受前訴既判力所遮斷（最高法院 29 渝上 1123 民事判例）。

❸ 按我國民事訴訟法關於攻擊防禦方法提出之時機，2000 年修法時已將以往之「隨時提出主義」（又稱：自由順序主義）廢除改採「適時提出主義」；2003 年修法時更於第 447 條規定進一步限縮在第二審提出新攻擊防禦方法之機會，課予當事人適時提出攻擊防禦方法之義務，並原則上禁止在第二審提出新攻擊防禦方法，否則生失權效果。然查，二次解僱如發生於第一審準備程序後言詞辯論期日前或第二審程序時，

基準時點過後再行使二次解僱者，二次解僱同受前訴判決既判力所遮斷❸，雇主允宜特別注意。

㈢遮斷效可否由當事人合意排除

本件判決更值得探討者，乃雇主於前訴第二審上訴程序中已明白向法院陳明業已行使二次解僱，但雇主又向法院陳明二次解僱將「另案處理，在本案毋庸審酌」❸，此一陳明保留待另案處理之效力如何，頗值討論。

依前開規定均仍允許當事人提出主張之，否則一方面不准其再提出，另一方面又使其受遮斷效之拘束，無異剝奪當事人受法院公平審判之權利。我國學者亦指出訴訟上抵銷之抗辯如因逾時提出而被法院駁回不予付諸辯論，然被告復於言詞辯論終結前在訴訟外向原告為抵銷之意思表示，並以原告之債權業因被告訴訟外抵銷而消滅之新事實作為新防禦方法向法院提出，此時考慮到該訴訟外抵銷將受（未來）判決既判力遮斷效所拘束，如不讓被告於訴訟上提出此一新防禦方法，對被告難謂公平；陳計男，民事訴訟法論（下），頁74–75，2011年1月修訂五版。二次解僱之事實如發生於一審言詞辯論終結後，當事人應得於二審提出之（民訴第447條第1項第2款）。蓋此一新攻擊防禦方法發生於一審言詞辯論終結後，一審法院未能及時審究，非可歸責於當事人，應許當事人在二審提出，以利當事人之紛爭在同一訴訟程序中解決；許士宦，第二審程序新攻擊防禦方法之提出，載：程序保障與闡明義務，新學林，頁382，2006年9月。我國司法實務上於第二審（甚至發回後之更一審）始發生二次解僱事由者，均仍允許雇主再提出主張之，臺高院93重勞上更一3民事判決可資參照。

❸ 有學者認為，在原告以紛爭事實特定訴訟標的之情形，在訴訟審理過程中，未經當事人主張及法院闡明、審判之法律觀點，不應因其屬訴訟標的之範圍，即當然被遮斷，仍應允許當事人依再審予以救濟，如果屬期待不可能者，甚至應該賦予再提起後訴之機會，此即所謂判決遮斷效之限縮論。請參見許士宦，重複起訴禁止原則與既判力客觀範圍，載：程序保障與闡明義務，新學林，頁291，2006年9月。

❸ 本則判決事實及理由欄五、（三）、4有以下之記載：「又上訴人（按指雇主）就被上訴人（按指勞工）於101年1月間暫時復職後之工作情況，另於102年4月16日以被上訴人連續曠職3日或1個月內曠職達6日為由終止兩造間僱傭契約，上訴人已陳稱此部分將另案處理，在本案毋庸審酌，附此敘明。」

　　按既判力為職權調查事項且適用「職權探知主義」，在此既判力性質之界定下，當事人不得依合意排除既判力之作用，亦即不得透過合意要求法院就產生既判力之事項，重新審理裁判❸❹。本案雇主在訴訟中向法院陳明將另案處理請法院在本案毋庸審酌，先不論只是雇主單方捨棄此項二次解僱之攻防方法，勞工當然無置喙餘地，法院亦不能強迫雇主必須主張二次解僱之攻防方法❸❺，即使兩造合意亦不能排除既判力遮斷效之適用，更遑論僅是雇主單方的聲明保留。以故，本案雇主聲明保留二次解僱將另案處理，事實上無法阻斷二次解僱將被前訴判決既判力所遮斷之事實❸❻。

㈣峰迴路轉的後訴判決

　　按本件後訴之提起違反判決既判力遮斷效，受理後訴之法院本應以裁定駁回其訴，前已有詳細之說明。惟實際上則不然，受理後訴之臺北地院於前

---

❸❹ 黃國昌，民事訴訟法教室 I，頁 189，2010 年 9 月二版；陳榮宗、林慶苗另指出：「判決既判力係民事訴訟法上之制度，當事人之間不得以合意方法，將判決既判力為排除或創設，當事人間如有此合意，其合意為無效。」並可資參照；陳榮宗、林慶苗，民事訴訟法（中），頁 629，2011 年 1 月修訂七版。惟既判力之效力不容當事人合意排除並非理論上之「必然」而是政策考量結果，例如美國法院即允許當事人透過合意之方式，就已產生既判力之事項，請求法院在後訴中重新審理，黃國昌，同上，頁 190。

❸❺ 但此既判力遮斷效之作用影響當事人權益重大，且當事人已在訴訟中陳述此項二次解僱之事實，更在訴之聲明之界限內（雇主係聲明請求：確認僱傭關係不存在），無論當事人有無委任律師擔任訴訟代理人，法院允宜行使闡明權（闡明義務），告知當事人此中利害關係，俾使當事人充分瞭解提出與不提出之法律效果異同後，再自行決定是否要在本案提出主張，或保留到另案再主張。

❸❻ 本文作者猜測雇主之所以作此決策是因考量勞工已對二次解僱申請第二件裁決，雇主預判第二件裁決可能對其不利，屆時第二件裁決出爐後雇主必須依勞資爭議處理法第 48 條第 1 項規定提起後訴，所以當下決定把二次解僱的主張留待後訴再據以提出。

訴判決於 2014 年 5 月 19 日確定後將近兩個月後的 2014 年 7 月 11 日以 103 重勞訴 1 民事判決為實體審理，並判決雇主二次解僱有效主文為「確認兩造間僱傭關係自 102 年 4 月 16 日起不存在。確認被告對原告如附表所示之債權不存在。」

　　一審法官及兩造律師完全未曾意識到前訴判決已然確定，後訴主張之二次解僱應受前訴判決既判力遮斷之問題，判決理由內隻字未提既判力遮斷效。勞方抗辯後訴與前訴的關係是：「被告雖辯稱：原告在臺灣高等法院一〇一年度重勞上字第三十七號確認僱傭關係不存在等事件審理兩造間之勞資爭議期間終止勞動契約，違反勞資爭議處理法第八條規定其終止無效。」一審法院對此抗辯的判決理由則為：「兩造於臺灣高等法院 101 年度重勞上字第 37 號確認僱傭關係不存在等事件中之勞資爭議，係原告於 99 年 5 月 24 日、100 年 8 月 29 日對被告所為調職、解僱行為是否無效，而原告於 102 年 4 月 15 日發函向被告表示於翌日終止勞動契約，則係基於被告無正當理由繼續曠工 3 日或 1 個月內曠工達 6 日等情，並無違反勞資爭議處理法第 8 條規定。」顯然完全無視判決既判力遮斷效問題，而把爭點導向二次解僱有無違反勞資爭議處理法第 8 條之問題。

　　案經提起第二審上訴後，勞方終於在二審程序主張判決既判力遮斷效並為法院所採。臺高院 2014 年 2 月 10 日以 103 重勞上 32 民事判決廢棄一審判決改判駁回雇主之起訴，判決理由指出：「被上訴人（按指雇主）於本件主張其於 102 年 4 月 15 日表示自翌日起終止與上訴人（按指勞方）間之僱傭關係，係在前案訴訟事實審言詞辯論終結（102 年 6 月 25 日）前，且被上訴人在前案訴訟 102 年 4 月 30 日上訴理由（五）狀亦陳明 102 年 4 月 15 日已對上訴人終止僱傭關係之事，於 102 年 5 月 3 日準備期日時，受命法官詢及關於主張自 102 年 4 月 16 日解僱上訴人時，被上訴人稱此非訴之追加，請求不處理此部分等語，是被上訴人就上開攻擊防禦方法本得於前案訴訟言詞辯論終結前主張之，而竟請求不予處理，則其攻擊防禦方法均因遮斷效而為前案

訴訟判決既判力所及，被上訴人自不得再為與前案訴訟確定判決意旨相反之主張。至被上訴人雖請求前案訴訟二審不予處理，然當事人不得依合意而排除既判力之作用，是無論上訴人於前案訴訟是否同意，亦不影響被上訴人本件訴訟為前案訴訟判決既判力效力所及之認定。被上訴人辯稱本件訴訟標的及原因事實與前案訴訟不同，不受前案訴訟既判力所及云云，即非可取。」

其後雇主再提起第三審上訴，最高法院則於 2016 年 6 月 16 日以 105 台上 1022 民事判決駁回雇主之第三審上訴，判決理由明確指出：「按為消極確認之訴訴訟標的之法律關係，於確定終局判決經裁判者，除法律別有規定外，依民事訴訟法第四百條第一項規定，有既判力。凡該事件之原告，在事實審言詞辯論終結前，已以意思表示終止該法律關係而欲生形成之法律效果者，均係該事件之攻擊方法，為該確定終局判決既判力所遮斷，不得就之另訴請求。查上訴人所提起之前案訴訟，其訴訟標的法律關係為確認兩造間之僱傭關係，已因其終止而自 2011 年 8 月 30 日起不存在；又前案訴訟第二審係於 2013 年 6 月 25 日言詞辯論終結等情，有前案訴訟歷審判決可稽。則上訴人再提起本件確認訴訟，以其於前案訴訟事實審言詞辯論終結前，已行使終止權而消滅之兩造間僱傭關係，為訴訟標的，依上說明，自有違前案訴訟之判決既判力。」論點與本文前所述完全相同[37]。

五、二次解僱判決既判力對裁決之影響

前一章節所述為本案真實狀況，雇主並未在前訴主張二次解僱，因而發生二次解僱被前訴判決既判力遮斷之憾事。現假設雇主為避免發生上揭憾事乃於前訴事實審程序中即主張二次解僱，其後法院判決確定，將如何影響後來的第二件裁決，亦屬饒富趣味之課題。查此一問題以前未曾發生並無前例

---

[37] 最高法院本則判決提到已行使之終止權受既判力遮斷效拘束，但如前所述，事實上不僅「已行使」之終止權受拘束，「得行使而尚未行使」之終止權亦同受拘束，允宜注意。

可循，亦無學說見解可資參考，以下之論述純為作者個人推演之淺見。

按雇主如於前訴主張二次解僱，法院判決不外以下三種結果：

1. 法院判決認定第一次解僱有效，勞動契約於 2011 年 8 月 29 日第一次解僱時即告消滅，此時已無須再審酌第二次解僱之攻防方法。

2. 法院判決認定第一次解僱無效但第二次解僱有效，勞動契約於 2013 年 4 月 16 日第二次解僱時消滅。

3. 法院判決認定第一、二次解僱均無效，勞雇關係繼續存在。

以上三種可能之判決結果下，如何影響到 2013 年 9 月 27 日第二件裁決結果，又應區分前訴判決確定在第二件裁決之前或之後來討論。

㈠前訴判決先確定、第二件裁決在後

假設前訴訴訟標的價額未逾新臺幣 150 萬元，第二審法院 2013 年 7 月 16 日宣判就確定，2013 年 9 月 27 日第二件裁決作成在後，此時裁決之認定亦不能違背前訴法院確定判決之既判力。

1. 法院判決認定第一次解僱有效

裁決委員會應本於勞動契約早於 2011 年 8 月 29 日第一次解僱時即告消滅之事實，駁回勞方裁決之申請。

2. 法院判決認定第一次解僱無效但第二次解僱有效

同上，裁決委員會應本於勞動契約於 2013 年 4 月 16 日第二次解僱時即告消滅之事實，駁回勞方裁決之申請。

3. 法院判決認定第一、二次解僱均無效，勞雇關係繼續存在

此時第二件裁決可以認定二次解僱構成不當勞動行為、二次解僱無效，也可以認定二次解僱不構成不當勞動行為（在認定二次解僱不構成不當勞動

行為之前提下，解僱有效與否之問題就非裁決所能認定）。不服裁決者僅能循行政訴訟程序提起撤銷裁決決定之行政訴訟[38]，換言之，裁決只能就二次解僱有無涉及不當勞動行為作判斷，無論勞工或雇主均已再無提起民事訴訟之餘地。

(二)第二件裁決在先、前訴判決確定在後

此即為本案之真實狀況，第二件裁決先於 2013 年 9 月 27 日作成，前訴判決乃於次年之 2014 年 5 月 19 日始告確定。此時裁決決定因作成在前無從預料確定在後之法院判決結果如何。

1.法院判決認定第一次解僱有效

假如第二件裁決決定認定第二次解僱無效者，雇主如不於勞資爭議處理法第 48 條第 1 項法定期間內提起後訴，第二件裁決送法院核定後產生與確定判決同一效力，將與後來確定之前訴判決產生矛盾關係。但雇主依勞資爭議處理法第 48 條第 1 項規定期限提起後訴者，則又違反既判力規定，後訴將遭法院裁定駁回。第二件裁決決定如對勞方不利而勞方提起訴訟者，同樣會因違反既判力規定遭法院裁定駁回。勞工不提起訴訟者，僅生第二次解僱無涉不當勞動行為之認定爾，尚與解僱有效與否無關。

2.法院判決認定第一次解僱無效但第二次解僱有效

假如第二件裁決認定雇主第二次解僱無效者，雇主如不於法定期間內提

---

[38] 勞動部及勞動法學者通說咸認涉及解僱案的裁決仍屬行政處分，當事人如有不服仍得對之提起撤銷裁決之行政訴訟，但此一見解為行政法院所不採。行政法院認為只要是涉及「解僱、降調、減薪」（工會法第 35 條第 2 項）之裁決，皆屬私權爭執，行政法院無權管轄。最高行政法院 103 判 357 判決、北高行 103 訴 594 裁定、北高行 103 訴 943 裁定等參照。

起後訴,第二件裁決送法院核定後產生與確定判決同一效力,將與後來確定之前訴判決產生矛盾關係。但雇主依勞資爭議處理法第 48 條第 1 項於期限內起訴者,則又違反既判力規定,後訴將遭法院裁定駁回。第二件裁決如對勞方不利而勞方提起訴訟者,同樣會遭法院裁定駁回。不提起訴訟者,僅生第二次解僱無涉不當勞動行為之認定爾,尚與解僱有效與否無關。

3. 法院判決認定第一、二次解僱均無效

第二件裁決如認定第二次解僱無效,雇主提起後訴者違反既判力規定;不提起後訴者,裁決送法院核定後產生與確定判決同一效力,等同先一步早於前訴確定判決認定二次解僱無效。裁決如不利於勞方而勞方提起訴訟者,後訴違反既判力規定將遭駁回。不提起訴訟者,僅生裁決認定二次解僱無涉不當勞動行為之效果,不影響前訴判決認定一、二次解僱均無效之事實。

上述第二件裁決在前,前訴判決確定在後之狀況下,受不利裁決之當事人有可能為了避免勞資爭議處理法第 48 條第 1 項 「視為當事人合意」 及第 49 條裁決經法院核定後產生與確定判決同一效力之情事發生,而被迫提起違反既判力規定會被裁定駁回之後訴❸。此時除非裁決委員會認為雇主於前訴既已主張二次解僱之效力等同業已依勞資爭議處理法第 48 條第 1 項規定起訴,從而不依同條第二項規定送法院核定,或裁決所在地之法院收到送核定之裁決決定書後判定此時雇主既已於前訴主張二次解僱❹,裁決決定書就不應送核定,從而認定裁決 「程序」 (決定書送法院核定之程序廣義而言亦屬 「裁決程序」 之一部分) 與法令牴觸依勞資爭議處理法第 48 條第 3 項規定不予核定,否則上述不合理之現象無法杜絕❹。

---

❸ 此點顧慮極可能即是前述本案雇主之訴訟代理人在前訴二審程序考量後訴提起之必要性而捨棄在前訴主張二次解僱之原因。

❹ 目前實務法院在核定前會先發函請當事人具狀表示意見,故雇主有機會在法院核定前向法院陳述已於前訴主張二次解僱之事實。

第二件裁決經法院核定後，當事人如認為二次解僱已經在前訴主張等同業已起訴，法院之核定有誤，此時是否構成勞資爭議處理法第 48 條第 5 項「經法院核定之裁決有無效或得撤銷之原因」要件，從而得經由提起宣告裁決無效或撤銷裁決之訴予以解決，容有疑義。淺見以為宣告裁決無效或撤銷裁決之訴，必以「裁決」本身有無效或得撤銷原因為要件，不應送法院核定而誤送法院核定或法院不應核定而誤為核定，乃「核定程序」之瑕疵非「裁決」決定本身有瑕疵，並不符提起宣告裁決無效或撤銷裁決之訴之要件。

從上所述，不服關於解僱私權爭議之裁決決定，可能之司法救濟程序有撤銷裁決行政訴訟、民事提起確認僱傭關係存在（或不存在）訴訟、甚至可能的宣告裁決無效或撤銷裁決之訴，救濟程序設計的如此繁複，而使各該程序間產生各種可能的交錯、融合、矛盾情事，是否有此必要，容待觀察❷。

---

❶ 但提起一件一定會被法院裁定駁回之不合法後訴，也並非毫無意義，蓋此一後訴之提起仍可產生阻斷裁決送法院核定之效果，後續後訴雖被法院裁定駁回，但裁決委員會也不能因此再送法院核定。蓋依勞資爭議處理法第 48 條第 1 項規定意旨，僅於當事人未於法定期限內「起訴」或起訴後「撤回其訴」者，始需送法院核定，至於起訴後因不合法定程式而遭法院裁定駁回者，仍不在送法院核定之列，此時為了阻斷裁決委員會送核定，形式上提起訴訟但不繳裁判費即可輕易達其目的，但如此一來甚屬荒謬，更加凸顯法制的錯亂。而駁回後訴之裁定乃係認定原告起訴不合法，此與認定起訴不合法而駁回原告起訴之訴訟判決相同，依司法實務通說見解認為並無既判力，最高法院 27 上 1688 民事判例：「確定判決以程序上理由駁回原告之訴，並未就為訴訟標的之法律關係予以裁判者，無民事訴訟法第三百九十九條第一項之既判力。」可資參照（18 上 217、51 台上 2038 民事判例同旨）。反對說，駱永家，訴訟判決與既判力，載：既判力之研究，自版，頁 191-206，1999 年 9 月十一版。

❷ 事實上不僅本文所述之訴訟繫屬中二次解僱會涉及紊亂的救濟體系，即使是較單純的解僱案，也會產生救濟紊亂狀況。舉例而言，前引註❶所述慈濟大愛臺案，勞工認為雇主解僱涉有不當勞動行為從而於 2015 年 8 月 3 日申請裁決，惟於申請裁決前之 2015 年 7 月 3 日已經向士林地院提起「確認僱傭關係存在」訴訟（士林地院其後於 2015 年 10 月 21 日以 104 勞訴 58 民事裁定將本案移轉管轄至臺北地院），此時依勞資爭議處理法第 42 條第 1 項規定，僅生「裁決先行」法院應依職權停止繫屬中之

伍、結　語

　　不當勞動行為裁決為 2011 年 5 月 1 日新設之制度，裁決命復職後雇主再二次解僱更屬新興之議題，以往未曾發生當然更無學說討論過。本文以臺高院 101 重勞上 37 民事判決之事實為基礎，討論違法解僱訴訟繫屬中雇主通知復職之效力，二次解僱之容許與禁止，二次解僱之定性，並判決既判力遮斷效與二次解僱之關係，最後則就二次解僱判決既判力如何影響第二件裁決提出個人淺見。因相關議題多屬初見，並無以往前例或學說見解可參，本文法律見解確實僅為「初探」容或有許多可能的謬誤，尚請先進賜教指正❹。

民事訴訟程序而已。裁決委員會後於 2015 年 12 月 18 日以 104 年度勞裁字第 35 號民事裁決決定書認定「雇主於 104 年 5 月 5 日終止與勞工間僱傭關係之行為無效。」雇主依勞資爭議處理法第 48 條第 1 項規定起訴者，依目前實務見解僅能提起「確認僱傭關係不存在」訴訟，而不得提起「確認 104 年 5 月 5 日之終止法律行為有效」訴訟，則雇主於裁決後所提「確認僱傭關係不存在」訴訟顯然與勞工在裁決前就已提起的「確認僱傭關係存在訴訟」為同一事件之訴（當事人、訴訟標的均相同，聲明正相反），均會面臨與本文所述相同之窘境。

❹ 本文原以口頭報告形式發表於 2014 年 6 月 21 日台灣勞動法學會年會，嗣最高法院 2016 年 6 月 16 日作成 105 台上 1022 民事判決後再補充改寫完成，並投稿刊登於中正大學法學集刊，第 56 期，頁 99–145，2017 年 8 月。收錄於本書時為盡可能與其他篇體例相近，爰將原文中的「目次、中英文摘要、參考文獻等」都予以刪除，併此註明。

04 試用期間終止問題

——最高法院 109 年度台上字第 2205 號民事判決評釋

壹、前　言

有關試用期間勞動契約的終止，司法實務其實已有相當穩定的見解，本文聚焦討論試用不合格應否給付資遣費、發給非自願離職證明等疑義，附帶討論有關備位請求的程序法問題。

貳、案例事實

本件上訴人（按指勞工）主張：伊自民國 105 年 11 月 1 日起受僱於被上訴人（按指雇主），擔任雙和分行副理，於 105 年 12 月 9 日升為經理，約定月薪新臺幣（下同）10 萬 1,800 元，屬正式員工，已無試用期之約定。詎被上訴人於 106 年 3 月 15 日以「考核不合格」為由終止兩造間之僱傭關係。惟伊非不適任，且兩造間非委任關係，被上訴人之終止並不合法；縱屬委任，則於不利伊之時期終止委任關係，依民法第 549 條第 2 項規定，應賠償伊 1 年薪資損害 122 萬 1,600 元。爰依兩造間之契約關係，先位聲明求為：㈠確認兩造間之僱傭關係存在。㈡被上訴人給付伊 5 萬 4,293 元（3 月薪資 5 萬 4293 元）。㈢被上訴人應自 106 年 4 月 1 日起至被上訴人同意伊繼續提供勞務之前 1 日止，按月於次月 4 日給付伊 10 萬 1,800 元；備位聲明求為命被上訴人給付 122 萬 1,600 元本息之判決。

參、裁判要旨

一、最高法院 109 台上 2205 民事判決要旨

按勞動契約附有試用期間之約款者，雇主得於試用期間內觀察該求職者關於業務之能力、操守、適應企業文化及應對態度，判斷該求職者是否為適格員工，如不適格，雇主即得於試用期滿前終止勞動契約，於雇主未濫用權利之情形下，其終止勞動契約應具正當性。

二、原審臺高院 107 重勞上 56 民事判決要旨

㈠試用契約之本質既解為勞資雙方均保留契約終止權，則雇主於試用期間若發現適用勞工有不適合工作之情形時，即得以作為終止之依據。此時若認雇主仍應有勞動基準法第 11、12 條之法定終止事由或最後手段性始得終止，則承認或賦予勞資雙方在試用期間可保留終止權，即無意義可言，亦與該試用契約之本質不符。況從試用契約之目的，既在使資方觀察評估並確認勞方之專業能力、操守、態度及適應該企業文化，此類情事並非勞動基準法第 11、12 條等相關規定之法定事由，則為符合試用契約之本質、經濟目的，亦不宜將試用契約之終止事由，解為僅限於上開勞動基準法所規定之事由，而不得任意終止。

㈡兩造間之經理人契約為僱傭契約有試用期約定，上訴人（按此處之上訴人指雇主）之終止合法。被上訴人（按此處之被上訴人指勞工）先位主張依僱傭關係，認上訴人終止不合法，請求確認兩造間僱傭關係存在，並請求上訴人給付 106 年 3 月薪資 5 萬 4,293 元，及自 106 年 4 月 1 日起至上訴人同意被上訴人繼續提供勞務之前 1 日止，按月於次月 4 日起給付 10 萬 1,800 元，為無理由，不應准許。

㈢試用契約附保留終止權，上訴人以被上訴人考核不合格為由，而得為

合法終止，縱認兩造間屬委任關係，上開終止緣由，亦可歸責於被上訴人，難認有於不利於被上訴人時期所為終止，是被上訴人備位以倘若認兩造間為委任關係，上訴人應依民法第 549 條第 2 項規定，賠償 1 年內薪資 122 萬 1,600 元損害云云，亦無可採。

肆、本文評釋

一、最高法院本則判決有關「試用期間」的法律見解與以往通說所採「附保留終止權約款」並無二致。另判決文內提到「雇主未濫用權利之情形下，其終止勞動契約應具正當性。」這本來是任何「權利的行使」都應遵循的「權利不得濫用」之法則，終止「權」之行使既然是一種權利的行使，當然也應遵守「權利不得濫用」之法則，固不待言。

二、其次，本文關注的焦點是二審有關駁回勞工先位及備位之訴的理由，先討論先位之訴部分。謹按本件勞工起訴時以訴的客觀預備合併，先位主張勞雇關係繼續存在並請求雇主續付工資（主請求），但慮及萬一法院認定為是「委任關係」時將一無所得的離開法庭，乃又依委任關係備位請求相當於一年份薪資的損害賠償（次請求）。一審判決勞工先位之訴勝訴，到了二審雇主翻盤成功改判勞工敗訴，其理由大致與上述最高法院判決相同，均指出試用期之約定為「附保留契約終止權」約款。

三、惟二審判決理由特別指出：「從試用契約之目的，既在使資方觀察評估並確認勞方之專業能力、操守、態度及適應該企業文化，此類情事並非勞動基準法第 11、12 條等相關規定之法定事由，則為符合試用契約之本質、經濟目的，亦不宜將試用契約之終止事由，解為僅限於上開勞動基準法所規定之事由，而不得任意終止。」亦即二審判決認為雇主於試用期之終止無需再受勞動基準法第 11、12 條法定終止事由之限制。在此前提下，接下來的問題是，然則勞工在試用期間內或試用期滿時，因試用不合格而終止勞動契約關係時，是否即無「資遣費」可以請求？蓋二審判決既已言明不受勞動基準法

第 11、12 條規定之限制，則既然非依勞動基準法第 11 條規定終止，解釋上當然就無勞動基準法第 17 條之資遣費可以請求❶。

四、對此，本文稍有一點不同看法。固然解釋上試用期間之終止應解為是雇主附保留契約終止權之行使，但在以「試用不合格」為由終止勞動契約之情況下，仍宜解釋為是屬勞動基準法第 11 條第 5 款不能勝任工作之終止❷（本案一審判決就有記載雇主主張以勞工不能勝任工作為由終止試用），讓勞工仍得依勞動基準法第 16 條、第 17 條規定請求雇主給與預告期間（或發給預告期間工資）、謀職假及資遣費，這當然也會連結到就業保險法第 11 條第 3 項「非自願離職」的定義範圍內，可讓試用不合格的勞工獲得短期失業救濟保護。惟勞工在試用期內如有勞動基準法第 12 條第 1 項各款違失事由者，自亦不能排除雇主行使懲戒解僱權，此時當然沒有預告工資、謀職假、資遣費可以主張請求，也非所謂的「非自願離職」，自不待言。

五、其次，假如依本文看法勞工可以請求資遣費者，其資遣費應如何計算？以本例言，勞工自 105 年 11 月 1 日起受僱，於 106 年 3 月 15 日終止試用，服務年資為 4 個月又 15 日。如按勞委會 101 年 9 月 12 日勞動四字第 1010132304 號函示計算式，畸零的 15 日必須嚴格按比例以分數計算，並無「進位」問題。但假如按較寬鬆的司法實務見解，則該 15 日未滿 1 個月部分進位為以 1 個月計，勞工等於有 5 個月工作年資可以獲得「24 分之 5 個月」

---

❶ 臺高院 102 勞上 100 民事判決則明白表示試用期之終止「亦無資遣費相關規定之適用。」

❷ 臺灣高等法院暨所屬法院民國 109 年 11 月 25 日 109 年法律座談會民事類提案第 11 號採所謂的「修正否定說」（丁說）：「試用期間內之解僱事由，原則上應尊重當事人之約定，即採解僱權保留說。但如約定雇主可任意解僱試用勞工，解釋上應認為違背公序良俗而無效。以不能勝任工作為由解僱試用勞工時，不必要求至確不能勝任之程度，只要雇主能合理證明勞工大致不能勝任工作程度，即可許之。」依此決議意旨，只是雇主證明程度大幅降低，只要雇主能合理證明勞工大致不能勝任工作之程度，即可許之，但仍屬勞動基準法第 11 條第 5 款不能勝任工作之終止事由。

平均工資的資遣費❸。

　　六、接下來討論備位之訴部分。勞工備位主張假如被認定為是「委任關係」者，則勞工亦認為雇主的終止是於不利於勞工的時期終止，依民法第549條第2項本文規定：「當事人之一方，於不利於他方之時期終止契約者，應負損害賠償責任。」勞工請求1年份薪資作為損害賠償額。二審法院因已先廢棄一審准勞工先位請求之判決並駁回勞工在一審先位之訴，接下來必須審理勞工的備位之訴。二審同樣駁回勞工備位的請求，駁回的理由為：「縱認兩造間屬委任關係，上開終止緣由，亦可歸責於被上訴人，難認有於不利於被上訴人時期所為終止，是被上訴人備位以倘若認兩造間為委任關係，上訴人應依民法第549條第2項規定，賠償1年內薪資122萬1,600元損害云云，亦無可採。」等語。

　　七、對上開二審駁回勞工備位之訴之理由，本文稍有不同看法。如上所引述二審判決要旨㈡所載：「綜上所述，兩造間之經理人契約為僱傭契約有試用期約定」，二審判決既然已經認定兩造間契約之屬性為「附有試用期約定之僱傭契約」，除非二審認定兩造間之契約關係除僱傭契約性質外另同時兼有委任之性質者，否則既然已認定是為屬於僱傭契約關係而非委任契約關係，論理上的一貫應該是要以既已認定為是屬「僱傭契約關係」並非「委任契約關係」，則勞工援引民法第549條第2項本文規定本於委任關係規定請求損害賠償，就屬欠缺法律依據為由予以駁回，邏輯論理層次較為明確簡潔。不必再討論民法第549條第2項規定的要件，並以同條項但書的可歸責「受任人」之終止來排除委任人損害賠償責任。

　　八、最後，前面提到作者認為勞工因試用不合格應得請求資遣費，然則於類似本例情形下，勞工如何合併於一訴請求資遣費？（按本件實況是勞工並未請求資遣費，細繹歷審判決書內文亦無提到雇主是否已支付或願意支付資遣費等細節）訴訟程序上，勞工先位主張勞雇關係續存、雇主應續付工資，

---

❸ 拙著，勞動訴訟實務，頁274–275，2020年9月。

此為主請求；備位主張縱為「委任關係」亦得請求相當於 1 年份薪資之損害賠償，此為次請求。當勞工也要同時請求資遣費時，此一訴訟標的顯然與前兩項請求均不相容，比較正統的合併方式，應該是要以「再備位」之方式作第三順位請求，即勞動關係續存敗訴、委任關係請求損害賠償也敗訴，最壞的狀況就是拿點資遣費走人。

實務上有少數判決認為，當原告數聲明內容均屬「金錢請求」時雖其訴訟標的不相容，但仍得以同一聲明來請求。例如本件勞工備位聲明是請求一年份薪資之損害賠償，屬於金錢請求，假如又同時另主張資遣費者，因同樣都是「金錢請求」，以一聲明請求即可，理由內可分請求審理順序，即請求先審理比較多金額的委任關係損害賠償，如果未獲准許，則退而求其次請求比較小金額的 24 分之 5 個月平均工資的資遣費，反正都是「金錢請求」，無需再以另一個「備位」方式來合併請求，此稱為「不真正預備合併」或「類似預備合併」。惟作者淺見認為就邏輯論理的一貫及簡潔、明確起見，建議宜以「再備位」方式請求資遣費較妥，比較不建議併入原備位委任關係金錢賠償請求聲明中，為類似預備合併❹、或不真正預備合併❺之請求。

---

❹ 最高法院 82 台上 1429 民事判決：「原告以單一之聲明主張數項訴訟標的而就各該訴訟標的定有先後請求裁判之順序，於先位訴訟標的有理由時，即不請求就備位訴訟標的為裁判者，與預備訴之合併須先位訴之聲明與備位訴之聲明，相互排斥而不相容者，尚屬有間，學說上稱為類似的預備訴之合併。」

❺ 最高法院 97 台上 1458 民事判決：「民事訴訟採處分權主義之原則，自應尊重當事人有關行使程序處分權之意思，對其所提起的客觀合併之型態、方式及內容，儘量予以承認，以符合現行民事訴訟法賦予訴訟當事人適時審判請求權之精神。本件被上訴人之備位聲明與本位聲明，固非相互排斥，而屬於學說上所稱之『不真正預備合併』，但依現行民事訴訟法之精神，是否不得提起，仍有推闡研析之餘地。」臺高院 103 重上 79 民事判決：「按當事人提起不真正預備合併之訴，係原告以單一聲明，主張先、備位訴訟標的，法院應合併辯論，並按先、備位訴訟標的順序裁判，即以先位之訴無理由為停止條件，請求法院就備位之訴為裁判，故法院應就先位之訴先為審判，於先位之訴無理由時，應就備位之訴為裁判。又因原告僅為單一聲明，於

伍、結　語

　　我國學說、實務對於勞動契約附有試用期之約定，向來承認其合法有效，過去比較多的爭議在試用期長短、可否再展延，以及應於何等期間內作成試用合格與否之決定等，俾免勞工長期處於僱傭不安定狀態。本則案例之法律見解不脫已趨成熟的「附保留終止權約定」，自屬合法可採。但本文要更進一步說明的是試用期間內或試用期滿時考核不合格時，有無勞動基準法第 11 條第 5 款「不能勝任工作」規定之適用？這不僅涉及有無資遣費可以請求的問題❻，更重要的是會連結到勞動基準法第 16 條第 2 項的謀職假，與就業保險法第 11 條第 3 項規定的「非自願離職」問題。本文淺見認為「試用不合格」仍應依勞動基準法第 11 條第 5 款規定，以勞工不能勝任工作為由終止勞動契約，勞工可以向雇主請求發給非自願離職證明，並申領失業保險給付，以濟短期失業之窮。

　　先位訴訟標的有理由，或備位訴訟標的有理由情形，法院亦均僅得順序就該單一聲明為准否之裁判，無庸另為原告之訴駁回之諭知，並於判決理由中說明何者為有理由，何者為無理由。」

❻　事實上試用不合格勞工任職期間都很短，資遣費其實相當有限，勞工要的是非自願離職失業保險給付。

05 有關預付退休金等問題

—— 臺灣高等法院 108 年度勞上易字第 65 號民事判決評釋

壹、前　言

本文評釋的這一則判決是二審確定判決（因不能上訴第三審），所涉及的議題包括被上訴人方面聲請一造辯論判決、退休金預付、抵銷、給付期限及請求權消滅時效期間等。

貳、案例事實

勞工於 102 年 3 月 31 日退休，雇主計算退休金時認為 89 年 11 月 30 日曾因雇主方面有組織整併情事而給付勞工一筆離職金，雇主認為該筆離職金性質上屬退休金之預付，因此逕行扣除離職金數額後僅將餘額給付予勞工。勞工不服事後於 107 年間起訴請求該被扣除部分❶，一審臺北地院 107 勞訴 338 民事判決勞工全敗，勞工上訴二審。

參、臺高院 108 勞上易 65 判決要旨

上訴人（按指勞工）未於言詞辯論期日到場，核無民事訴訟法第 386 條所列各款情形，被上訴人（按指雇主）聲請一造辯論判決，核無不合，應予准許。……系爭離職金係被上訴人為感謝並鼓勵上訴人繼續留任原有工作所

---

❶ 勞工確實起訴日期無法從判決書看出來，本文是從地院一審案號編為「107 年勞訴字」推斷勞工是在 107 年間起訴。又因勞工是在 102 年 3 月 31 日退休生效，退休金請求權 5 年時效於 107 年 4 月 30 日屆滿，推斷勞工應該是在 107 年 1 月 1 日至 107 年 4 月 29 日這一段期間內起訴。

發給，上訴人同意留任後，被上訴人仍按原有勞動條件繼續僱用上訴人，並非為被上訴人於 89 年間因應公司併購改組，為結清員工年資而發給，已如前述。是依上說明，被上訴人公司併購前後之新舊雇主既已向上訴人表示，新雇主按原條件繼續僱用上訴人，則新雇主即不得於上訴人同意留用之際，令上訴人拋棄舊有工作年資之權益。從而上訴人於 102 年間退休時，應併計其新舊工作年資以計算退休金，且不得扣除系爭離職金。是上訴人此部分主張，應屬有據。被上訴人辯稱應予扣除云云，並不足採。則上訴人受領被上訴人之給付，即屬有法律上原因。從而被上訴人辯稱：上訴人於 89 年領取系爭離職金 119 萬 4,667 元，屬無法律上原因而受有利益，被上訴人自得請求上訴人如數返還，並與上訴人之本件請求抵銷云云，應屬無據❷。

肆、本文評釋

本判決可討論者有以下幾點。

一、上訴人未到庭，被上訴人聲請一造辯論判決

㈠有訴訟經驗的律師大概都知道原告未到庭，被告通常會依據民事訴訟法第 387 條：「當事人於辯論期日到場不為辯論者，視同不到場。」之規定，陳明：「拒絕辯論」（或「不為辯論」），以符合民事訴訟法第 191 條擬制合意停止的規定，再多一次原告不到庭之機會，即可讓原告之起訴視為撤回。尤其是到了二審，被上訴人方面更毫無懸念，畢竟一審已判決己方勝訴，更無任何冒法院改判己方敗訴風險之理由而聲請一造辯論判決，一定是選擇「拒絕辯論」，了不起再多開一次庭再結案，但多一個上訴人再不到庭視為撤回上訴的機會，讓一審有利於己之判決立即確定之利益。故作者執業經驗中尚未聞有二審被上訴人在上訴人不到庭情形下，冒險聲請一造辯論判決者。

❷ 二審本此理由改判勞工全勝，因金額未逾新臺幣 150 萬元，雇主不能上訴第三審，全案勞工勝訴確定，雇主後雖再提起再審之訴仍遭駁回，於茲不論。

㈡本則判決應是一個特例。依判決書事實及理由欄第一段記載：「上訴人未於言詞辯論期日到場，核無民事訴訟法第 386 條所列各款情形，被上訴人聲請一造辯論判決，核無不合，應予准許。」被上訴人冒險聲請一造辯論判決，二審如其所請准一造辯論判決，但判決結果卻是大逆轉，未到庭的上訴人全勝，二審廢棄一審原判決改判被上訴人應將退休當時扣除的 100 多萬元給付予上訴人。被上訴人可能很難接受，自己聲請而來的一造辯論判決竟是如此結果。

㈢平心而論，言詞辯論庭當天上訴人點呼未到，被上訴人理應陳明拒絕辯論，縱使大部分情況下都是再開一次言詞辯論庭上訴人就會到庭，似乎多跑了一趟。況且案件進行到辯論期日階段法官心證早已形成，不論是一造辯論或兩造都到庭辯論，判決結果應該都會是一樣。不過即使同樣是面對敗訴判決，一個是自己聲請而來的一造辯論判決，一個是兩造都到庭充分辯論後的判決，對當事人交代方面就會有很大的不同。更何況被上訴人本來還可有一次視為撤回上訴讓全案立即勝訴確定的機會，卻平白丟失，不能說是正確的抉擇❸。

二、退休金約定預先給付一部分，事後勞工退休時再予以扣除

㈠本判決的另一個爭點是勞動契約關係存續期間當中，雇主可否預先給付一部分退休金（可能是一次給付也可能分期給付），待勞工真正退休計算退休金時，再將該筆已經預付的退休金扣除？本則判決中雇主預先給付的款項名目稱為「離職金」，但因雇主主張是預先給付退休金的一部分，本文姑且稱之為：預付退休金。

---

❸ 當然被上訴人訴訟代理人方面不無可能是因與當事人間約定按服務時數計酬，擔心如果陳明拒絕辯論後下一庭對造就到庭，服務時數增加律師費用相對提高，恐當事人質疑為何前一庭不聲請一造辯論判決讓案件就結掉也。作者淺見認為宜與當事人分析利弊得失，相信當事人能尊重律師的專業決策。

㈡退休金的預付雖然類似勞工退休金條例第 11 條第 3 項舊制年資的合意結清，但因勞工選擇適用勞退新制後仍繼續保留勞退舊制年資（23 年 2 個月 14 天），並無「結清」舊制年資之情形，故與勞退條例第 11 條第 3 項舊制年資的合意結清年資不同。

㈢一審臺北地院 107 勞訴 338 民事判決支持退休金預付的合法性：「勞工於退休或遭資遣時，雇主始有給付退休金或資遣費之義務，如勞資雙方於勞動契約關係存續期間，自行約定勞動契約繼續存續，先依勞動基準法規定結清部分年資，由雇主給付該部分退休金，讓勞工得先行自由運用該筆資金，而結清年資之結果並未損及勞工於勞動基準法上之權利（含將來退休金之權益），參酌勞退條例第 11 條第 1 至 3 項規定……之立法精神，及契約自由原則，自應予准許。」一審判決認為雇主預先給付「部分退休金」讓勞工獲得「先行自由運用該筆資金」之利益，對勞工有利而無害，自無不可。惟案經上訴二審後遭廢棄改判（但理由與本文以下所述不同）。

㈣本文認為一審判決見解有可能產生法律風險。蓋如依一審判決見解，雇主可以在退休事實發生前就「預先」給付一部分退休金，待將來退休生效應給付退休金時再將前業已預先給付之金額扣除。如果可以這樣安排，難保不會有雇主在勞動契約存續期間內就壓低薪資，然後再把一些法定標準以上的給付解釋為（或約定為）是「退休金的預付」，例如明明應該是調昇薪資，但雇主很有可能把「調昇薪資」的部分約定為是「退休金的預付」，屆時勞工退休時再予以扣除，這可能會減損到勞工真正退休時的權益。

㈤再者，如果容許雇主可以預先給付退休金（一審判決認為這樣有利於勞工，可讓勞工先自由運用此一筆資金），萬一勞工還沒工作到退休條件成就先辭職（甚或死亡），此一預先給付之退休金豈非構成不當得利？勞工（或其遺屬）是否還需負返還該不當得利予雇主之義務？

㈥事實上過去就有類似的事例。即離職後競業禁止約款爭議中，對於應給予勞工不為競業的補償（俗稱：代價），法院見解日趨一致。但關於此一代

償給付實務上產生一個爭議，就是「在職期間內」的給付可否當作是勞工離職後遵守競業禁止義務的補償？有些判決認可，有些不認可。這除了造成法律見解的不確定因素外，更重要的是容易引起雇主把「在職期間內」的一些給付就約定（規定為、指定為）是勞工離職後競業禁止代償的誘因，有謂是「一魚兩吃」，一方面是調薪、另一方面又未雨綢繆的預先當作已經支付離職後競業禁止補償。勞工離職後遵守競業禁止約款，真正需要獲得補償時卻反而無法獲得實質給付。為了矯正此種缺失同時也為了杜絕爭議，104 年 12 月 6 日新增訂勞動基準法第 9 條之 1 第 2 項即明定：「前項第四款所定合理補償，不包括勞工於工作期間所受領之給付。」

㈦殷鑑不遠，本文淺見以為不應承認所謂的「退休金預付」約定之合法性❹（勞工退休金條例第 11 條第 3 項舊制年資的合意結清屬法律允許的例外）。相同道理，勞動契約中的其他離退給付（例如資遣費），或特殊情事下的給付（例如加班後的加班費、職災發生時的職災給付等），均不得安排由雇主預先給付，然後約定於勞工實際離退或加班、職災事故發生雇主應負給付額中再予扣除（扣還、抵銷、抵充或抵扣）❺。

三、退休金請求權抵銷疑義

㈠本則判決的第三個爭點是退休金請求權之抵銷問題。雇主抗辯：「如認系爭離職金非年資結算金額，上訴人（按指勞工）得向伊請求退休金差額，則上訴人受領系爭離職金應屬無法律上原因而受有利益，致伊受有損害，伊自得依民法第 179 條規定請求上訴人返還，並據以與上訴人之請求為抵銷等

---

❹ 新北地院有三則判決認為雇主得和勞工約定為勞工購買商業年金保險，然後以在職期間內雇主支付部分之「保險費」抵充未來勞工退休時之舊制退休金，涉及勞動債務的預先約定抵充問題，請參本書第 16 篇「論勞動債權的預先清償」。

❺ 惟雇主事先為勞工購買商業保險，於勞工發生職災時以商業保險給付抵充雇主之職災補償責任者，向為法之所許，與本文此處所述不應允許預先給付事後再行扣除的方式不同，應予注意分辨。

語，資為抗辯。」亦即為預備的抵銷抗辯。

㈡法院判決雇主上揭預備的抵銷抗辯無理由，是認為雇主的主動債權（主張抵銷的債權）不存在：「經查上訴人依勞動基準法第55條規定對被上訴人（按指雇主）有退休金給付請求權，為憲法第153條第1項規定所保障之勞工基本權。系爭離職金係被上訴人為感謝並鼓勵上訴人繼續留任原有工作所發給，且上訴人並未明示或默示拋棄對被上訴人之該部分退休金給付請求權，已如前述，則上訴人受領被上訴人之給付，即屬有法律上原因。從而被上訴人辯稱：上訴人於89年領取系爭離職金119萬4,667元，屬無法律上原因而受有利益，被上訴人自得請求上訴人如數返還，並與上訴人之本件請求抵銷云云，應屬無據。」

㈢按104年7月1日勞動基準法修法增訂第58條第2項明文規定勞工請求退休金之權利「禁止抵銷」。惟本件勞工退休生效日是在102年3月31日，當時法律尚無禁止退休金請求權之抵銷，且司法院大法官94年5月13日釋字第596號解釋更明確指出：「勞動基準法對於勞工請領退休金之權利，並未如勞工受領職業災害補償之權利明文規定不得讓與、抵銷、扣押或擔保（第六十一條參照），退休勞工自得依其權利存續狀態，享有自由處分之權能，得為讓與或供債務之擔保。勞工之雇主或債權人亦得對勞工請領退休金之權利主張抵銷，或依法向法院聲請扣押，以實現其債權。」更足見本件勞工退休當時（102年3月31日）退休金請求權並非不能作為抵銷之（被動）債權，雇主如有對勞工之主動債權存在，自得以勞工之退休金債權為被動債權主張予以抵銷。合法行使抵銷權後雙方之債權溯及於「抵銷適狀時」消滅。

㈣退休當時法無禁止抵銷，但在104年7月1日修法禁止抵銷以後，雇主還可以主張抵銷嗎？此應為本件重要之爭點，可惜兩造似乎並未以之為爭點，但法院判決時本於「法官知法」或「法律屬於法院專門」之原則，對於法律之強制禁止規定，卻不能以當事人未主張就無視。本文淺見以為抵銷權是「權利」的一種，雖不強制權利人一有該權利就非立即行使不可，容任權

利人可自由決定何時才要行使權利。但權利人行使權利時，仍不得違反行使當時法律之強制禁止規定，此為法律之當然解釋。抵銷適狀時（及以後）抵銷權人固均可隨時行使抵銷權使債權消滅，然若抵銷權人行使抵銷權之當下法律已禁止抵銷者，則因抵銷權之行使是形成權之行使，乃法律行為中有相對人之單獨行為，而法律行為違反強制禁止規定者無效，民法第 71 條定有明文。從而本件雇主於 102 年 3 月 31 日勞工退休當時縱使對勞工有債權存在，本來可以用以抵銷勞工之退休金債權，但當時未行使抵銷權，遲至本案 107年以後訴訟進行期間方行使抵銷權者，因 107 年已在勞動基準法修法明定退休金請求權禁止抵銷之後，本文淺見認為雇主已不得再行使抵銷權。

四、退休金給付期限

㈠退休生效日之確定

上文提到勞工退休生效日是「102 年 3 月 31 日」。所謂退休生效日，勞動基準法第 55 條第 3 項前段稱之為：「勞工退休之日」，如以勞動基準法第 2條第 4 款的用語即指「計算事由發生之當日」，是勞動契約的終止日、離職之當日、在職的最後一日之意思❻。當日勞工仍負到職服勞務義務，雇主當然也負給付當日工資義務，只是該日不計入平均工資期間，當然該日之工資亦不計入平均工資計算範圍而已❼。勞工自次日即 102 年 4 月 1 日起即無庸到班。

㈡退休金給付期限

因勞動基準法（舊制）退休金是一次給付，通常金額較大，雇主可能需要一段的期間來籌措給付財源，因此勞動基準法第 55 條第 3 項前段特別規

---

❻ 行政院勞工委員會 80 年 10 月 12 日 (80) 台勞保二字第 14688 號函參照。

❼ 勞動基準法施行細則第 2 條第 1 款參照。

定：「第一項所定退休金，雇主應於勞工退休之日起三十日內給付」。這30日給付期限應自哪一日開始起算？是自勞工退休之當日（102年3月31日）起算還是自次日（102年4月1日）起算？如單從法條文字：「勞工退休之日起三十日內」解讀，似乎會得出應自退休生效之當日即102年3月31日就起算的結論，但本文淺見以為依民法第120條第2項規定：「以日、星期、月或年定期間者，其始日不算入。」勞動基準法第55條第3項前段規定是典型的以「日」定期間（類似規定例如勞動基準法第12條第2項、第14條第2項等），依民法「始日不算入」之規定，退休生效之當日不計入，應自次日即102年4月1日起才起算30日給付期限至102年4月30日止屆滿，在這一段期間內雇主之給付都不算遲延。雇主自給付期限屆滿日之次日即102年5月1日起才負給付遲延責任，換言之，法定遲延利息應自102年5月1日起才起算。臺高院108勞上易65判決認為勞工退休金之請求為有理由，除全數判准外另宣告自勞工退休生效日之翌日即102年4月1日就起算法定遲延利息，顯有違誤。

五、請求權依據記載為「勞退條例第12條第1項」似乎有誤

如上所引述判決書事實及理由欄第六段記載：「綜上所述，上訴人依……、勞退條例第12條第1項規定，請求被上訴人給付……為屬正當，應予准許。」請求權依據記載為勞退條例第12條第1項規定，應屬誤繕。本件勞工在勞工退休金條例施行後選擇適用勞退新制，但保留舊制年資23年2個月14天，於符合退休要件（服務年資30年11個月又14天）後自請退休獲准。此時請求雇主給付所保留勞退舊制年資退休金之請求權依據，應為勞動基準法第55條及勞工退休金條例第11條第2項規定。依一審判決書記載，當事人起訴時就誤繕請求權基礎：「為此依勞動基準法第55條、勞工退休金條例（下稱勞退條例）第12條等規定，請求被告給付退休金差額等語。」到了二審仍繼續誤繕：「爰依勞動基準法第55條、勞工退休金條例（下稱勞退

條例）第 12 條第 1 項規定，求為判命：被上訴人應給付上訴人 119 萬 4,667 元本息等語」。二審判決勞工全勝，仍未發現勞工誤引勞工退休金條例條文，於據上論結欄仍繼續引據勞工退休金條例第 12 條第 1 項規定為勞工勝訴判決，應屬明顯的錯誤。

六、勞工退休金請求權時效

㈠勞動基準法第 58 條第 1 項規定：「勞工請領退休金之權利，自退休之次月起，因五年間不行使而消滅。」按依民法第 128 條前段規定：「消滅時效，自請求權可行使時起算。」前已說明雇主有 30 日之退休金給付期限，在這 30 日給付期限內，勞工當然亦得提出請求，只是雇主尚無「立即」給付之義務爾，如將請求權時效自退休生效日之次日就起算，固然符合民法消滅時效自請求權得行使時就起算之規定，但因雇主尚無立即給付義務，相對來說對勞工就有失公平，因此勞動基準法第 58 條第 1 項特別規定「自退休之次月起」才起算請求權消滅時效期間 5 年。

㈡然則「退休之次月」是指次月的哪一天？本文淺見認為，次月就是緊接著下一個月的意思，顯然並非民法第 123 條第 2 項所規定「月或年非連續計算者」之情形，故應依同條第 1 項規定：「稱月或年者，依曆計算。」所謂依曆計算是指曆法上的下一個月，本則案例勞工退休生效日是「102 年 3 月 31 日」，依曆計算的次月當然就是「102 年 4 月」，但究竟是 4 月的哪一天？依民法第 121 條第 2 項規定：「期間不以星期、月或年之始日起算者，以最後之星期、月或年與起算日相當日之前一日，為期間之末日。但以月或年定期間，於最後之月，無相當日者，以其月之末日，為期間之末日。」本則案例勞工退休生效日是「102 年 3 月 31 日」，本應以次月「102 年 4 月」與起算日相當日之前一日為期間之末日，但因 4 月份無與起算日相當日的 31 日，故依但書規定直接以「其月之末日為期間之末日。」即以 4 月 30 日為期間之末日，在勞動基準法第 58 條第 1 項規定之解釋，即指請求權消滅時效期間之起

算日。

　㈢102 年 4 月 30 日起算 5 年請求權時效期間，計算方式同前述依民法第 121 條第 2 項規定，以 5 年後之相當日 107 年 4 月 30 日的前一日即 107 年 4 月 29 日為期間之末日，107 年 4 月 29 日該日為勞工仍得行使退休金請求權時效期間內的最後一天，次日即 107 年 4 月 30 日起請求權即罹於時效而消滅。故前文才會提到：「退休金請求權五年時效於 107 年 4 月 30 日屆滿，推斷勞工應該是在 107 年 1 月 1 日至 107 年 4 月 29 日這一段期間內起訴。」

伍、結　語

　退休金的預付乍看之下似乎有利於勞工，如同本件一審臺北地院 107 勞訴 338 判決所述的「由雇主給付該部分退休金，讓勞工得先行自由運用該筆資金」，勞工獲得立即可使用現金之利益，似乎有利無害。但其實這可能僅是糖衣，可能裹著不利於勞工權益之內涵，尤其在認可「預付退休金」的合法性之後，雇主即極有可能把在職期間內的一些給付定性為是「退休金的預付」，屆時勞工退休反而分文未得。此外，並不是每位員工都能工作到退休離職，假如還沒工作到符合退休要件就先離職，則預付之退休金豈非又構成是勞工的不當得利？凡此種種都是吾人考量到這個預付制度被認可後可能帶來的後遺症。本文淺見認為法制上不應允許有所謂的退休金預付，否則臨到勞工真正退休要養老時，極有可能分文未得，反而不利勞工老年安養所需，實與相關退休規定之立法目的相違也。

06 調解程序中請求資遣費是否構成終止勞動契約意思表示

—— 最高法院 109 年度台上字第 1 號民事判決評釋

壹、前　言

　　勞資爭議調解程序中，雙方為求順利達成調解讓紛爭及早落幕，可能會窮盡一切可能的提出各種妥協替代方案，其中實務上最常被提起的方案就是勞資關係即已破裂，不如要勞工拿點錢離職走人。這樣的提議不僅常見於縣市政府的勞資爭議調解程序，法院的勞動調解程序中也屢見不鮮。本文要探討的就是調解程序中勞工主動提議拿錢走人是否構成「勞動契約終止之意思表示」？一旦是終止權之行使，意思表示送達到他方（雇主）即生效力，依民法第 263 條準用第 258 條第 3 項規定，該終止之意思表示更不得撤回 （撤銷），影響當事人權益重大。

貳、案例事實

　　勞工主張雇主違法解僱在勞工局勞資爭議調解程序中曾表明請求雇主：「給付預告工資、資遣費、開立非自願離職證明書」，此一陳述是否構成勞工終止勞動契約的意思表示，而阻斷勞工請求確認僱傭關係繼續存在的可能？二審時勞工將確認僱傭關係存在部分之訴列為先位聲明並追加備位聲明請求資遣費，二審判決勞工先位之訴敗訴（駁回該部分勞工之上訴），但判准備位部分資遣費之請求 15 萬 723 元。勞工不服提起第三審上訴。

參、最高法院 109 台上 1 判決要旨

　　上訴人（按指勞工）於調解期日到場表示「資方於 105 年 1 月 20 日下午

公告依勞動基準法第 12 條第 2、4 款開除勞方，故到會主張資方開除無理由」等語，已明白表示被上訴人（按指雇主）終止僱傭契約不合法，均未提及其依勞動基準法之規定，終止兩造間之僱傭契約；則其於調解程序中所稱「資方給付預告工資、資遣費、補足勞退 6% 差額、105 年 1 月份薪資、歸還不當罰款並開立非自願離職證明書」等語，是否係針對被上訴人解僱不合法所提之磋商方案，而屬調解中所為讓步之陳述？已非無疑。況其於該陳述中從未表明依勞動基準法第 14 條第 1 項第 6 款規定終止兩造間僱傭契約，參以其嗣於 105 年 4 月 6 日、同年 6 月 20 日分別向被上訴人為回復原職，或準備提供勞務之通知，迄同年 6 月 29 日起訴時，仍聲明確認兩造間僱傭關係存在，則其上開陳述是否足以認定其已表明無與被上訴人繼續僱傭關係之意思，尤滋疑義。乃原審未遑細究，徒以上訴人為上開陳述，逕謂其已依勞動基準法第 14 條第 1 項第 6 款規定終止兩造勞僱關係，自欠允洽。

肆、本文評釋

一、調解程序中的陳述或讓步，於調解不成立後之本案訴訟得否採為裁判基礎？

㈠民事訴訟法第 422 條之原則規定

民事訴訟法第 422 條規定：「調解程序中，調解委員或法官所為之勸導及當事人所為之陳述或讓步，於調解不成立後之本案訴訟，不得採為裁判之基礎。」此一規定能否擴張及於勞資爭議處理法所進行之「勞資爭議調解」程序？按民事訴訟法第 422 條規定所稱之「調解程序」本指同法第二編第二章（即第 403 條至第 426 條）之法院調解，本來不及於法院以外的其他調解程序，例如勞資爭議調解、鄉鎮市調解等。但本於促進調解、鼓勵協商，避免當事人顧忌若將來調解不成立時，調解程序中之陳述或讓步將被引用為對其

不利之裁判基礎，反而會投鼠忌器不敢充分討論或試圖提出各種解決方案，不利於調解之成立，實務通說將民事訴訟法第 422 條規定擴大及於勞資爭議調解程序。臺高院 93 勞上易 33 民事判決指出：「惟按民事訴訟法第 422 條規定，調解程序中，調解委員或法官所為之勸導及當事人所為之陳述或讓步，於調解不成立後之本案訴訟，不得採為裁判之基礎。上開規定雖係就法院調解程序所為，然勞資爭議調解亦係由第三人介入促成當事人雙方達成合意或讓步，本於相同法理，上開民事訴訟法之規定於勞資爭議調解程序中亦有其適用。兩造勞資爭議調解既不成立，則不論調解委員之建議或當事人所為之陳述、讓步，均不得援引作為本件訴訟之證據資料。」可資參照。

(二)本件二審判決並無不同見解

本件二審臺高院 106 勞上 78 民事判決對上揭民事訴訟法第 422 條規定亦得適用於（勞工局進行之）勞資爭議調解程序並無不同見解，但其指出不得採為裁判基礎者應僅限於「調解程序中當事人所為之陳述或讓步，不包括法院依調解過程之事證，判斷終止勞動契約之意思表示是否到達上訴人（最高法院 104 台上 389 民事裁定意旨參照）。」換言之，調解過程中之「事證」仍得於調解不成立後之本案訴訟採為裁判基礎，而非「船過水無痕」般，好像調解程序從來沒發生過一樣！

(三)調解過程中之事證與當事人之陳述或讓步不易區分

惟按調解過程中之「事證」與當事人所為之「陳述或讓步」有時甚難區分，更何況勞資雙方均非法律專家，不能苛求其句句精準、事事作保留之聲明或主張，抑且調解紀錄是由勞工局承辦人繕打，並非逐字逐句紀錄，僅是擇要摘記而已。設如事後調解不成立臨訟調閱勞資爭議調解紀錄文書，憑其中的紀錄得出所謂的「事證」，並以之作為裁判基礎，恐當事人如知其事後之效果當初就不敢為此陳述矣，如此一來恐將損及調解成立的可能性，對（行

政）調解作為勞資爭端第一線解決方式之功能有莫大傷害。

㈣勞動事件法第 30 條第 1 項之新規定

勞動事件法第 30 條第 1 項規定「勞動調解委員或法官所為之勸導，及當事人所為不利於己之陳述或讓步，於調解不成立後之本案訴訟，不得採為裁判之基礎。」第 2 項規定「前項陳述或讓步，係就訴訟標的、事實、證據或其他得處分之事項成立書面協議者，當事人應受其拘束。但經兩造同意變更，或因不可歸責於當事人之事由或依其他情形，協議顯失公平者，不在此限。」此一規定亦僅限於法院實施的勞動調解，尚非可直接適用於本文所述的（勞工局）勞資爭議調解，自不待言。

㈤小　結

從而本文淺見以為為利於促進調解，鼓勵當事人充分陳述盡可能提出各種爭端解決方案，允宜擴大解釋民事訴訟法第 422 條適用範圍，不僅適用於法院調解程序，其他勞資爭議調解程序、鄉鎮市調解程序等亦均有其適用，始為正解。又所謂「當事人之陳述或讓步」亦應解釋為舉凡有關當事人就調解所為之陳述即有其適用，不限於當事人有關讓步之陳述或提出調解方案之陳述。至於當事人就「爭議事實」所為之陳述，或於調解程序中欲行使勞動契約終止權或其他請求權者，是否於未來的本案訴訟有證據證明力，只能個案由法院裁判。

二、調解程序中請求資遣費是否構成終止勞動契約之意思表示

㈠請求資遣費是否即是終止勞動契約之意思表示

暫先不論調解程序中之陳述，勞工如於調解程序外向雇主請求給付資遣費，得否解為勞工已有終止勞動契約之意思表示？實務上向來即有二說。士

林地院 89 勞訴 22 民事判決採否定說認為：「逕請求給付資遣費，則不能類推解釋有終止勞動契約之意思表示。」臺北地院 91 勞訴 82 判決則認為勞工請求給付資遣費，「解釋其真意，已屬勞動基準法第一項第六款終止勞動契約之明確意思表示。」本文認為勞工並非熟諳法律之人，不能苛求其使用精確的法律用語，勞工請求資遣費，解釋其真意當然即已寓含有終止勞動契約之意思表示。

㈡調解程序中提出的爭端解決建議不宜逕解為是終止契約意思表示

惟勞工如係於「調解程序」中為資遣費之請求，則不能逕即認定勞工已有終止勞動契約之意思，應先考量該資遣費之請求是否係「關於讓步、解決爭端的方案」？畢竟進入「調解程序」後當事人重在解決爭端，勞工請求雇主給付資遣費，極可能純只是為了解決爭端而提出的調解方案之一，如果逕行解釋為就是勞工終止勞動契約之意思表示，則因終止權之行使不能撤銷（撤回）（民法第 263 條準用第 258 條第 3 項），則設如事後調解不成立，勞工受限於不能撤銷（撤回）終止權之行使，只剩請求資遣費一途，不能再主張勞雇關係繼續存在，恐嚴重損及勞工權益也。

㈢宜個案審酌的認定

但如勞工辭意甚堅，一心求去，則亦不能僅因勞工請求資遣費是在調解程序中主張，就直接否定勞工有終止勞動契約之意思表示。蓋勞動基準法第 14 條之被迫辭職權大部分有除斥期間之規定，有可能調解程序還在 30 日除斥期間當中，待調解不成立後勞工詢問法律專業人員，知道要請求資遣費需向雇主為終止勞動契約之意思表示時，可能已逾 30 日除斥期間❶。此時如將

---

❶ 勞資爭議調解期間勞工依據勞資爭議處理法第 8 條反面解釋，仍得行使勞動契約終止權（最高法院 90 台上 1017 民事判決參照），則解釋上除斥期間就無類推適用最高法院 99 台上 2054 民事判決意旨，暫時停止進行之問題。

調解程序中請求資遣費解為勞工已為終止勞動契約之意思表示，方足以保護勞工權益（臺高院 100 勞上 24 民事判決參照）。

㈣發回前二審之認定實有不當

　　本件二審臺高院 106 勞上 78 民事判決認為：「兩造均出席 105 年 2 月 18 日勞資爭議調解，上訴人於調解程序表明被上訴人 105 年 1 月 20 日終止兩造間僱傭契約不合法，並請求被上訴人給付資遣費、開立非自願離職證明書等語⋯⋯足見被上訴人於勞資爭議調解當日即了解上訴人終止兩造間僱傭契約之意思表示，僅其不同意上訴人之主張，抗辯其終止兩造間僱傭契約並無不當，故無給付資遣費、預告工資及開立非自願離職證明書予上訴人之義務而已，是兩造間僱傭契約應於 105 年 2 月 18 日因上訴人終止而消滅，上訴人主張其於調解程序所為之陳述，不得採為裁判之基礎，且其終止之意思表示不生效力等語，尚難憑採。」並未考量勞工是在調解程序中為了息紛止爭方始提出的訴求，直接認定勞動契約已於調解當日終止，殊有未當。

㈤更一審臺高院判決見解

　　案經上訴第三審後最高法院以本則 109 台上 1 民事判決將二審判決廢棄發回更審，自屬適法有據。發回後更一審臺高院 109 勞上更一 2 民事判決最終認定：「上訴人（按指勞工）於 105 年 2 月 18 日勞資爭議調解時，並無終止兩造間勞動契約之意，尚難僅憑上訴人主張被上訴人解僱不合法，要求被上訴人給付預告工資、資遣費、開立非自願離職證明書等，即推認上訴人有依勞動基準法第 14 條第 1 項第 6 款終止勞動契約之意。」本文認為實屬妥適正確之認定。

三、備位聲明之裁判一併廢棄發回之理由

(一)預備合併於二審之審理原則

1.本件勞工於發回前二審將原來「確認僱傭關係存在」之請求列為先位聲明,另追加資遣費請求作為備位聲明,此為訴訟程序上頗為常見之預備合併。

2.發回前二審駁回先位聲明之訴,此時「備位聲明」審判條件成就,法院需就備位請求予以裁判,臺高院 106 勞上 78 民事判決因此判決:「被上訴人(僱主)應給付上訴人(勞工)新臺幣壹拾伍萬零柒佰貳拾參元。」並於主文第四項前段為免供擔保假執行宣告:「本判決第二項得假執行。」

(二)備位之訴未確定與能否上訴第三審無涉

1.查備位聲明部分判決勞工勝訴,勞工當然不能(單獨對之提起)上訴,僱主為敗訴之一方本來有上訴權,但因上訴利益未逾新臺幣 150 萬元,依民事訴訟法第 466 條第 1、3 項規定也不能提起第三審上訴,本來該部分請求二審一判就立即確定,並無宣告假執行之必要。但本件因該僱主敗訴部分屬「備位之訴」,與「先位之訴」部分有「附隨一體性」關係,原則上不能單獨先確定(例外於原告先備位二審均敗訴,原告很明確的表示僅就先位或僅就備位的部分提起第三審上訴時,其餘未提起上訴部分才會先敗訴確定,脫離「附隨一體性」關係❷)。本件勞工先位之訴敗訴部分上訴利益逾 150 萬元,勞工對先位之訴部分得提起第三審上訴,從而備位之訴因之也一併不確定,故二

---

❷ 楊建華,問題研析民事訴訟法(一),頁 242–243,1994 年 10 月。另原告二審先位敗、備位勝訴,僅被告提起第三審上訴之情形,亦應認原告先位之訴部分於上訴期滿時即告敗訴確定,此時亦脫離附隨一體性關係,最高法院 105 台上 1497 民事判決參照。

審法院乃於主文第四項前段為假執行之宣告。

2.但備位之訴不確定有宣告假執行必要，並非表示雇主即得對之提起第三審上訴，本件雇主因上訴利益未逾 150 萬元，仍不得提起第三審上訴，不因附隨一體性關係該部分不確定即得提起第三審上訴❸。

㈢就先位之訴提起第三審上訴效力應及於預備之訴

1.勞工就先位之訴部分提起第三審上訴，就備位之訴部分則因屬勝訴之一方當然不可提起上訴；而雇主雖為敗訴之一方但因上訴利益未逾 150 萬元也不能提上訴，則備位之訴部分無人（能）提起第三審上訴，本來無法移審至第三審並受裁判。惟考量預備合併先備位之間主從不可併立關係，實務上依最高法院 83 台上 787 民事判例意旨：「訴之客觀預備合併，法院如認先位之訴為無理由，而預備之訴為有理由時，就預備之訴固應為原告勝訴之判決；對於先位之訴，仍須於判決主文記載駁回該部分之訴之意旨。原告對於駁回其先位之訴之判決提起上訴，其效力應及於預備之訴，即預備之訴亦生移審

---

❸ 臺高院 106 勞上 78 民事判決書末教示欄僅敘明如不服本判決應如何上訴等意思，似乎「兩造」均得上訴。但查被告先位勝、備位敗，而備位敗訴部分未逾新臺幣 150 萬元，被告仍不得上訴第三審，不因教示錯誤而有影響（最高法院 29 渝抗 98、32 抗 255 判例意旨等參照）。相對於此，類似案件的臺高院 98 勞上易 94 民事判決教示欄即清楚註明僅「被上訴人」（原告勞工）得提起第三審上訴。惟臺高院 98 勞上易 94 民事判決有關「本件判決所命給付未逾 150 萬元，經本院判決後即告確定，被上訴人陳明願供擔保請准宣告假執行，核無必要，應予駁回。」認為含備位資遣費在內之金錢請求因未逾新臺幣 150 萬元，因此二審一判即告確定之見解，則顯為最高法院所不採。最高法院 101 台上 842 民事判決指出：「惟兩造就備位請求部分中關於資遣費差額部分，因與先位請求中確認僱傭關係及按月給付薪資部分有不能併存關係，先位上訴本院認有理由，上訴效力應及於上開備位請求部分。」換言之，最高法院認為備位資遣費之請求雖未逾新臺幣 150 萬元，但因與先位確認僱傭關係存在部分有不能併立之關係，於原告勞工就先位之訴提起第三審上訴時，該備位部分就不會先確定。

之效力。上訴審法院如認先位之訴為有理由，應將第一審判決之全部（包括預備之訴部分）廢棄，依原告先位之訴之聲明，為被告敗訴之判決。蓋先位之訴與預備之訴既不能併存，原告祇能就其中之一請求法院為其勝訴之判決。否則上訴審法院若未將第一審法院就預備之訴所為原告勝訴之判決一併廢棄，其結果將造成原告先位之訴及預備之訴均獲勝訴且併存之判決，與預備之訴之性質相違背。」

2.上揭判例所提到的上訴審法院固然是指「二審法院」，但其裁判原則仍適用於第三審上訴案件，從而本件最高法院 109 台上 1 民事判決因認勞工先位之訴有理由，乃將二審判決全部（含原來判決勞工勝訴之備位之訴部分）予以廢棄發回，於理由中對於備位之訴部分之裁判一併廢棄發回並特別指出：「原審就先位聲明所為上訴人不利之判決，既有可議，應予廢棄，則關於備位聲明之裁判，即屬無可維持，應併予廢棄發回。」

㈣發回後更一審判決

發回後更一審臺高院 109 勞上更一 2 民事判決，依據最高法院發回意旨認定勞工先位之訴有理由，改判決認定：「確認兩造間僱傭關係存在。」至於備位之訴部分則因解除條件成就，法院對之無庸為任何裁判（亦無需判決駁回）。至於原來發回前二審所判決的雇主應給付勞工 15 萬 723 元資遣費本息部分之裁判，則因已遭最高法院 109 台上 1 民事判決廢棄確定，亦無與先位「勞雇關係繼續存在」矛盾併存之可能，附此敘明。

伍、結　語

調解程序中法官或調解委員的「勸喻」，以及當事人雙方「關於讓步」的陳述，於調解不成立後的本案訴訟不得採為裁判基礎，否則必將大幅度的壓縮調解成立的可能性。但調解亦非船過水無痕，調解不成立就當作什麼事都沒發生一樣，調解過程中所調查之事證或當事人提出來的證據，甚至當事人

關於「事實」部分的陳述，仍有證據能力，將來於調解不成立後之本案訴訟仍得採為裁判基礎。尤其涉及終止權的行使，自也不能僅因調解程序之進行就阻卻勞工行使終止權的可能性❹。故勞工在調解程序中有表達「拿錢走人」之意思者，於調解不成立後之本案訴訟，應調查該意思表示究竟只是「關於讓步」的陳述、解決爭端提議的一部分，抑或是勞工確已有行使勞動契約終止權的明確意思表示，而異其法律效果。

❹ 相對於勞工仍可以在勞資爭議調解期間行使勞動契約終止權，雇主依勞資爭議處理法第 8 條前段規定：「勞資爭議在調解、仲裁或裁決期間，資方不得因該勞資爭議事件而……終止勞動契約。」解僱權受有限制。

07 簡論抵銷抗辯之上訴與請求金額流用

——臺灣高等法院 108 年度勞上易字第 118 號民事判決評釋

壹、前　言

　　勞動訴訟中涉及金錢請求者，常見有抵銷抗辯問題。尤其是違法解僱訴訟，勞工請求雇主繼續給付工資者，假如雇主是以勞動基準法第 11 條資遣規定終止勞動契約者，雇主通常也都會作預備的抵銷抗辯，即抗辯稱設如法院認定解僱無效勞雇關係續存，雇主仍有繼續給付工資義務者，雇主亦得以業已給付之資遣費抵銷之。此外，勞工一訴請求多個不同項目之金額，例如同時請求工資、加班費、應休未休特別休工資、績效獎金等等，均為常見的請求態樣。則各該不同請求項目間可否流用，即 A 請求如不合法，該項目之請求金額可否挪用為當作是 B 請求之金額等是，此均為勞動訴訟上常遇到的問題。本則判決評釋係在臺高院 108 勞上易 118 民事判決認定的法律事實基礎下，討論抵銷抗辯的上訴與請求金額之流用等程序法問題。

貳、案例事實

　　一、為利說明，以下敘述均將金額簡化為整數，與判決書記載之實際金額有出入。勞工主張雇主違法資遣、積欠加班費，乃起訴請求雇主給付：

A：違法資遣後訴訟期間工資 30 萬元。

B：資遣前任職期間積欠之加班費 20 萬元。

C：因歧視解僱致生的非財產上損害（慰撫金）10 萬元。

亦即勞工以一訴請求被告雇主應給付原告勞工三項金額合計 60 萬元。

　　二、被告雇主則抗辯資遣合法、未積欠加班費、既為合法資遣當然也無

歧視解僱損賠問題。另又預備的抗辯稱：設如原告請求有理由，其亦得以業已給付之 100 萬元資遣費抵銷原告三項請求金額還綽綽有餘，因此聲明：原告之訴駁回。

三、一審士林地院 107 勞訴 75 判決認定雇主違法資遣，故 A 部分 30 萬元工資請求應全額照准；至於 B 部分，雇主也確有積欠勞工資遣前任職期間加班費，但金額細算結果應只有 14 萬元；C 部分雇主確為歧視解僱，故勞工請求慰撫金 10 萬元亦有理由。但雇主資遣既為違法無效，勞工所受領資遣費就無法律上原因而構成不當得利，雇主從而以該不當得利返還債權（主動債權）主張抵銷即有理由。其中 A、B 兩部分請求抵銷殆盡（100 萬元足以全額抵銷掉 A＋B 的 44 萬元），故勞工之 A、B 兩部分請求應予以駁回。C 部分因屬雇主故意侵權行為（歧視解僱）而負擔之債，依民法第 339 條規定：「因故意侵權行為而負擔之債，其債務人不得主張抵銷。」所以雖然雇主的主動債權 100 萬元抵銷掉 A、B 兩部分請求金額後還剩 56 萬元（100－44＝56），本尚足以抵銷 C 部分請求之 10 萬元，但因 C 部分債權之債務人（雇主）不得主張抵銷，故此部分雇主抵銷之主張法院不予准許，應全額判准勞工 C 部分之請求。

四、本於以上認定，一審判決主文：「被告應給付原告 10 萬元，原告其餘之訴駁回。」判准的是 C，駁回的是 A、B。

五、雇主不服一審判決全部，對之提起第二審上訴，勞工部分則未提起上訴（或附帶上訴）。

參、臺高院 108 勞上易 118 判決要旨

一、上訴人（按指雇主）主張於 107 年 4 月 3 日預告以勞基法第 11 條第 2 款規定，於同年月 30 日資遣被上訴人（按指勞工），應屬合法，兩造勞僱關係於是日即為終止，應堪認定。上訴人對被上訴人之資遣，並未構成就業服務法第 5 條之歧視，而屬合法，業如前述，則被上訴人主張上訴人以年齡、

年資歧視對被上訴人為資遣之行為，違反就業服務法第 5 條規定，侵害被上訴人工作權、名譽權，致其精神受有重大痛苦，得依民法第 184 條第 2 項、第 195 條第 1 項規定，請求賠償精神慰撫金云云，即無可採。

二、被上訴人得請求上訴人給付之加班費，即為 15 萬 3,405 元（計算式：108,735 元＋44,670 元＝153,405 元）。

三、上訴人資遣被上訴人既屬合法，則上訴人於 107 年 5 月 4 日給付被上訴人相當於退休金之資遣費 231 萬 620 元、預告工資 5,767 元、應休未休特休工資 8 萬 6,500 元、久任年資 5 萬 9,800 元及補休未休加班費 1 萬 4,417 元，共 247 萬 7,104 元，被上訴人即有請領之權利，並無不當得利可言，亦與被上訴人上開請求之延時工資並無重複，上訴人自無不當得利債權得予以抵銷，附此敘明。

四、綜上所述，上訴人於 107 年 4 月 3 日以公司虧損為由，依勞基法第 11 條第 2 款規定資遣被上訴人，並無違反就業服務法第 5 條規定之年資或年齡歧視，上訴人之終止合法而有效，兩造間之僱傭關係業已終止，被上訴人請求終止後之薪資（自 107 年 5 月 1 日起至同年 10 月 31 日止）及精神慰撫金，即無可採。至上訴人因勞動關係終止給付被上訴人之金額，並非不當得利，無上訴人對被上訴人之抵銷債權存在。被上訴人請求加班費，則為有理由。從而，被上訴人依勞基法第 24 條第 1 款、第 2 款、第 39 條、第 40 條規定，請求上訴人給付 10 萬元，及自 107 年 6 月 13 日起至清償日止，按年息 5% 計算之利息，為有理由。原審就上開應准許之範圍內，為上訴人敗訴之判決，並依職權及上訴人之聲請分別為准、免假執行之宣告，理由雖有不同，但結論並無二致，仍應予以維持。上訴論旨指摘原判決不當，求予廢棄改判，為無理由，仍應駁回上訴。

肆、本文評釋

一、略　說

假如沒細讀二審判決理由，單從「上訴駁回」的主文來看，恐怕絕大部分人都可能會以為二審應該也是判決雇主敗訴的意思（主要指解僱無效訴訟部分），誰知竟然是大逆轉。此外，上訴到二審當事人稱謂原應改稱上訴人、被上訴人，但本文主要在討論抵銷抗辯之上訴問題，為突顯兩造在抵銷抗辯方面之立場，原則上仍繼續以原告、被告稱謂表述之，更精確的說，「原告」指一審原告勞工即二審被上訴人，「被告」指一審被告雇主即二審上訴人。

二、上訴利益

㈠本判決第一個可討論的議題是「上訴利益」問題。勞工一審可謂幾乎全勝（加班費僅金額計算上略有減少，仍屬勞工勝訴），但 A、B 兩請求被抵銷殆盡，形式上是被判決駁回，此時勞工依形式不服說仍得對 A、B 兩請求部分之判決提起上訴。事實上勞工對 A、B 兩請求部分之判決也有上訴利益，蓋其請求被判駁回，無法得到本件請求在本案獲判給付之利益，當然有不服利益。至於 C 部分因其請求全額照准，勞工全勝無不服利益，對此部分當然不能上訴。

㈡雇主方面就 A、B 兩請求來說表面上是勝訴的一方，因為勞工（原告）之訴駁回，但此一駁回判決是被告用其主動債權去抵銷（清償）換來的，將來假如判決確定，抵銷部分生既判力，雇主的主動債權在判准抵銷部分範圍內就消滅了，因此雇主依實體不服說有上訴利益（最高法院 80 台上 2917 民事判例參照）。至於 C 部分被判應全額給付又不准抵銷，可說敗得徹底當然有不服利益，均得上訴。

三、兩造上訴情形

勞工可能認為一審判決之「認定」全然對其有利，尤其認定為是歧視解僱、解僱無效，已達到勞工起訴目的，故雖然 A、B 兩部分被判駁回（因抵銷殆盡關係），故未提起上訴，其後亦未提起附帶上訴。雇主則因幾乎全敗，乃對一審判決全部（含駁回原告之訴部分）提起第二審上訴❶。

四、第二審判決之認定

二審作出與一審相反的認定：解僱合法、無歧視解僱，故勞工 A、C 兩部分請求無理由。B 加班費部分，二審認定雇主積欠之金額實應為 15 萬元，但因勞工並未提起第二審上訴（及附帶上訴），故只能在一審判准的 10 萬元範圍內維持勞工加班費之請求。換言之，二審將一審判准的 10 萬元歧視解僱慰撫金挪移當作是勞工的加班費，至於 A、C 兩部分請求，則認定雇主解僱合法有效、無歧視解僱，雇主之上訴有理由。

---

❶ 本件被告雇主提起上訴伊始其上訴聲明為：「㈠原判決關於命上訴人給付被上訴人 10 萬元本息及假執行之宣告均廢棄。㈡上開廢棄部分，被上訴人於第一審之訴及假執行之聲請均駁回。㈢原判決關於駁回被上訴人請求上訴人給付 63 萬 9,295 元本息及假執行聲請，應變更為以被上訴人該部分請求權不存在為由，駁回被上訴人在第一審之訴及假執行之聲請。」於 108 年 11 月 27 日準備程序期日時，受命法官建議被告雇主應參考臺灣高等法院暨所屬法院 94 年法律座談會民事類提案第 40 號決議內容修改上訴聲明。所以最後之上訴聲明修改為：「於本院上訴聲明：㈠原判決不利於上訴人部分廢棄。㈡上開廢棄部分，被上訴人於第一審之訴及假執行之聲請均駁回（94 年法律座談會民事類提案第 40 號意旨參照，至被上訴人就敗訴部分，並未聲明不服，非本院審理範圍，於茲不贅）。被上訴人答辯聲明：上訴駁回。」但被告雇主其實是對原判決認定原告訴求債權存在的「全部」都提起上訴，則可參二審判決書之記載：「上訴人對原審認定被上訴人訴求之債權均聲明不服，提起上訴」。

五、第二審判決結果

本於以上認定，二審認為一審的 10 萬元慰撫金應流用充作加班費，此一金額較諸二審認定的 15 萬元還少，但因勞工對一審判決並未提起上訴（及附帶上訴），故只能在一審判准的 10 萬元範圍內維持一審判決。A、C 兩部分雇主之上訴固然有理由，但因一審早已判決原告之訴駁回（抵銷殆盡的關係），故一審判決理由固屬不當但判決「結果」本於其他理由仍可維持，乃依民事訴訟法第 449 條第 2 項規定：「原判決依其理由雖屬不當，而依其他理由認為正當者，應以上訴為無理由。」因此判決：「上訴駁回」，駁回的是雇主的上訴（勞工無上訴）❷。

六、第二審審理範圍

㈠抵銷抗辯同有不利益變更禁止原則之適用

如上所述勞工就 A、B 兩部分、雇主就判決全部有不服利益，均有上訴權，但本件實際情形是只有被告雇主提起上訴，原告勞工並未提起上訴。則在此前提下，因主張抵銷之請求經裁判者，以主張抵銷之額為限有既判力（民事訴訟法第 400 條第 2 項），因此，被告之主動債權（供作抵銷之債權，本件

---

❷ 勞工事後聲請法院更正判決，主張法院既然已經認定加班費是 15 萬元，豈能僅維持一審判決主文的 10 萬元？乃要求更正主文。臺高院 109 年 6 月 20 日 108 勞上易118 民事裁定駁回勞工之聲請，指出：「又按第二審法院審判之範圍，應以上訴人對於第一審判決聲明不服部分為限，不得就未經聲明之事項予以判決，民事訴訟法第388 條定有明文。……聲請人（按指勞工）以本院認為其請求上訴人（按指雇主）給付加班費 15 萬 3,405 元本息部分有理由，而僅判決駁回上訴人之上訴（即維持原審判命上訴人應給付被上訴人 10 萬元，及自 107 年 6 月 13 日起至清償日止，按年息 5% 計算之利息部分），有差額 5 萬 3,405 元之錯誤云云，聲請更正，為無理由，應予駁回。」

即指資遣費返還債權），亦應同於原告之被動債權（本件即指原告之薪資債權及加班費債權），於上訴程序中，均有不利益變更禁止原則之適用。

(二)上訴效力範圍與第二審審判範圍未必完全相同

就判決之一部提起第二審上訴，依上訴不可分原則，將使全部判決均生阻斷確定及移審之效力，但上訴之效力範圍與第二審之審判範圍未必完全相同，審判範圍仍受當事人上訴聲明不服之範圍所限制（民事訴訟法第 445 條第 1 項規定參照），此亦導引出不利益變更禁止原則。按上訴審之審理範圍係以上訴人對原判決之不服為限，而上訴係上訴人請求法院將不利益於己之下級審判決，變更為對自己有利判決之一種方法。從而，上訴審之辯論也必須在此限度內進行，上訴審法院在裁判之際，不許為超越不服主張範圍之判斷。換言之，上訴法院不許為較原判決更不利之裁判（即不利益變更禁止原則），及超越不服之範圍為更有利之裁判（即利益變更禁止原則）。是被上訴人既未對原審不利於被上訴人之判斷提出上訴或附帶上訴，上訴法院自不得就原審有利於上訴人之判斷更為不利益之判斷❸。從而，若上訴人對一審判決認可被上訴人主張而為不利於其之判斷表示不服，上訴二審，被上訴人則未提起上訴或附帶上訴，依不利變更禁止之原則，第二審法院於審理時，對於上訴人在第一審勝訴部分，不得列入審理範圍，僅得就上訴人表示不服部分加以審理❹。

---

❸ 臺灣高等法院暨所屬法院 94 年 11 月 25 日 94 年法律座談會民事類提案第 41 號研討結果參照。

❹ 最高法院 89 台簡上 45 民事判決指出：「上訴人（按指一審原告、出租人）主張本件租約並未終止，被上訴人（按指一審被告、承租人）不得以押租金抵付租金，亦即對被上訴人抵銷抗辯之對待請求部分表示不服，上訴二審。被上訴人則未提起上訴或附帶上訴。依不利益變更禁止之原則，原第二審法院於審理時，對於上訴人在第一審勝訴部分（即上訴人對被上訴人有一百三十二萬元之租金債權存在之確認），不得列入審理範圍，僅得就被上訴人之對待請求存在與否加以審理。」可資參照。

(三)抵銷抗辯未上訴部分第二審法院不得審理裁判

1.在上揭原則適用前提下，如僅被告（雇主）就「駁回原告之訴但以抵銷抗辯為理由之一審判決」聲明不服，則第二審法院不能再審酌被告（雇主）主動債權（本件即指資遣費返還債權）之存否，而僅能就原告（勞工）之被動債權即薪資與加班費債權是否存在為審理範圍。

2.相反的，如僅原告提起上訴而被告未提起上訴，則上訴審審理亦不能再審酌原告被動債權之存否，僅能以被告主動債權是否存在為審理範圍❺。

(四)本件二審不能審理「被告資遣費返還債權存否」此一爭點

本件案例事實是原告並未提起上訴，僅被告提起上訴，則二審審理範圍僅應限於被告聲明上訴的範圍內，被告上訴當然不會去主張自己的主動債權不存在，而僅是爭執原告的被動債權不存在。因此二審不能再審酌「被告主動債權」之存否，僅能審理「原告被動債權是否存在」此一爭點，即使這兩項債權間剛好有不能併存之關係者亦同（二審只要認定資遣有效，雇主即不能請求返還資遣費，換言之，雇主的主動債權「資遣費返還債權」就不存在）。

---

❺ 對此，學者陳計男先生有不同見解，認為在此情形下雖僅原告一方上訴，二審仍可認定原告訴求債權（被動債權）不存在，而沒有違背「不利益變更禁止原則」，請參陳計男，不利益變更禁止之原則，載：民事訴訟法之研討（七），頁308，2002年11月。但學者許士宦先生不表認同，民事訴訟法之研討（七），頁327。駱永家先生亦認為在本文所述情況下二審如改認以原告主張之債權不成立為理由駁回（原告之）上訴，則屬不利益變更。請參駱永家，不利益變更與判決更正，載：民事法研究I，頁191，1999年3月八版。另相關討論亦可參魏大喨，第二審上訴制度之研究，頁260–262，2005年11月。就此，作者淺見以為一審判准抵銷，將來判決確定後原告訴求債權、被告主動債權兩相消滅；二審如改判原告訴求債權不成立、被告主動債權未裁判，將來確定後，原告訴求債權消滅，被告主動債權因未經裁判，當然沒有消滅問題，將來還可對原告再請求清償，當然對原告不利。

(五)對照的案例

可舉一例來說明。（設例 1） 設原告主張對被告有 100 萬元借款債權存在，訴請被告應給付原告 100 萬元。被告抗辯稱：原告借款債權不存在，另預備的抗辯稱：縱使原告借款債權存在被告亦得以對原告之貨款債權 100 萬元（主動債權）抵銷之。一審認定原告訴求債權（被動債權）存在，但被告主張抵銷之主動債權亦存在，且抵銷金額等於訴求金額，因此主文諭知「原告之訴駁回。」被告不服提起第二審上訴（原告未提起上訴）。在此前提下，二審法院如認定原告（二審被上訴人）的被動債權確實存在，反而是在審理過程中不經意的發現被告（二審上訴人）之主動債權事實上不存在，則在原告未提起上訴情形下，二審法院難道可以為了保護原告之利益，因此判決「原判決廢棄、上訴人應給付被上訴人一百萬元」？此一結果殊難想像！

(六)關於抵銷抗辯上訴的判決主文類型

前述案例情形下，第一審以抵銷殆盡為由判決駁回原告之訴，在僅被告提起上訴前提下，二審法院判決只有兩種可能：

1.認定原告被動債權存在，所以一審判決正確，上訴人（被告雇主）之上訴無理由，判決：「上訴駁回」。

2.認定原告被動債權不存在，所以上訴人（被告雇主）之上訴有理由，此時判決主文如何表達約有以下三種不同方式：

(1)有認為雖然被告上訴有理由，但一審主文是判決「原告之訴駁回」，此正是被告所聲明訴求者，則雖理由不同，但一審判決（主文）仍可維持，依民事訴訟法第 449 條第 2 項規定：「原判決依其理由雖屬不當，而依其他理由認為正當者，應以上訴為無理由。」仍應判決上訴人（被告雇主）之「上訴駁回」，本件臺高院 108 勞上易 118 民事判決即採之。

(2)亦有認為應為「變更」之判決者，即依民事訴訟法第 450 條規定：「第

二審法院認上訴為有理由者,應於上訴聲明之範圍內,為廢棄或變更原判決之判決。」為「變更原判決之判決」。如何變更?楊建華先生認為可以載明為:「原判決應變更為以被上訴人請求權不存在為原因駁回被上訴人在第一審之訴❻。」實務上亦有採此變更判決之方式者,例如臺中高分院 91 上 171 民事判決、臺高院 97 上易 12 民事判決等是。

⑶第三種方式則認為為了表達出上訴有理由的結論,仍應判決「原判決廢棄」,然後再判決一次「駁回被上訴人在第一審之訴」,臺中高分院 97 重上 15 民事判決即採之。

本文作者淺見以為上揭第二種方式即變更判決方式,較能正確的顯示出上訴有理由又維持一審駁回原告之訴判決的結果,應該是較佳的處理方式。

㈦上訴人上訴後的最大不利益應僅有上訴被駁回

1.再回到本文案例。(設例 2)假設當初原告僅訴求 A、B 兩請求,並沒有訴請 C 歧視解僱的慰撫金請求,一審認定同前仍認定 A、B 兩請求均有理由,但因抵銷殆盡而判決「原告之訴駁回」。在僅被告上訴情形下,二審認定被告資遣合法,所以 A 請求無理由,但 B 加班費請求部分勞工之主張確有理由,計算結果應為 15 萬元。此時,因二審已認定雇主資遣合法,所以勞工受領資遣費有法律上原因不構成不當得利,雇主無從再以(資遣費)不當得利返還債權來抵銷勞工之加班費債權。換言之,二審在認定雇主資遣合法之同時,也等於又同步認定被告主張抵銷之主動債權(資遣費返還債權)不存在。但此時又無一審的 10 萬元歧視解僱慰撫金可挪移來充當加班費之用,難道二審法院為了讓勞工可以確實獲得加班費給付,竟要改判「原判決關於駁回被上訴人(勞工)後開之訴部分廢棄,上訴人(雇主)應給付被上訴人 15 萬元」?相信任何稍諳法律之人都無法接受這樣的結果,因為這明顯的違反「不利益變更禁止原則」,在只有被告雇主上訴的前提下,竟然要改判提起上訴的

---

❻ 楊建華,問題研析民事訴訟法(四),頁 325,2000 年 11 月。

被告雇主還要再另外給付，簡直就是對提起上訴者的變相懲罰。

2.按上訴人上訴後的最大不利益就僅只是「上訴駁回」（當然這是在對造未提上訴前提下），上訴審法院不能判的比「上訴駁回」還更不利於上訴人。最高法院 53 台上 3173 民事判例要旨指出：「第二審法院認上訴為無理由者，應為駁回之判決，而認上訴為有理由者，應於上訴聲明之範圍內為變更原判決之判決，為民事訴訟法第四百四十六條第一項（舊），及第四百四十七條（舊）所明定。故第二審維持第一審判決者，僅得以上訴人之上訴為無理由而駁回其上訴，除被上訴人亦為上訴或附帶上訴外，不得為變更第一審判決之判決，致使上訴人更為不利。」可資參照。

㈧**另一組對照案例**

可再舉另一組對照事例來說明。（設例 3）同上案例，被告雇主一審同樣主張抵銷，但雇主主張抵銷的債權改為對勞工的另一「借款債權」，不以「資遣費債權」來主張抵銷，這樣就不會涉及如上述情狀法官下判決時會感到矛盾之問題。一審同樣判准抵銷諭知「原告之訴駁回」，只有雇主上訴。二審同樣認定資遣合法但加班費是 15 萬元，此時因雇主主張抵銷的是「借款債權」，並不是「資遣費返還債權」，不會有上述既已認定資遣合法，但卻又要容許一審以資遣費返還債權去抵銷加班費的矛盾情事。但難道二審法院為了要確保勞工的加班費可以確實受償，還要另外去審酌認定被告之「借款債權」存在與否？假如認定存在，則原告加班費可因抵銷獲清償無虞，所以一審「駁回」的結果可繼續維持；假如認定雇主的借款債權不存在，則為了確保勞工加班費可以受償，乃又改判「原判決關於駁回被上訴人（勞工）後開之訴部分廢棄、上訴人（雇主）應給付被上訴人 15 萬元」？這只有更荒謬，更難令人接受。

㈨判決矛盾的不利益要由未提起上訴的原告承擔

所以在只有被告提起上訴的情形下，根本就不能去審理被告主動債權存否這一件事，二審「只能」審酌原告被動債權之存否，即使審酌結果將會連動的同步認定被告主動債權不存在（例如本案，只要認定資遣合法，就無資遣費返還債權）亦無不同。這樣產生的不利益必須由「未上訴」的原告承擔，蓋其一審被判駁回，理當提起上訴救濟，尤其在雇主已提起上訴的場合，就應考慮到二審有可能改判「資遣合法」屆時就沒有資遣費可以抵銷了，更應趕緊提起「附帶上訴」始為正辦。其自始至終未提上訴，必須承受改判後的不利益。此種不利益就是承受一審「誤判」而自己又未提起上訴的不利益，以上述設例 1、3 來說，假如被告主張抵銷的貨款債權、借款債權「事實上」根本不存在，一審誤判、錯判誤以為存在從而判准抵銷，但原告對一審判決並未提起上訴，判決確定後，自己的訴求債權被根本不存在的主動債權抵銷掉，無法獲得實際受償利益，只因自己當初對一審判決並未提起上訴，也只能承擔此一「誤判」的不利益也。

㈩本則二審判決之違誤所在

本則二審臺高院 108 勞上易 118 民事判決卻在原告並未提起上訴情形下，逕自認定：「上訴人資遣被上訴人既屬合法，則上訴人於 107 年 5 月 4 日給付被上訴人相當於退休金之資遣費 231 萬 620 元、預告工資 5,767 元、應休未休特休工資 8 萬 6,500 元、久任年資 5 萬 9,800 元及補休未休加班費 1 萬 4,417 元，共 247 萬 7,104 元，被上訴人即有請領之權利，並無不當得利可言，亦與被上訴人上開請求之延時工資並無重複，上訴人自無不當得利債權得予以抵銷。……上訴人因勞動關係終止給付被上訴人之金額，並非不當得利，無上訴人對被上訴人之抵銷債權存在。被上訴人請求加班費，則為有理由。從而，被上訴人依勞基法第 24 條第 1 款、第 2 款、第 39 條、第 40 條規

定，請求上訴人給付 10 萬元，及自 107 年 6 月 13 日起至清償日止，按年息 5% 計算之利息，為有理由。原審就上開應准許之範圍內，為上訴人敗訴之判決，並依職權及上訴人之聲請分別為准、免假執行之宣告，理由雖有不同，但結論並無二致，仍應予以維持。」就「上訴範圍」來說，實有逾越雇主上訴聲明以外的違法，根本就無需（也不能）考慮改判資遣合法後，被告雇主主動債權不存在，原告勞工的加班費就無從自資遣費返還債權中抵銷受償問題，此一部分應該完全無視，蓋該部分非二審審判範圍也。

(土)作者淺見下的二審判決主文

以本文作者淺見，A 部分雇主上訴有理由，二審判決有上述「(六)」所提三種處理方式可選擇；C 部分毫無疑義的應改判原判決關於命上訴人給付 10 萬元部分之裁判廢棄，廢棄部分被上訴人第一審之訴駁回；至於 B 部分，雖然二審認定加班費應為 15 萬元而不是一審認定的 14 萬元，但因一審是判決駁回（抵銷殆盡關係），在僅被告上訴、原告並沒有上訴前提下，只能認定被告之上訴無理由諭知「上訴駁回」，無從改判被告（上訴人）應為是項給付。

七、請求金額流用的問題

(一)慰撫金挪移充作加班費為請求金額之流用

如上所述本則判決將一審的慰撫金挪移來充作加班費請求，這在訴訟實務上稱為請求金額的流用。依最高法院 98 台上 340 民事判決要旨：「民事訴訟採處分權主義，原告應於起訴時，依民事訴訟法第二百四十四條第一項第二款、第三款規定，表明及特定其作為訴訟上請求之訴訟標的及其原因事實、應受判決事項之聲明，以利進行本案審理時，能明確法院之審理與判決對象及當事人之攻擊與防禦目標；並於訴訟進行中，依同法第二百五十五條規定處理原告『將原訴變更或追加他訴』及依同法第二百五十九條規定處理被告

『提起反訴』；再於判決確定後，依同法第四百條規定判斷既判力之客觀範圍。又請求金額之流用，於同一訴訟標的法律關係下之不同請求項目間，固無不可，且無『將原訴變更或追加他訴』之情形。但如係不同訴訟標的之客觀訴之合併，各法律關係下所得主張給付之金額，應分別計算，再分別聲明或合併為單一聲明，此時各不同訴訟標的下之請求金額，不屬上開可流用之情形，縱合併後之聲明金額不變，仍應依『將原訴變更或追加他訴』之規定辦理。」

(二)請求金額流用之要件

1.在勞動訴訟實務上，最高法院 108 台上 2337 民事判決亦指出：「原告就同一訴訟標的法律關係下之不同請求項目間，在原應受判決事項聲明之範圍內，將請求金額予以流用，固非法所不許。然上訴人於第一審係依勞基法第 16 條及勞工退休金條例第 12 條第 1 項規定，請求被上訴人給付預告工資及資遣費共 179 萬 3,547 元。則上訴人於原審將上開請求，變更為依民法第 482 條及勞基法第 23 條規定，請求給付自 102 年 11 月 2 日起算之薪資，其變更前後之訴訟標的既有不同，自無金額流用而可認該部分仍屬原起訴及上訴範圍之情形。原審謂此非屬訴之變更或追加，容有可議。案經發回，宜由原審法院併注意及之，附此敘明。」這已說明勞工將原來的「預告工資及資遣費請求金額」挪作「薪資請求」並非「同一訴訟標的」之流用，蓋「預告工資及資遣費請求權」與「薪資請求權」為不同之訴訟標的也。

2.據上說明，不同請求項目間金額的流用，於「同一訴訟標的」範圍內，本於處分權主義，應為法之所許，但前提是：

(1)必須是同一訴訟標的。

(2)由原告主動聲明流用。

若非「同一訴訟標的」，或原告並未主動聲明流用，則法院根本即不得自行認作主張「挖東牆來補西牆」。

㈢本件並無請求金額流用原則之適用

本件案例，一審判准的 10 萬元是歧視解僱所生的慰撫金請求權，與加班費請求權很明顯並非同一訴訟標的，更何況勞工就一審敗訴的加班費部分（被判駁回）並未提起上訴，根本就無主動聲明流用之餘地。二審法院無權逕行將一審判准的 10 萬元慰撫金挪移為加班費。

伍、結　語

本文淺見以為二審判決在程序上有誤認上訴範圍，及錯誤適用請求金額流用原則之違誤。如以二審認定的事實為基礎，理應判決：（訴訟費用負擔部分從略）

一、原判決關於命上訴人給付 10 萬元部分廢棄。

二、上廢棄部分被上訴人在第一審之訴駁回。

三、原判決關於駁回被上訴人其餘之訴部分，就工資請求部分應變更為以被上訴人請求權不存在為原因駁回被上訴人在第一審之訴。

四、上訴人其餘上訴駁回。

說明：

上述本文所擬判決主文一、二的部分是廢棄改判駁回 C 慰撫金之請求，這部分雇主之上訴有理由；三的部分是有關解僱後訴訟期間工資 A 部分之請求，雇主之上訴有理由，但因一審抵銷殆盡已判決「原告之訴駁回」，本文採「變更判決」方式處理；四的部分則是 B 加班費部分，雇主之上訴無理由，應判決駁回雇主此部分之上訴，但也僅止於此，不能判的比第一審更不利於上訴人。

陸、附　論

以上結論是在本案實際狀況即僅被告雇主提起上訴，原告勞工未提起上訴之前提下，以二審認定事實為基礎所為的法律分析，於茲再簡述另外兩種可能的假設狀況之分析。

附論一、假設除被告雇主對判決全部提起上訴外，原告勞工就 A、B 兩訴敗訴部分亦有提起上訴（C 部分原告勞工全部勝訴無上訴權），則在前揭相同二審認定之事實基礎下，二審判決結果就會大不相同：（訴訟費用負擔部分同上從略）

一、原判決關於後開第二、三項部分之裁判均廢棄。

二、上訴人（雇主）應給付上訴人（勞工）新臺幣十五萬元。

三、上訴人（勞工）關於請求慰撫金部分之第一審之訴駁回。

四、原判決關於駁回上訴人（勞工）其餘之訴部分，就工資請求部分應變更為以上訴人（勞工）請求權不存在為原因駁回上訴人（勞工）在第一審之訴。

五、兩造其餘上訴均駁回。

說明：

上述一、二、三的部分是廢棄並改判准許勞工加班費在十五萬元範圍內之請求，及駁回勞工 C 慰撫金部分之請求，這兩部分勞雇雙方之上訴均有理由；四的部分是有關解僱後訴訟期間工資 A 部分之請求，雇主之上訴有理由，但因一審抵銷殆盡已判決「原告之訴駁回」，本文採「變更判決」方式處理；五則是兩造上訴無理由的部分，雇主上訴無理由的部分為加班費十四萬元部分；勞工上訴無理由的部分則包括加班費逾十五萬元及 A 部分工資的請求，這三部分勞雇雙方之上訴均無理由應予以駁回。

附論二、假設只有原告勞工就其敗訴的全部提起第二審上訴，而被告雇主未提上訴者，則相同認定事實基礎下，二審應判決：原告勞工之上訴駁回。

說明：

因為被告雇主未提起上訴，則二審對於一審所認定原告勞工被動債權存在此一前提，根本不能再審酌推翻，只能以勞工 A 工資債權 30 萬元存在、B 加班費債權 14 萬元存在為審理前提，再來審酌勞工主張加班費應為 20 萬元，且工資及加班費均不應被抵銷殆盡，而應在本案獲得是項給付之上訴聲明而為判決。二審審理結果認為加班費應為 15 萬元，此時除非另有資遣費返還債權（被告雇主之主動債權）不存在（例如勞工一審起訴時業已匯還給雇主）、金額不足（資遣費不是雇主所主張的 100 萬元、事實上只有 20 萬元）、法律上有不能抵銷之原因（例如適用民法第 338 條、強制執行法第 115 條之 1 第 2 項、第 122 條第 2 項禁止扣押之債禁止抵銷）等事由應改判以外，否則縱使二審法院於審理過程中發現雇主其實解僱是合法，二審法院仍不能自行認定雇主解僱合法所以勞工 A 工資債權不存在、資遣費無庸返還，而改判雇主應給付勞工 15 萬元（加班費）。受限於勞工上訴聲明為法院審理範圍之限制，二審法院仍只能認定勞工 A、B 兩債權共 45 萬元存在，但雇主抵銷之抗辯亦有理由（按雇主於第一審所為之抵銷抗辯，依民事訴訟法第 448 條規定「在第一審所為之訴訟行為，於第二審亦有效力。」）抵銷殆盡後，勞工可請求金額為零，一審判決駁回並無違誤，因此判決原告勞工之上訴駁回。

08 簡論勞動訴訟中的主觀選擇與主觀預備合併訴訟

——臺灣高等法院 107 年度重勞上更一字第 2 號民事判決評釋

壹、前 言

勞動訴訟實務上，客觀的預備合併比較常見，例如本書第 6 篇討論的最高法院 109 台上 1 民事判決，勞工就是先位訴請確認勞雇關係存在、請求續付工資，備位才請求資遣費，此即是典型的訴之客觀預備合併方式。但在一些比較特殊的場合，尤其涉及複數雇主案例，勞工為求盡可能一訴解決全部爭議，也有利用「主觀合併」方式起訴之案例，惟本文所討論的主觀合併僅限主觀的選擇合併與主觀的預備合併這兩種態樣❶。再查這兩種型態的主觀合併更都有「原告側」與「被告側」的合併等之不同，其複雜程度遠甚於客觀合併。

貳、案例事實

臺高院 107 重勞上更一 2 民事判決的事實，簡單來說就是勞工受僱於甲雇主，但甲雇主設有多個關係企業，有時勞工之薪資是由其關係企業的乙（雇主）出帳。勞工退休請求退休金時，不確定應以甲或乙為法律上的雇主來請

---

❶ 謹按訴的主觀合併又稱共同訴訟，有普通共同訴訟、固有必要共同訴訟與類似必要共同訴訟等之區分。普通共同訴訟又可區分為單純合併、選擇合併、預備合併、重疊合併、順位、串連合併等。勞動訴訟中最常見的共同訴訟應該是職災案件勞工一訴以定作人（業主）、承攬人、中間承攬人、事業單位（雇主）等為共同被告，訴請連帶補償（賠償）之普通共同訴訟類型（惟亦有認係類似必要共同訴訟類型者），惟本文僅討論主觀的選擇合併與預備合併，其他類型的共同訴訟不在本文討論範圍之列。

求，怕向甲請求甲推給乙、向乙請求乙又推給甲。因此乾脆提起主觀合併訴訟，把甲、乙兩雇主都列為被告，反正只要法院有判決其中之一應該給付，勞工的請求既已滿足。至於甲或乙誰來給付，可以是任由法院來選擇，或勞工有排先後順位，勞工主要希望先由甲給付，退而求其次如果甲不是雇主，那至少也是要由乙來負起雇主的給付責任。前者任由法院來選擇者，稱為「主觀選擇合併訴訟」，後者有排先後順位者稱為「主觀預備合併訴訟」。

本案剛好涉及兩個主觀合併訴訟類型，因此特別將本案提出來討論。

參、臺高院 107 重勞上更一 2 民事判決要旨

一、按法院就原告所主張起訴原因之事實判斷其法律上之效果，不受原告所述法律上見解之拘束。查本件被上訴人於原審聲明：㈠陳○○即陳○○會計師事務所（下稱陳○○，其於發回前第三審程序中死亡，業經上訴人陳邱 AA、陳 BB、陳 CC 依法承受訴訟）或欣祥股份有限公司（下簡稱欣祥公司）應給付新臺幣（下同）薪資 485 萬 380 元，及自起訴狀繕本送達之翌日起至清償日止按年息 5% 計算之利息 ；㈡陳○○應給付退休金 677 萬 8,430 元，及自起訴狀繕本送達翌日起至清償日止按年息 5% 計算之利息。針對第一項聲明部分，被上訴人雖主張係提起主觀選擇合併訴訟。然依被上訴人歷次陳述及所提書狀均主張其係與陳○○間存有僱傭關係，並陳明：因雇主陳○○將薪資形式上分散由其他關係企業（即欣祥公司）出帳，為避免法院就雇主之認定不同，故有提起主觀預備合併之訴必要；僱傭關係存在陳○○與被上訴人之間，欣祥公司則是備位請求等語。顯見被上訴人真意，係認陳○○為給付薪資之義務人，然為預防其此項請求無理由，故同時對不併存之欣祥公司提起後位請求，以備先位之訴無理由時，可就後位之訴獲得有理由判決之訴之合併，核屬主觀預備合併之訴。是法院自不受被上訴人所述法律上見解之拘束，應依主觀預備合併之訴方式審理。

二、被上訴人請求陳○○給付薪資 341 萬 1,560 元及自 98 年 9 月 16 日

起至清償日止(其中自 98 年 9 月 16 日至 101 年 3 月 15 日計息部分係屬追加之訴) 按年息 5% 計算之利息,核屬有據,應予准許;逾此範圍之請求,則無理由,應予駁回。又本院已認被上訴人先位請求陳○○給付薪資部分為有理由,自無庸再就備位之訴即對欣祥公司為請求部分加以審酌,附此敘明。

肆、本文評釋

一、第一審判決認係主觀選擇合併之訴

第一審臺北地院 101 重勞訴 17 民事判決認為當事人本件提起的是「主觀選擇合併之訴」:「原告於同一訴訟程序提起訴訟,其原告或被告有二人以上,請求法院對於多數原告中或多數被告中擇一而為原告勝訴之判決,如法院已就多數原告中或多數被告中為原告勝訴之判決者,其餘原告或被告部分即無庸判決,如認各該當事人之訴均無理由者,則仍應為全部駁回之判決,此即主觀選擇合併。本件原告起訴請求被告陳○○即陳○○事務所(按即上文所指甲雇主)或被告欣祥股份有限公司(下稱欣祥公司,按即上文所指乙雇主)應給付其薪資,即屬上述主觀選擇合併之型態。學說對於是否承認此種主觀選擇合併,如同主觀預備合併,有肯否二說,惟基於防止裁判矛盾、發現真實、促進訴訟,及擴大訴訟制度解決紛爭之功能,在不因准許提起主觀選擇合併致特別有害於被告之利益及防禦權之範圍內,應容許採用此類合併型態之必要及正當理由。本件原告主張其受僱於被告陳○○即陳○○會計師事務所,因雇主將其薪資分散於各個關係企業帳下,無法肯定僱傭關係存在於何被告間,為避免法律見解不一,致原告權益遭受嚴重損害,有提起主觀選擇合併之訴之必要,核屬有據,且本院審酌如此可避免裁判矛盾,亦無礙於被告之攻擊防禦,是原告提起本件主觀選擇合併之訴,誠屬合法,先予敘明。」本件一審後來判決原告對甲被告之請求有理由,對乙被告部分當然就未予裁判。

二、「被告側」的主觀合併

按主觀選擇合併有原告側與被告側的合併兩種型態，但實務上較少見有原告側的主觀選擇合併，畢竟提起訴訟卻不確定、沒把握自己是真正權利人的情形比較少見。比較多的是被告側的主觀選擇合併，在勞動訴訟中多因存在複數雇主（關係企業、集團企業間調動、甚或要派單位與派遣單位等），勞工不確定（沒把握）要以誰為被告才安全，索性把全部（可能的）雇主都一起列為被告，但只求為單一聲明，其中任一被告應負雇主責任即可。本文以下所述均以「被告側」的合併為討論對象。

三、主觀選擇合併之合法性

主觀的選擇合併，學說上是否承認有肯否兩說，但實務上則「大抵」承認其合法有效。法院審理後只要擇一被告認為原告之請求有理由者，即可為原告勝訴之判決，無庸再把對其餘被告部分之訴予以判決駁回，此時屬原告受「全部」勝訴判決，原告既然是全部勝訴當然不能提起上訴。被告側部分受敗訴判決的其中之一被告（例如本文所述的甲被告）固然可提起上訴，未受裁判部分之被告（本文所述的乙被告）則無權提起上訴。

四、先位被告上訴之效力及於備位被告

比較有疑義的是，甲被告（先位被告）提起上訴之效力是否及於未於一審受裁判，無權提起上訴、事實上也未提起上訴之乙被告（備位被告）？實務上承認主觀選擇合併訴訟的判決，大抵依循「客觀選擇合併訴訟」之例，認為先位被告合法提起上訴後對備位被告仍生移審效力❶。於二審認為甲被告

---

❶ 移審的主要理由為類推適用民事訴訟法第 56 條第 1 項，或者援引民事訴訟法第 448 條規定，認為在第一審所為之訴訟行為，於第二審亦有效力，因此亦生移審效力。可參最高法院 94 台上 283、98 台上 1486、106 台上 1695 民事判決等。

之上訴有理由時，必須一併審理原告對乙被告部分之訴，必也原告對「全部」被告之訴「均」無理由時才可判決原告敗訴。上述甲被告提起上訴情形下，二審法院之判決可分以下三種狀況：

(一)如認甲被告上訴無理由（即一審判決正確），直接駁回甲被告之上訴即可，這時相對單純。

(二)如認甲被告上訴有理由，即一審判決無可維持時，應同時審理對乙被告部分之訴。審理結果如認為原告對乙被告之訴有理由，二審應廢棄一審原判決並駁回原告對甲被告部分之訴，但改判如原告對乙被告部分聲明之請求，即就原告對乙被告之訴部分判決原告勝訴。

(三)續上情形，二審審理原告對乙被告之訴後認為對乙被告之訴亦無理由者，則應廢棄一審原判決改駁回原告對甲、乙被告全部之訴。

五、本案發回前二審漏未對備位被告為判決

(一)本案一審臺北地院 101 重勞訴 17 民事判決，認定甲被告才是真正法律上的雇主，因此判決原告對甲被告部分勝訴，依主觀選擇合併訴訟之審理原則，當然就無庸對乙被告部分為審理裁判。甲被告提起上訴後二審認為甲被告之上訴有理由，因此廢棄一審原判改判駁回原告對甲被告部分之訴，此時本於上述主觀選擇合併訴訟之審理原則，發回前二審本應同時就原告對乙被告部分之訴為審理裁判，惟發回前二審臺高院 103 重勞上 22 民事判決，並未依循上述審理原則就乙被告部分之訴為審理裁判。

(二)案經勞工提起第三審上訴，最高法院以 106 台上 2098 民事判決將二審判決廢棄發回更審，於發回意旨中特別指出：「末查上訴人（按指勞工）於第一審係請求被上訴人（按指甲被告）或該審共同被告欣祥公司（按指乙被告）給付其薪資本息，原審僅駁回上訴人對被上訴人請求部分，而對欣祥公司部分未予說明是否發生移審效力，案經發回，宜併注意之，附此敘明。」最高法院發回意旨並未清楚敘明其所持的法律見解為何，僅是要發回後二審「宜

併注意之」。

六、發回後二審改認定原告勞工所提起的是主觀預備合併之訴

發回後二審即本文評釋對象的臺高院 107 重勞上更一 2 民事判決，程序上先改認定原告勞工所提起的是 「主觀預備合併之訴」，而非一審所認定的「主觀選擇合併訴訟」。其所持理由略為：「針對第一項聲明部分，被上訴人雖主張係提起主觀選擇合併訴訟。然依被上訴人歷次陳述及所提書狀均主張其係與陳○○間存有僱傭關係，並陳明：因雇主陳○○將薪資形式上分散由其他關係企業（即欣祥公司）出帳，為避免法院就雇主之認定不同，故有提起主觀預備合併之訴必要；僱傭關係存在陳○○與被上訴人之間，欣祥公司則是備位請求等語。顯見被上訴人真意，係認陳○○為給付薪資之義務人，然為預防其此項請求無理由，故同時對不併存之欣祥公司提起後位請求，以備先位之訴無理由時，可就後位之訴獲得有理由判決之訴之合併，核屬主觀預備合併之訴。是法院自不受被上訴人所述法律上見解之拘束，應依主觀預備合併之訴方式審理。」

七、預備合併之訴二審漏未對備位被告裁判的補救方法有前例可循

㈠臺高院 107 重勞上更一 2 民事判決將原告本件所提的主觀合併訴訟，自一審認定的「主觀選擇合併訴訟」改成「主觀預備合併之訴」，可能是基於下列原因。蓋無論是主觀選擇合併或主觀預備合併，二審如認為被告上訴有理由者，應對其餘被告（主觀選擇合併）或備位被告（主觀預備合併）為審理裁判。但如前所述，本件發回前二審臺高院 103 重勞上 22 民事判決漏未對乙被告部分為裁判，最高法院已指出其違誤並指明要發回後二審法院「宜併注意之」。這時，發回後二審法院應如何處理？如果是主觀選擇合併，似尚無前例可循，但假如是主觀預備合併，則有前例可循。這前例就是臺灣高等法

院暨所屬法院民國 94 年 11 月 25 日 94 年法律座談會民事類提案第 36 號決議，該則決議指出：「備位之訴之審理、判決，係以先位之訴無理由為其停止條件。發回前第二審法院未就備位之訴部分為審理、判決，固有脫漏；然最高法院既未待第二審法院為補充判決後再一併審理，而就先位之訴部分逕予廢棄發回，即先位之訴回復至第一審為原告勝訴判決、被告提起第二審上訴之狀態，先位之訴是否無理由尚未確定下，第二審法院自無從依一般補充判決程序先行就備位之訴審理、判決。況因發回前第二審程序上之瑕疵，致原告提起之預備合併之訴須分由兩承辦庭審理，將使當事人權益受損，且恐致裁判歧異，尚非所宜。故該脫漏之備位之訴部分，應由受理發回案件之承辦庭併入先位之訴部分審理、判決。」此一決議固係就「客觀」預備合併之訴二審漏未裁判之問題而發，解釋上對於「主觀」預備合併訴訟亦可適用。

（二）從而，臺高院 107 重勞上更一 2 民事判決即以上揭決議之論點出發，判決認為：「查本件被上訴人對欣祥公司之備位請求，既於第一審因對陳○○之先位請求部分勝訴而未受裁判，則於陳○○合法上訴時，即生移審之效力，且此不因欣祥公司誤為上訴後又撤回其上訴之行為而受到影響。又發回前本院 103 年度重勞上字第 22 號判決於認定被上訴人對陳○○之先位之訴為無理由，雖未就其對欣祥公司備位請求部分為審理、裁判，然最高法院既已就先位之訴部分逕予廢棄發回，即先位之訴回復至第一審為原告勝訴判決、被告提起第二審上訴之狀態，即應由發回後本院，於就先位之訴認無理由時，再就備位之訴方式為審理、判決。」但最終的判決結果則是：「被上訴人請求陳○○給付薪資 341 萬 1,560 元及自 98 年 9 月 16 日起至清償日止按年息 5% 計算之利息，核屬有據，應予准許；逾此範圍之請求，則無理由，應予駁回。又本院已認被上訴人先位請求陳○○給付薪資部分為有理由，自無庸再就備位之訴即對欣祥公司為請求部分加以審酌，附此敘明。」

（三）換言之，更一審雖然認為先位被告即甲被告上訴第二審，備位被告即乙被告部分之訴亦生一併移審之效力並受二審裁判，但既已判決原告對先位

被告即甲被告之訴有理由，就無庸再對備位被告即乙被告部分之訴再加以裁判，亦即事實上有無移審都對判決結果無影響。案經甲被告（之繼承人）再提起第三審上訴，最高法院以 109 台上 3178 民事裁定駁回其第三審上訴，全案終告勞工對甲雇主部分之訴勝訴確定，乙被告確定脫離訴訟繫屬❷。

八、法院允宜尊重當事人之程序選擇權

㈠至於臺高院 107 重勞上更一 2 民事判決將原告所為之主觀選擇合併，依「法院不受當事人法律見解所拘束」為理由，而逕解為「主觀預備合併」之妥適性，則值得商榷。從判決書以觀，原告的聲明係記載「陳○○即陳○○會計師事務所『或』欣祥股份有限公司應給付」，顯然是主觀選擇合併的記載方式。但其陳述理由又有提到「僱傭關係存在陳○○與被上訴人之間，欣祥公司則是備位請求」等語，則又似乎主張是預備合併的關係，因此法院判決認為「不受被上訴人法律見解之拘束」，而以主觀預備合併之方法來審判。

㈡但究竟當事人之真意係提起「主觀的選擇合併」抑或「主觀的預備合併」訴訟，涉及到當事人行使程序選擇權的事項，應非法律見解採擇的問題，法院不宜逕依職權改以預備合併方式審判。如果原告之聲明內容與其理由陳述之間，有不明瞭或不完足的情形（即聲明以選擇合併方式呈現、但陳述主張卻又是預備合併之意思），法院理應依民事訴訟法第 199 條第 2 項規定闡明原告之真意，令其敘明或補充。如原告之真意係欲提起主觀預備合併之訴，則應闡明令其修正訴之聲明（原告有委任律師為訴訟代理人，修改訴之聲明為主觀預備合併方式對其不是問題），而非逕以預備合併方式來審判。

---

❷ 乙被告脫離訴訟繫屬等同完全未受裁判，自不為本案確定判決既判力所及，因此衍生的勞工未來可否再對乙被告另行起訴，假如真的另行起訴了，法院將來判決應否受本案確定判決認定之拘束等，均屬比較學理之討論，於茲不贅。

伍、結　語

　　勞動訴訟實務上，因考量複數雇主間可能相互推託委責，從而勞工以主觀合併（被告側）方式提起訴訟者，並非少見，但多半以「主觀預備合併」方式提起者為主。畢竟勞工心目中還是認定有一個主要的應負責者，只不過擔心自己的認定與法院的認定未必一致，因此才再加一個備位被告以求周全，主觀的選擇合併實務上較為罕見。相對於此，客體合併部分，卻比較多客觀的選擇合併，其數量遠多於客觀預備合併。觀察相關判決記載多半是勞工考量請求權競合，盡可能把相關的請求權都列為訴訟標的，但只求一個勝訴結果即達起訴目的，此時即多以客觀選擇合併方式起訴。

09 再論中間收入之扣除

—臺灣高等法院臺南分院 106 年度重勞上字第 3 號民事判決評釋

壹、前 言

違法解僱訴訟中有關中間收入之扣除,是勞雇雙方極為重要的攻防,作者於多年前曾發表一篇專文:「民法第 487 條但書工資扣除規定實務問題研究」(全國律師月刊,2012 年 3 月號,下稱:前文),也收錄於明理法律事務所官網「勞動法論文選輯」項內。

時隔近十年,作者發現有許多司法判決對扣除的法律性質仍有所誤認,實際運用扣除規定時也產生若干與訴訟法法理不相容的結論。茲不揣鄙陋再以臺南高分院 106 重勞上 3 民事判決為例,提出一些相關爭點的討論。

貳、案例事實

勞工主張被違法解僱提起給付工資訴訟(下稱:前案),前案確定判決臺南高分院 101 重勞上 6 民事判決係於 102 年 7 月 23 日言詞辯論終結,勞工勝訴確定。其後雇主再行解僱,並對勞工提起「確認僱傭關係不存在訴訟」(下稱:後案),雇主於後案中一併主張在前案工資給付時期內,有勞工「102 年 1 月 1 日起至 103 年 3 月 16 日止」之中間收入未予扣除,乃於後案訴請返還不當得利。

參、臺南高分院 106 重勞上 3 民事判決要旨

一、蔡○○等 9 人自 102 年 1 月 1 日起至 103 年 3 月 16 日止,既已自璟豐公司處取得薪資,又因璟豐公司受領勞務遲延而轉向如附表所示之其他公

司服勞務而取得如附表二（五）所載之轉向所得，則依民法第 487 條之規定及其立法意旨，應認其等自璟豐公司處受領轉向所得範圍內之法律上原因，分別於璟豐公司在 103 年 2 月 10 日及同年 7 月 3 日給付薪資時，因蔡〇〇等人有轉向所得薪資之重複得利而不存在，並使璟豐公司受有損害，則璟豐公司依據民法第 487 條及第 179 條之規定，請求蔡〇〇等 9 人應各返還其如附表二（五）所示之金額，及自璟豐公司請求如附表二（六）所示給付翌日起至清償日止之法定遲延利息，應屬有據。

二、民事訴訟法第 400 條第 1 項規定確定判決之既判力，惟於判決主文所判斷之訴訟標的，始可發生。若訴訟標的以外之事項，縱令與為訴訟標的之法律關係有影響，因而於判決理由中對之有所判斷，除同條第 2 項所定情形外，尚不能因該判決已經確定而認此項判斷有既判力。查本件觀諸前確定判決內容，可知前訴訟係蔡〇〇等人請求璟豐公司給付薪資之訴訟，璟豐公司雖就蔡〇〇等人自 98 年至 101 年之轉向所得於前訴訟中扣除，但除該部分因有抵銷之請求，依民事訴訟法第 400 條第 2 項之規定，就璟豐公司主張蔡〇〇等人自 98 年起至 101 年止之轉向所得為限，有既判力外，璟豐公司並未於該訴訟中就蔡〇〇等人自 102 年 1 月 1 日起至 103 年 3 月 16 日止之轉向所得主張抵銷，更遑論前確定判決亦從未就此為判斷，則依前揭法條，可知璟豐公司於本件中所請求其等返還 102 年至 103 年 3 月 16 日之轉向所得部分，自非前訴訟判決效力所及，其等所辯璟豐公司返還轉向所得之請求應為前訴訟效力所及，璟豐公司不得於本件再行請求等語，並不可採。

三、任〇〇已於原審提出璟豐公司於前案訴訟中溢扣其 100 年度轉向所得 155,001 元及 101 年度轉向所得 78,217 元合計溢扣轉向所得 233,218 元，並主張以此溢扣轉向所得之不當得利債權，於璟豐公司請求任〇〇返還轉向所得有理由時，為抵銷之意思表示；而璟豐公司就任〇〇主張溢扣轉向所得事實，於言詞辯論時未為爭執，依民事訴訟法第 280 條第 1 項規定視為自認，是任〇〇就其與璟豐公司確係互負金錢債務且給付種類相同，並均屆清償期，

本即得互為抵銷，則本件既認任○○應返還轉向所得，其數額亦應扣除其得主張抵銷之金額（即前案溢扣之轉向所得 233,218 元），經抵銷後，璟豐公司得請求任○○給付之轉向所得金額應為 309,899 元 （計算式 ： 543,117 － 233,218 ＝ 309,899 元），原審漏未審酌，容有未當。任○○此部分抵銷抗辯，為有理由，應予准許❶。

肆、本文評釋

一、兩項爭點

本判決可提出來討論的爭點有二：其一，勞工前案訴訟期間的中間收入，雇主未及主張扣除，事後可否再以不當得利為由另訴訴請返還？其二，勞工前案訴訟期間的中間收入被法院溢扣了，勞工可否再於後案主張抵銷？以下茲分述之。

二、中間收入前案未扣後案以不當得利訴請返還之合法性

㈠中間收入扣除之法律定性

討論此一問題，首先還是要再說明中間收入扣除的法律定性。按民法第 487 條但書的「扣除」，學說、實務通說多認為是第 216 條之 1 損益相抵規定之具體化，與民法第 267 條但書規定同其趣旨。最高法院 106 台上 812 民事判決即明白指出：「僱用人受領勞務遲延者，受僱人無補服勞務之義務，仍得

---

❶ 最高法院 108 台上 1922 民事裁定雖是以形式上之上訴不合法為由裁定駁回兩造上訴，但卻又以「附此說明」之方式正面表達其支持二審上述「三」判准前案溢扣工資部分於後案得再行抵銷之立場：「又任○○於第一審已提出陳報狀，就前案訴訟遭溢扣轉向所得 23 萬 3,218 元為抵銷抗辯，原審准其抵銷，並無突襲性裁判或違背闡明義務可言，均附此說明。」

請求報酬。但受僱人因不服勞務所減省之費用，或轉向他處服勞務所取得，或故意怠於取得之利益，僱用人得由報酬額內扣除之，為民法第四百八十七條所明定。該條但書規定，係民法第二百十六條之一損益相抵規定之具體化，與民法第二百六十七條但書規定，同其趣旨。」民法第 267 條規定：「當事人之一方因可歸責於他方之事由，致不能給付者，得請求對待給付。但其因免給付義務所得之利益或應得之利益，均應由其所得請求之對待給付中扣除之。」

㈡損益相抵說之檢討

損益相抵說雖係目前通說，但如仔細檢討，即可發現工資扣除與損益相抵間實質上並非雷同或類似之概念。

1.首先，損益相抵係規範損害賠償請求權範圍之減縮，非如民法第 487 條但書之工資扣除係規範對待給付請求權範圍之減縮，兩者規範範圍並不相同。

2.其次，依民法第 216 條之 1 損益相抵之規定，必也受損與受益間係基於同一原因事實者始足當之。而就同一原因事實之解釋，有學者參考德國通說提出所謂「內在關聯性」之標準❷，即某一利益透過責任成立的原因事實且不須經由第三人或債權人本身之任何行為或另一事件直接所引起者。因此，如係債權人透過自身努力而取得之利益，且該利益並非債權人損害防免義務之範圍，此即不得相抵之利益。學者亦說明，如利益係出於第三者之給付者，則除「內在關聯性」之判斷外，亦須斟酌第三人給付之目的，若第三人給付之目的係為免除債務人之責任者，則仍有成立「損益相抵」之可能。不過，一般而言第三人給付之目的很少是為了要免除債務人之責任，故此時成立「損益相抵」之可能性可說微乎其微。

❷ 王千維，民事損害賠償責任法上因果關係之結構分析以及損害賠償之基本原則，政大法學評論，第 60 期，頁 201–230，1998 年 12 月（頁 227–228 部分特別參照）。

3.依上開學者提出的內在關聯性標準檢視之，勞工另服勞務所取得的中間收入，乃係透過己身提供勞務而換取者，倘若只有原雇主受領勞務遲延未給付報酬之情事，但並未同時存在有勞工轉向他處另服勞務的事實，也不會有勞工取得中間收入之結果，故應認不具有內在關聯性。易言之，勞工取得中間收入之利益係植基於另一個勞動契約的履行，另一個雇主（第三人）之給付，而另一個雇主（第三人）給付之原因與目的，乃係對勞工提供勞務因而所給付之對價，並非是為了免除原雇主之工資給付義務，依內在關聯性標準檢視，並非同一原因事實，自非屬損益相抵甚明。

4.綜上說明，不論從規範範圍或構成要件檢討，皆可發現民法第487條但書工資扣除之性質與損益相抵並不相吻合，學說實務多數見解逕認此工資扣除抗辯之性質為損益相抵之具體化，實有未妥❸。

(三)不當得利說之檢討

另有少部分實務見解認為中間收入屬勞工的不當得利，因此雇主即得對之行使「不當得利返還請求權」。

1.然查，民法第487條但書之扣除規定純為了避免勞工獲得雙重給付❹，但並非謂勞工因此即對雇主負有需給付（或需償還）在他處服勞務所獲得報酬之義務。而勞工在他處獲得之報酬即是本於另一個合法有效之勞動契約且服勞務後始獲得者，乃辛勤工作獲得之代價更非不當得利。

2.再者，勞工受有利益（獲有中間收入）是因另就他職、且新雇主給付薪資之故，並非原雇主「給付」該中間收入，故若欲討論勞工獲取之中間收

❸ 林信和先生亦指出：「中間收入的扣除非關（民法）第216條之1所定損害賠償之債之損益相抵原則，更非其具體化條文！」林信和，論僱用人受領勞務遲延及其報酬額扣除權，月旦法學教室，第202期，頁16，2019年8月。

❹ 學說上亦認為此係基於勞工的忠誠義務，在雇主受領遲延中，應盡可能降低雇主損害的法理。洪瑩容，權利失效——最高法院102年度台上字第1766號判決，載：個別勞動法精選判決評釋，頁252，2018年7月。

入是否構成不當得利，應從所謂的「非給付型不當得利」要件予以觀察。

3.承前述，勞工受有利益（獲有中間收入）是因另就他職、且新雇主給付薪資之故，依非統一說，應依「權益歸屬理論」判定有無構成不當得利。最高法院 106 台上 823 民事判決要旨指出：「民法第 179 條前段規定，無法律上之原因而受利益，致他人受損害者，應返還其利益。其判斷是否該當上揭不當得利之成立要件時，應以『權益歸屬說』為標準，亦即倘欠缺法律上原因而違反權益歸屬對象取得其利益者，即應對該對象成立不當得利。」可資參照。

4.依「權益歸屬理論」來檢視勞工取得中間收入是否構成不當得利。民法第 487 條規定，勞工於雇主受領勞務遲延中，無須補服勞務仍得請求報酬，是本於勞動力無法儲存之特性而為此規範❺。亦即立法者業已衡量當事人間權益後，在價值判斷上作出選擇，將此「受領勞務遲延期間內無須付出勞務但仍得請求報酬」之權益歸屬於勞工。

5.以故，「受領勞務遲延期間內無須付出勞務但仍得請求報酬」之權益，法律上乃歸屬於勞工，並非歸屬於雇主，則雇主自未受有法律上應歸屬於其之「未受領勞務卻仍應給付報酬」利益之損害。既然在法律權益歸屬上雇主根本即未受有損害，即完全不該當不當得利須「他人受損害」之要件，中間收入絕非不當得利應再無疑義❻。

㈣對待給付請求權之減縮才是正解

1.學者孫森焱先生則明文指出此項扣除之本質純僅是「對待給付請求權

---

❺ 勞動力迥異於一般商品的兩大特性除上述「勞動力無法儲存」特性外，另一特性即「勞動力無法回收」，本此特性，學說上有所謂「事實勞動契約」之理論。

❻ 有關評釋「三、四」這兩段的論點，作者有部分參考 2013 年在臺大法律學院開課講授「勞動訴訟實務」課程時，選課學生劉奐忱同學書面期末報告之見解，謹附此敘明並致謝。

之減縮」，立法方式與日本民法第 536 條第 2 項規定不同❼。按日本民法第 536 條第 2 項規定：「因可歸責債權人之事由致履行不能者，債務人不喪失受領對待給付之權利；但因免自己之債務而取得利益者，應償還於債權人。」依日本民法第 536 條第 2 項但書規定解釋，債權人（雇主）對債務人（勞工）即有「利益償還請求權」，與對待給付請求權（即本案工資債權）間即發生抵銷問題，但通說認兩者間並不發生同時履行抗辯之問題❽。

2.我國之立法方式與日本民法規定不同已如上述，則在我國民法規定形式下，債權人（雇主）對債務人（勞工）就不會有所謂的「中間收入返還請求權」，更不致與對待給付請求權（即本案工資債權）間發生抵銷或同時履行抗辯問題。

3.綜上說明，本文淺見以為工資扣除並非損益相抵之具體化規定，更非勞工之不當得利。工資扣除之本質應如上所引述孫森焱先生所稱，是對待給付請求權之「減縮」。而雇主扣除權利之性質應是一種「異議」，即一種「抗辯權」，既非請求權也非形成權。

㈤雇主之扣除權非請求權

就扣除並非「請求權」部分言，因扣除只產生就該扣除部分之「拒絕給付權」，債權人（雇主）對於債務人（勞工）因免給付（勞務）所已取得（即中間收入）或應取得之利益（即所謂故意怠於取得之利益），並未取得獨立之返還或給付請求權（這是與日本民法立法例最大的不同處）。「扣除」的抗辯是一種可產生讓雇主永久拒絕給付的抗辯權，在雇主合法行使扣除的範圍內，雇主可以永久的拒絕給付，此與時效消滅所產生的抗辯權極為類似。工資扣除抗辯必須也僅能在勞工行使工資請求權的程序中（訴訟中或訴訟外皆可）提出據以對抗，如果勞工尚未行使工資請求權，雇主之扣除抗辯無從先主動

❼ 孫森焱，民法債編總論（下），頁 834（註 41），2020 年 4 月修訂版。
❽ 同前註。

行使（無對抗標的），亦即此一抗辯權並非可獨立行使之權利，而是附著於請求權的一種對抗權。

㈥雇主之扣除權亦非形成權

1.雇主對於中間收入之扣除權也非形成權。按形成權是形成權人單方以意思表示送達到相對人後即可變動、消滅法律關係的一種權利。但抗辯權則必須也僅能在他方行使請求權的程序中提出據以對抗，抗辯權之行使只產生自己的拒絕給付權，但並未使他方的請求權（債權）歸於消滅。形成權人當然可以獨立行使其形成權，但抗辯權則並非可獨立行使之權利，必須附著於請求權而提出據以與之對抗，此為與形成權不同處❾。

2.再其次，扣除此一「抗辯」無需如形成權之行使般，要以扣除之意思表示到達勞工為生效要件，以書狀向法院陳明（非向勞工表示），亦屬行使的方式。然雇主行使此一扣除抗辯仍必須使勞工知悉其是行使扣除的意思，否則雇主僅是單純地拒絕部分（工資的）給付，勞工未必知悉雇主拒絕部分給付是行使扣除權的意思❿。

㈦雇主就中間收入之扣除並無對勞工之獨立請求權

1.據上所述，勞工轉向他處服勞務所取得之利益（中間收入），並非不當得利，雇主只能主張於對待給付（本案工資債權）中扣除，而非得獨立對勞工有請求返還或給付之權利。即在類似的損益相抵或過失相抵制度中，學者早即指出：「加害人（賠償債務人）並非取得一種『利益相抵』請求權」、「民

❾ 林信和先生則認為工資扣除屬「形成權」與本文見解不同。林信和，論僱用人受領勞務遲延及其報酬額扣除權，月旦法學教室，第 202 期，頁 16，2019 年 8 月。

❿ 史尚寬先生指出：「債務人行使拒絕給付之抗辯權，非單純的拒絕給付所能濟事，必其主張足以明其為如何之抗辯權而後可。」可資參照。史尚寬，民法總論，頁 633，1975 年 10 月臺北二版。

法第 217 條不是一個請求權基礎，而是一種抗辯❶。」均認在損益相抵與過失相抵制度中，債務人就「抵扣」的部分僅能透過抗辯而減縮損害額之計算，但並無對債權人因之有獨立的請求權❷。

2.回到本文主題的臺南高分院 106 重勞上 3 民事判決，雇主對勞工提起的後訴主張在前案工資給付時期內，有勞工「102 年 1 月 1 日起至 103 年 3 月 16 日止」之中間收入未予扣除，乃對之訴請返還不當得利。依上說明，雇主對勞工的中間收入僅有拒絕給付權而無獨立得請求返還或給付之權利，這部分臺南高分院 106 重勞上 3 民事判決認為中間收入未扣除，造成雇主前案「多」給付給勞工，勞工重複獲利，因此雇主受有損害，本於不當得利法則判准雇主之請求，實有違誤。

(八)基準時後之中間收入仍得主張扣除

1.惟本案勞工之中間收入期間橫跨前案最後事實審言詞辯論終結日前後，蓋雇主主張扣除中間收入的期間是「102 年 1 月 1 日起至 103 年 3 月 16 日止」，而前案最後事實審言詞辯論終結日是在 102 年 7 月 23 日（下稱：基準時），102 年 1 月 1 日起至 102 年 7 月 23 日止這一段期間（即基準時以前）的中間收入，雇主始有機會在訴訟中主張扣除❸，適用上揭原則否准雇主扣除之主張並無不公平問題。但 102 年 7 月 24 日起到 103 年 3 月 16 日止這一段期間（基準時之後）的中間收入，雇主無從在前案主張扣除，假如不允許

---

❶ 王澤鑑，損害賠償，頁 340、347，2017 年 2 月。

❷ 但我國司法實務上咸認為過失相抵與損益相抵均為法院應依職權適用之事項，無需當事人主張援用，法院即須依職權扣抵，可參最高法院 54 台上 2433、85 台上 1756 民事判例、107 台上 773 民事判決等（過失相抵），臺高院 97 勞再易 10 民事判決（損益相抵）。但工資扣除則屬當事人須主張抗辯事項，法院不能依職權逕行扣除，此為工資扣除與過失相抵、損益相抵的不同處。

❸ 至於基準時之後的中間收入能否於訴訟中主張「預先」扣除，請參拙著，勞動訴訟實務，頁 178–180，2020 年 9 月。

雇主事後扣除，非僅對雇主不公平亦有鼓勵勞工雙重獲利之嫌。

2.但雇主事後扣除的方法並非以在後案主張不當得利的方式請求返還，蓋前已詳為說明勞工的中間收入乃是本於另一個合法有效勞動契約之履行，更是辛苦服勞務後獲得之對價，並非不當得利。且雇主對勞工之「中間收入」只有拒絕給付之抗辯權而無獨立之請求權（與日本立法例不同），是以基準時之後的中間收入不能以請求返還不當得利之方式扣除。然則，應如何扣除？淺見以為雇主應得以該扣除的「異議」事由發生在事實審言詞辯論終結日之後，而依強制執行法第14條規定提起債務人異議之訴。但當然必須勞工有聲請強制執行，雇主才可能有此一提起異議之訴之機會，假如雇主任意清償，只能雙方協議自行扣除。協議不成勞工堅持不肯由雇主扣除者，雇主只能考慮暫先不給付，由勞工聲請強制執行，待進入執行程序後再依上述提起債務人異議之訴之程序解決。

(九)是否為前案判決效力所及程序法問題爭議

1.以上所述是「實體法」的請求權基礎部分，作者向來認為雇主對勞工的中間收入僅有拒絕給付的抗辯權，而沒有獨立請求給付或返還的請求權，已詳如前述。另就程序法部分言。本則判決提及勞工另主張稱「環豐公司所主張返還轉向所得部分，應為前確定判決效力所及，因環豐公司於前訴訟中未主張，即不得再於本件請求扣除等語。」法院的見解則為：「前訴訟係蔡○○等人請求環豐公司給付薪資之訴訟……環豐公司並未於該訴訟中就蔡○○等人自102年1月1日起至103年3月16日止之轉向所得主張抵銷，更遑論前確定判決亦從未就此為判斷，則依前揭法條，可知環豐公司於本件中所請求其等返還102年至103年3月16日之轉向所得部分，自非前訴訟判決效力所及。」等語。

2.按前訴係勞工請求給付工資之訴，雇主的「扣除主張」並非訴訟標的，而僅是附著於該工資請求權的拒絕給付抗辯，確如本件判決所認定並不受前

案判決既判力所及。且雇主後訴之主張並非在以基準時前已存在的事證，再從事攻防來企圖推翻前案判決就「既判事項」（工資給付）的判斷與認定，應亦無判決既判力遮斷效之適用。雇主後訴並沒有要推翻前訴關於工資給付（既判事項）的判斷，而是要以當時並未主張的扣除抗辯作為一個新的請求權基礎在後訴來請求勞工給付，因此本文淺見以為此應無涉前案判決既判力問題，而是後訴請求權是否存在、有無理由的實體問題。

3.工資扣除的抗辯既非請求權亦非形成權，僅是附著於請求權下的一個永久拒絕給付抗辯權，必須也僅能在工資請求程序中行使該抗辯來拒絕自己之給付，但雇主就該「扣除」部分，與損益相抵及過失相抵的「扣抵」部分相同，債務人都無獨立的對債權人請求給付之權利，自無實體法上之請求權得在訴訟上主張所謂不當得利之返還。即使後訴仍為勞工請求另一段期間之工資者，前訴未扣除部分亦不得挪移至後訴再來主張扣除。本件臺南高分院106重勞上3民事判決認為前案未扣除之工資主張，均仍得於後案再獨立請求勞工返還，其所持法律見解顯然有誤[14]。

三、中間收入在前案被溢扣可否在後案任意主張抵銷

(一)溢扣與抵銷

1.接著討論本判決的第二個爭點：勞工前案訴訟期間的中間收入被法院溢扣，勞工可否再於後案任意主張抵銷。所謂「溢扣」簡單講就是被誤判而少拿的意思。例如說勞工前案訴訟期間的工資總額為100萬元，前案訴訟期間的中間收入實際只有30萬元，經雇主抗辯扣除後，法院本應判決雇主給付勞工70萬元 (100－70＝30)。不料法院因一時不查被雇主的主張誤導了，誤

---

[14] 同一當事人間在本案確定後的第二案，就有關中間收入部分之爭執，臺南地院109重勞訴5民事判決仍認為雇主對勞工有不當得利返還請求權，且此一請求權時效為15年，比原來的工資請求權5年時效還長三倍。因立論大致相同，本文不另贅述。

以為中間收入高達 50 萬元，以致於僅判准工資 50 萬元 (100 − 50 = 50)，勞工白白被溢扣了 20 萬元 (70 − 50 = 20)「不存在」的中間收入，也等同少拿了 20 萬元應得的工資。前案經判決確定後，恰巧雇主又來提起後案要求勞工返還所謂的不當得利（詳如前述），勞工乃順勢主張預備的抗辯稱，若雇主請求有理由，勞工亦得以前案被溢扣的 20 萬元轉向所得之「不當得利債權」來主張抵銷。

2. 本件臺南高分院 106 重勞上 3 民事判決查證後，確認勞工確實在前案是被溢扣了 20 萬元中間收入（雇主對此金額不爭執），從而判准抵銷。最高法院 108 台上 1922 民事裁定並正面肯定此一判准抵銷之見解：「又任○○於第一審已提出陳報狀，就前案訴訟遭溢扣轉向所得 23 萬 3,218 元為抵銷抗辯，原審准其抵銷，並無突襲性裁判或違背闡明義務可言，均附此說明。」（有關金額部分，本文為利說明均化為簡單整數，與判決案的實際金額有所出入。）

3. 就結果來說上揭判決判准勞工抵銷抗辯，固然是保護了因被前案誤判而少拿到應得工資勞工之權益，但如就程序法法理言，則不無忽視確定判決既判力之違誤。蓋前案「溢扣」其實就是誤判，但既已確定就已經產生既判力，除非經再審判決予以廢棄確定，否則不容任何人（含審理後案之法院）就該既定事實為不同之主張與認定（當事人間願意自行協議自無不可，但本件雇主對此猶提起第三審上訴，可見並無協議），前案的既定事實就是前案訴訟期間勞工可請求的工資（經扣除後）為 50 萬元而非 70 萬元，所以也就沒有所謂的 20 萬元不當得利債權還可以在後案對雇主主張抵銷。

4. 這種情形就類如原告訴請被告給付 100 萬元借款，事實上被告先前業已陸續還了原告 50 萬元，本案訴訟理應只判准被告應給付原告 50 萬元爾 (100 − 50 = 50)，但因被告對還款單據保存不全臨訟只找到 20 萬元還款單據，有找到單據的 20 萬元部分法院認定確實已清償，另外 30 萬元部分因找不到還款單據，其業已清償的抗辯為法院不採。從而法院判准被告應給付原告 80

萬元 (100－20＝80)，案經確定後被告憤恨不平不願主動清償，最後原告以本案勝訴確定判決為執行名義，經由法院強制執行程序受償了 80 萬元，等同事實上被告就 30 萬元部分重複清償，被告受有損害、原告獲有利益，自不待言。嗣其後原告又對被告訴請給付 70 萬元貨款，這時被告終於找到前案當時沒找到的 30 萬元清償借款還款單據，乃於給付貨款的後案訴訟中據以提出主張抵銷 30 萬元。審理給付貨款後案的法院，經調查後確認被告前案確實是已清償 50 萬元，前案判決少算了 30 萬元以致誤判讓被告因法院強制執行程序多付了 30 萬元，然則，後案判決因此就可以容任被告任意主張抵銷嗎？

㈡依執行程序受償者在執行名義未被廢棄確定前不構成不當得利

1.然就判決既判力之意涵言，本於勝訴確定判決為執行名義，依強制執行程序受償之所得，在執行名義（前案勝訴確定判決）未被廢棄確定前不會構成不當得利。最高法院 22 上 3771 號民事判例：「債權人本於確定判決，於債務人為強制執行受金錢之支付者，該確定判決如未經其後之確定判決予以廢棄，縱令判決之內容不當，亦非無法律上之原因而受利益。」最高法院 69 台上 1142 號民事判例：「債權人本於確定判決對於債務人為強制執行而受金錢之支付者，該確定判決如未經其後之確定判決予以廢棄，縱令判決內容不當，在債務人對於原執行名義之確定判決提起再審之訴予以變更前，亦非無法律之原因而受利益，自無不當得利可言。」所以上述「誤判」強令被告重複清償 30 萬元借款的案例，被告根本無從於後案主張抵銷，因前案確定判決未被廢棄確定前，其根本無不當得利債權可言。

2.再舉一個對照的例子。假如前案判決誤判雇主「溢付」了工資，也就是勞工「多拿」了工資，前案判決確定後，勞工對雇主再提起他訴（後案），雇主可以在後案主張抵銷在前案因誤判而溢付的工資嗎？就此一問題剛好有一則高雄高分院 106 勞上易 60 民事判決可資參考：「確定判決所命給付，其先決法律關係雖經另案確定判決確認不存在，惟該給付確定判決之效力並不

當然消滅，倘未經再審之訴或第三人撤銷之訴之確定判決予以廢棄或變更，其既判力及執行力依然存在，債權人持之為執行名義對於債務人為強制執行所受領之給付，非無法律上原因，自無不當得利可言（參照最高法院106年度台上字第1505號裁判意旨）。經查：系爭前案確定判決未經三英公司提起再審之訴予以廢棄，縱系爭前案確定判決所認定李○○之薪資有誤，致三英公司依系爭前案確定判決溢付李○○薪資，李○○基於系爭前案確定判決所受領之薪資仍有法律上之原因，自不成立不當得利。是以，三英公司上開主張抵銷各節，即不可採。」高雄高分院本則判決即正確的理解，即使前案誤判致令雇主「溢付」（勞工多拿），在前案判決被以再審判決廢棄確定前，雇主對勞工並無不當得利返還債權可言。相對的，前案誤判致令雇主「溢扣」（勞工少拿），勞工也沒有對雇主的不當得利返還債權可以在後案主張抵銷。

(三)法院判決就扣除額度的判斷不生既判力

1.比較有疑義的恐怕是對於「扣除」額度的判斷是否產生既判力問題，尤其在現今學者、實務通說多把工資扣除當作是損益相抵的具體化，則有關損益相抵的概念可能也會被移植適用到工資扣除的案例。就損益相抵來說，「利益」部分的判斷在損害賠償訴訟並不會產生既判力，最高法院105台上632判決指出：「按基於同一原因事實，一方使債權人受有損害，一方又使債權人受有利益者，應於所受之損害內，扣抵所受之利益，必其損益相抵之結果尚有損害，始應由債務人負賠償責任，以免被害人反因損害事故之原因事實而受有不當利益。觀諸民法第二百十六條之一規定即明。是損益相抵乃被害人內部就損害與利益折算以確定損害賠償範圍之方法，與債之抵銷尚屬有間。故於適用損益相抵時，法院就被害人所受利益縱有所判斷，僅屬認定損害賠償請求權範圍之理由或依據，該利益部分自無既判力之可言。」

2.就此，本文淺見以為工資扣除是對待給付請求權的減縮，一經法院判斷後，產生既判力的並不是工資的扣除額度，而是工資請求權之範圍。以上

文「三、㈠溢扣與抵銷」一節所舉事例來說，訴訟期間工資總額經法院判決認定的就是 50 萬元而不是 70 萬元，因此產生既判力的是「前案訴訟期間勞工工資總額為 50 萬元」，至於「中間收入 50 萬元」這部分並不在既判力範圍內。如此一來，損益相抵有關「利益」部分的認定沒有既判力一節，對本文的論述應不生影響。

㈣小　結

據上說明，再回到本判決的第二個爭點。雖然本件並非經由強制執行程序取償，但解釋上溢扣的誤判非經以再審判決救濟，勞工因此少獲得的工資仍無法在後案訴訟以對雇主的不當得利返還債權任意主張抵銷。換言之，前案判決誤判致令勞工少拿（溢扣）或雇主多付（溢付），非經以再審判決廢棄前案判決確定，少付的雇主或多拿的勞工都不構成不當得利也。臺南高分院 106 重勞上 3 民事判決及最高法院 108 台上 1922 民事裁定，對此均同有忽視前案確定判決既判力之違誤。

伍、結　語

違法解僱訴訟中，工資扣除攻防是很重要的法律爭點，作者也是長期關心此一議題。但實務發展迄今仍發現有不少裁判見解，仍然錯誤的適用不當得利法則去處理此一問題，誠感遺憾。又對於中間收入溢扣致短付工資，或中間收入少扣致溢付工資，事後可否再任意抵銷一節，本文淺見認為無論溢扣或溢付，既已判決確定產生既判力，在未經以再審判決廢棄確定前，獲利之一方當事人都不會構成不當得利，不能在後案任意主張抵銷，本案二、三審裁判見解，見未及此，不無可議。

10 同一解僱原因事實但不同解僱依據下的二次解僱

—— 臺灣高等法院臺中分院 105 年度重勞上字第 5 號民事判決評釋

壹、前　言

一、勞動訴訟的二次解僱，可分為訴訟繫屬中的二次解僱❶，及復職後的二次解僱。本文要討論的這一則臺中高分院 105 重勞上 5 民事判決勉強可歸類為是「復職後的二次解僱」，但嚴格言之，與真正的復職後二次解僱多因勞工復職後的一些磨合因素，或雇主經濟上原因等再次解僱者又有不同。哪裡不同呢？因為勞工還沒「真正」復職就又被二次解僱了。

二、本文關注的重點是程序法問題，即第二次解僱事由是否受前案確定判決既判力所遮斷？還是說雇主在法律上仍可將第一次解僱的原因事實改成不同的解僱事由，然後在前訴判決確定後再行使第二次解僱？至於第二次解僱在實體法上是否有理由，是否解僱成功，尚非本文關切重點。

貳、案例事實

勞工先因雇主所稱的「101 年、102 年事件」（終止原因事實），被雇主以勞動基準法第 12 條為由懲戒解僱（開除），勞工提起第一件確認僱傭關係存在訴訟（下稱：前訴），獲勝訴確定。雇主收到最高法院駁回其第三審上訴之裁定後，旋即於 105 年 2 月 25 日發函通知勞工應於「105 年 3 月 1 日復職❷」。但雇主於同一通知復職函內，再以所謂的「101 年、102 年事件」之

---

❶ 事實上作者遇過最多達四次訴訟中解僱之案例，請參臺高院 109 勞上 29 民事判決。

❷ 通知復職的時間只有短短四、五天，不無過短之嫌。請參拙著，勞動訴訟實務，頁 227–228，2020 年 9 月。

同一終止原因事實，改依勞動基準法第 11 條第 5 款規定以勞工不能勝任工作為由，預告於 105 年 3 月 31 日資遣原告（即 105 年 3 月 31 日資遣生效的意思，下稱第二次解僱）。勞工不服再度提起第二件確認僱傭關係存在訴訟（下稱：後訴）。

參、裁判要旨

一審：南投地院 105 重勞訴字 3 民事判決認為第二次解僱事由已被前案確定判決所遮斷，理由略為：

一、 本件被告曾於 102 年 10 月 24 日以清農觀字第 1020003951 號、第0000000000❸號令核定原告「違反勞動契約或工作規則，情節重大」，而於 102 年 11 月 1 日終止兩造僱傭契約（下稱第一次解僱），惟經臺中高分院 104 重勞上 2 民事判決認被告終止不生效力，兩造間僱傭關係仍然存在，案經被告提起上訴，亦經最高法院於 105 年 1 月 27 日以 105 台上 172 民事裁定駁回確定（下稱前案確定判決），被告則於前案確定判決後，於 105 年 2 月 25 日以清農人字第 10500005191 號函請原告於 105 年 3 月 1 日回場復職。

二、被告稱其係依「101 年事件」、「102 年事件」，而以 105 年 2 月 25 日清農人字第 10500005191 號函請原告於 105 年 3 月 1 日回場復職後，併於該函文中引用勞動基準法第 11 條第 1 項第 5 款規定，預告於 105 年 3 月 31 日解僱原告（下稱第二次解僱），觀諸被告所持解僱理由，均係於前案確定判決言詞辯論終結前已存在之事實，且兩造間之僱傭關係與前案確定判決為同一法律關係，應屬同一訴訟標的，故原告於同一訴訟標的下以前案確定判決之結果為基礎，於本件訴訟用作攻擊防禦方法，被告應受其既判力之拘束，不得以該確定判決言詞辯論終結前所提出或得提出而未提出之其他攻擊防禦方法為與該確定判決意旨相反之主張，法院亦不得為反於確定判決意旨之認定。前案確定判決已肯認兩造僱傭關係存在，被告未能提出於前案確定判決言詞

---

❸ 文號可能有誤，但仍照引判決原文。

辯論終結後有何新發生之解僱事由，故而，被告於既判力基準時點前得提出
而未提出之其他攻擊防禦方法，因該既判力之遮斷效（失權效或排除效）而
不得再為與前案確定判決意旨相反之主張，是以，被告以「101年事件」、
「102年事件」為由解僱原告，應有違反前案既判力遮斷效之情形，堪可認
定。

二審：臺中高分院 105 重勞上 5 民事判決改認為第二次解僱事由不受前案確定判決既判力所拘束，理由略為：

一、判決之既判力，係僅關於為確定判決之事實審言詞辯論終結時之狀
態而生，故在確定判決事實審言詞辯論終結後所後生之事實，並不受其既判
力之拘束（最高法院39年台上字第214號判例意旨參照）。查民事訴訟法第
400條第1項所定訴訟標的於確定之終局判決中經裁判者，除法律別有規定
外，當事人不得就該法律關係，更行起訴，或謂訴訟標的之法律關係，於確
定之終局判決中經裁判者，當事人之一造以該確定判決之結果為基礎，於新
訴訟用作攻擊防禦方法時，他造應受其既判力之拘束，不得以該確定判決言
詞辯論前所提出或得提出而未提出之其他攻擊防禦方法為與該確定判決意旨
相反之主張者，均係指訴訟標的之法律關係之既判力而言。

二、查前案確定判決係於104年6月9日言詞辯論，上訴人之第二次解
僱係發生於105年2月25日，乃前案確定判決事實審言詞辯論終結後所後生
之事實，並不受前案確定判決既判力之拘束。又上訴人於前案確定判決所援
引之終止事由為「違反勞動契約或工作規則，情節重大者」，於本案上訴人則
引勞動基準法第11條第5款「勞工對於所擔任之工作確不能勝任時」為由，
終止兩造之勞動契約，上訴人於前案確定判決與本案終止勞動契約之終止事
由，亦非相同，難認本案與前案確定判決為同一事件，從而，本案非受前案
確定判決既判力所拘束。

肆、本文評釋

一、先討論「重複起訴」問題

㈠本則判決並未提到後訴是否有違重複起訴禁止問題,事實上所有的「復職後二次解僱」案例也都不會有此一論述,原因很簡單,結論一定是不會構成同一事件的重複起訴障礙。否則勞工前訴勝訴確定後滿心歡喜回去復職,雇主就可以任意再加以二次解僱,勞工如再提起後訴請求確認僱傭關係存在,就構成重複起訴,後訴會被裁定駁回,勞工豈非救濟無門,雇主不就更毫無顧忌了?所以結論上來說絕無可能認定構成重複起訴的障礙。當然,勞工後訴不請求確認僱傭關係存在,而僅請求續付工資者,因工資請求期間不同,訴訟標的不同,並不會有同一事件重複起訴問題。但難道勞工只能請求續付工資,而不能再(同時)訴請確認僱傭關係存在?以下之討論都僅聚焦於「確認僱傭關係存否之訴」,暫先不考慮工資請求問題。

㈡是否受「重複起訴」禁止原則之拘束,必須區分訴訟繫屬中(民事訴訟法第253條)或判決確定後兩種態樣來觀察(至於民事訴訟法第263條第2項之情形在此暫先不論)。「重複起訴」禁止也稱一事不再理,是指「同一事件」原則上不應一訴再訴,不惟被告疲於奔命需到處隨時應訴,國家也耗費諸多人力、物力在處理同一件爭執。更重要的,前後訴如由不同法官判決,不無可能發生判決歧異情事,一有判決歧異不只斲喪司法威信,法官恐怕還落得個「恐龍」罵名,大家都沒好處,因此,應加以禁止。然則,何謂同一事件?應從訴的三要素:當事人、訴之聲明、訴訟標的三者來觀察。

1.當事人:原、被告都是相同的勞工跟雇主,當事人完全相同。

2.訴之聲明:前後兩訴都是訴請:「確認僱傭關係存在」,顯然訴之聲明也是相同。

3.訴訟標的:前後兩訴的確認標的都是兩造間的「僱傭關係」,訴訟標的

也是相同。

㈢於茲特別要說明的是，前後兩訴的訴訟標的都是「僱傭關係」，而且此一「僱傭關係」依勞工的主張，係從任職伊始後迄今都從未被消滅過的「同一個」僱傭關係，因為勞工主張雇主前後兩次的解僱都違法無效，都不生終止僱傭關係之效力。所以，如果是在前訴訴訟繫屬中，勞工再提起第二件「確認僱傭關係存在訴訟」（或雇主主動提起「確認僱傭關係不存在」訴訟），都違反民事訴訟法第 253 條規定，法院依民事訴訟法第 249 條第 1 項第 7 款規定，都將以裁定駁回後訴。

㈣然則，何以對復職後二次解僱再提起的第二件後訴，結論上一定不會違反重複起訴禁止原則？這必須從確認訴訟的既判力說起。按確認之訴所確認的法律關係是指「基準時」法律關係之存否，既非確認從解僱日起至基準時的僱傭關係，更非確認基準時之後的僱傭關係。換言之，僅「基準時」即最後事實審言詞辯論終結當時（僱傭）法律關係之存否始受既判力所及❹。而後訴判決所要確認的則是後訴基準時的法律關係，此為兩個不同時點的法律關係，後訴顯然不受前訴既判力所及。因前訴已判決確定，故此時屬於前述「判決確定後」第二種態樣而非「訴訟繫屬中」的第一種態樣，應依民事訴訟法第 249 條第 1 項第 7 款後段判斷「後訴之訴訟標的是否為前訴確定判決之效力所及」，並非依民事訴訟法第 253 條判斷前後訴之三個訴之要素是否相同。如以後者來判斷，顯然後訴與前訴無論當事人、訴之聲明、訴訟標的三者均相同，本件一審南投地院 105 重勞訴 3 民事判決即指出：「兩造間之僱傭關係與前案確定判決為同一法律關係，應屬同一訴訟標的。」但後訴仍得合法起訴，即因此時判斷重複起訴禁止，應依民事訴訟法第 249 條第 1 項第

---

❹ 許士宦，口述講義民事訴訟法（下），頁 477 指出：「既判力所確定者係在該基準時點訴訟標的之法律關係（原告對被告之權利）存在與否。這個基準時點以前，該權利存在與否不在既判力之對象範圍內，該時點以後，系爭權利存在與否亦不在既判力之對象範圍之列。」2021 年 1 月二版。

7 款後段而非依同法第 253 條規定之故也，本件後訴顯然不受前訴確定判決既判力所及，當然沒有違反一事不再理原則。

二、其次討論判決既判力遮斷效問題

㈠所謂既判力的遮斷效是指為了貫徹既判力「終局地強制解決紛爭」之制度目的，既判力除具有「確定當事人間於基準時點所存在之法律關係」之效果外，並可阻斷當事人於後訴提出在前訴基準時點以前所存在事由之可能性，亦即當事人於前訴既已被賦予就爭執之法律關係提出攻擊防禦方法之機會，從而其在基準時點所得提出之事由，若已提出，固得由法院審酌而成為判決基礎，若未提出，則亦產生失權之效果，不得於判決確定後再行主張，故遮斷效又稱為「失權效」或「排除效」。

㈡既判力遮斷效為我國司法實務通說所一致採認。最高法院 42 台上 1306 民事判例指出「訴訟標的之法律關係，於確定之終局判決中經裁判者，當事人之一造以該確定判決之結果為基礎，於新訴訟用作攻擊防禦方法時，他造應受其既判力之拘束，不得以該確定判決言詞辯論終結前，所提出或得提出而未提出之其他攻擊防禦方法為與該確定判決意旨相反之主張。」51 台上 665 民事判例更進一步認為「所謂既判力不僅關於其言詞辯論終結前所提出之攻擊防禦方法有之，即其當時得提出而未提出之攻擊防禦方法亦有之。」最高法院 104 台上 2116 民事判決更明白闡釋遮斷效之意義及範圍，其謂「按民事訴訟法第四百條第一項所稱既判力之客觀範圍，除及於後訴訟之訴訟標的與前訴訟之訴訟標的同一者，其為相反而矛盾，或前訴訟之訴訟標的係後訴訟請求之先決法律關係者，亦均及之；又不僅關於其言詞辯論終結前所提出之攻擊防禦方法有之，即其當時得提出而未提出之攻擊防禦方法亦有之。是為訴訟標的之法律關係，於確定之終局判決中經裁判者，當事人之一造以該確定判決之結果為基礎，於新訴訟用作攻擊防禦方法時，他造應受其既判力之拘束（既判力之『遮斷效』、『失權效』或『排除效』），不得以該確定判

決言詞辯論終結前所提出、或得提出而未提出之其他攻擊防禦方法，為與確定判決意旨相反之主張，法院亦不得為反於確定判決意旨之認定。訴訟標的之權利或法律關係具有得撤銷、解除或終止之事由者，與法律行為之無效，同屬附著於訴訟標的權利或法律關係本身之瑕疵，在事實審言詞辯論終結前，就撤銷、解除或終止權等形成權之行使如無法律上之障礙，則因判決之確定，該等瑕疵即被滌清，其後即不得主張其行使權利之效果，而對經確定之權利或法律關係加以爭執。」可資參照。

　　㈢既判力遮斷效就既判力的作用來說是一種消極的作用，即禁止反覆，不許當事人就基準時之前既已存在之事證，再於後訴從事攻防。比較有爭議的是，基準時之前既已存在的事證，如於基準時之後再據以之行使形成權，是否仍受既判力所遮斷？此即為本件最重要的爭點，一審認為仍被遮斷，二審則認為沒有。

　　㈣通說認為形成權（包括撤銷、解除、終止、抵銷等）如於基準時前可主張且有主張可能性者，仍被遮斷（抵銷除外❺）。學者有謂「形成權若係在基準時點之前可行使，而且亦應行使，可被期待行使而未予行使，則可使其發生遮斷效❻。」實務見解則以有無行使之法律障礙來作為可否被遮斷之標準，前述最高法院 104 台上 2116 民事判決指出：「訴訟標的之權利或法律關係具有得撤銷、解除或終止之事由者，與法律行為之無效，同屬附著於訴訟標的權利或法律關係本身之瑕疵，在事實審言詞辯論終結前，就撤銷、解除或終止權等形成權之行使如無法律上之障礙，則因判決之確定，該等瑕疵即被滌清，其後即不得主張其行使權利之效果，而對經確定之權利或法律關係加以爭執。」即係以「行使有無法律上之障礙」作為是否遮斷之標準。所謂行使有法律上之障礙，在勞動訴訟上來說例如勞動基準法第 13 條本文的解僱禁制期間，勞資爭議處理法第 8 條前段的爭議期間禁止解僱等皆為顯例。

❺ 最高法院 29 渝上 1123 民事判例意旨參照。

❻ 許士宦，口述講義民事訴訟法（下），頁 482–483，2021 年 1 月二版。

㈤所以如果雇主的解僱權（形成權）並無如上所述行使的法律上障礙，或學說上所述的無法受到程序保障，不敢主張或實際上無法主張等情事，否則均應被遮斷❼。

㈥本件二審判決認為雇主是在前訴判決確定之後「再行使」終止權，且終止事由（依據）不同（一為開除、二為資遣），即認「難認本案與前案確定判決為同一事件，從而，本案非受前案確定判決既判力所拘束。」顯然完全無視判決既判力遮斷效之適用。前引最高法院 104 台上 2116 民事判決指出：「查兩造間業經前案確定判決確認就系爭土地有系爭耕地租約存在，則以該案訴訟標的權利或法律關係即『系爭耕地租約存在』為前提，在該案事實審言詞辯論終結前所得提出之攻擊防禦方法，均為前案確定判決既判力所遮斷，而不以與上訴人所抗辯使用借貸法律關係有關者為限。本件上訴人主張被上訴人自九十六年間起至九十九年十二月二十三日止不自任耕作、放棄耕作權或非因不可抗力繼續一年不為耕作云云，乃前案事實審言詞辯論終結（一〇一年九月五日）前已存在之事實，依減租條例第十六條、第十七條規定，為附著於該案訴訟標的法律關係即系爭耕地租約之瑕疵。雖上訴人於前案抗辯兩造間就系爭土地僅成立使用借貸關係云云，但其並非不得預備提出租約無效或終止租約之抗辯，……，則上訴人就上開無效或終止事由所得主張或行使權利之法律效果，即因前案確定判決既判力所遮斷。嗣上訴人提起本件訴訟，雖係本於所有物返還請求權，請求被上訴人返還系爭土地，而與前案確定判決之訴訟標的不同，惟就該確定判決所確認兩造於一〇一年九月五日前就系爭土地有耕地租賃關係存在乙事，兩造均不得為不同之主張，法院亦不得為相反之認定。上訴人就已為前案確定判決既判力所遮斷之前述租約無效、終止事由，及其行使權利之法律效果，於本件訴訟即不得再為主張，不因其於前案確定判決後，始為終止租約意思表示而有不同。」

㈦最高法院上引判決的案例可供本件之參考，因為地主就是在前案判決

---

❼ 同前註，頁 486。

確定後「再」行使租約終止權，本件則是前案判決確定後雇主「再」行使第二次解僱權，如以最高法院判決的法律見解來論，只要終止的原因事實相同，雇主其後再行使的第二次解僱權顯仍應被前案確定判決既判力所遮斷。遮斷的效果就是不許當事人以基準時（及之前）已存在的事證，在後訴訟再事攻防而意圖推翻對既判事項的認定，法院亦不許再為相異之判斷。

伍、結　語

按確定判決既判力有消極面、積極面兩方面的效力，就消極面來說即「禁止反覆」，禁止紛爭再燃，同一件事情一吵再吵，吵個沒完沒了。積極面來說即禁止矛盾，在後訴，無論當事人或法院都必須以前案確定判決之認定為基礎，不得再為相異之主張及判斷。本件所涉應屬消極面的效力，即禁止雇主就同一解僱原因事實，不斷地主張援引不同的解僱「依據」（法律條文），然後一再地行使解僱權。雇主所為顯然是要以基準時（及之前）已存在的事證，在後訴訟再事攻防而意圖推翻對既判事項的認定。本件一審判決依此原則不經實體審理直接認定雇主的第二次解僱違法無效，其法律見解方為正確。如依二審判決見解，勞工勝訴確定也勝得不安穩，仍須隨時擔心有可能會被後訴法官相異之認定而被推翻，紛爭隨時再起、判決確定也無用，既判力無存矣。

11 定暫時狀態處分裁定之送達與執行

——最高法院 110 年度台上字第 342 號民事判決評釋

壹、前　言

定暫時狀態處分在勞動事件法施行後，重要性日增。但也因有部分程序和以往稍有不同，因此產生的裁定送達等問題，值得進一步研究。又暫定勞雇關係繼續存在的假處分❶，得否執行等老問題，在勞動事件法施行後也可能有新解釋，本文即以最高法院 110 台上 342 民事判決所闡釋之法律見解，就上述裁定送達、執行等問題，略抒個人淺見，以就正於方家。

貳、案例事實

本件上訴人柯○○主張，其本於債權讓與法律關係，輾轉取得訴外人中國信託對被上訴人公司之借款債權，因此提起本件清償借款訴訟。被上訴人公司則抗辯：伊公司法定代理人李 AA 於 103 年 12 月 5 日以臺中地院民事庭 103 年度全字第 111 號裁定，禁止李○○行使被上訴人公司董事長職權，詎李○○仍於同年月 27 日以被上訴人公司法定代理人身分，向中國信託申辦系爭借款，該借款行為屬無權代理，並經被上訴人拒絕承認，系爭借款對被上訴人不生效力，因此主張上訴人據以起訴之系爭債權對其不生效力，被上訴人公司拒絕給付。

---

❶ 作者向來認為定暫時狀態處分屬假處分的一種下位類型，並非獨立於假扣押、假處分之外的第三種保全處分類型，本文所稱「假處分」除非特別表明，否則均屬民事訴訟法第 538 條的定暫時狀態「假」處分，而非同法第 532 條的保全將來執行的假處分。請參拙著，勞動訴訟實務，頁 72-73，2020 年 9 月。

　　二審臺中高分院 108 上 381 判決則認定：「臺中地院民事庭 103 年度全字第 111 號裁定正本於 103 年 12 月 17 日送達李○○代理人黃○○律師及羅○○律師，即發生禁止李○○行使被上訴人董事長職權之效力；而李 AA 接獲上開裁定後，隨即供擔保聲請強制執行，並經臺中地院於同年月 22 日核發執行命令，諭知李○○應依第 111 號裁定之內容履行，李○○仍於同年月 27 日以被上訴人法定代理人身分，向中國信託申貸系爭借款，系爭借款就被上訴人而言，係李○○無權代理之行為，經被上訴人拒絕承認，系爭借款對被上訴人不生效力。」判決被上訴人勝訴無庸償還借款，上訴人不服提起第三審上訴。

參、最高法院 110 台上 342 判決意旨

　　一、按暫時狀態處分裁定，係命令或禁止債務人為一定行為者，執行法院應依強制執行法第 138 條之規定，將該裁定送達於債務人，並於債務人收到該裁定時，即對債務人發生禁止為一定行為之拘束力。惟民事法院所為准債權人供擔保後停止債務人執行職務之暫時狀態處分裁定，仍須待債權人供足擔保後，該裁定始具執行力，執行法院自應待債權人提供所定擔保後，將該裁定送達於債務人，始得對債務人發生禁止執行職務之拘束力。

　　二、查臺中地院民事庭於 103 年 12 月 5 日所為第 111 號裁定准李 AA 供 176 萬 8,000 元為擔保，禁止李○○行使被上訴人董事長之職權，該裁定係於同年月 17 日送達李○○之代理人黃、羅律師，執行法院於同年月 22 日核發執行命令，諭知李○○應依上開裁定內容履行。惟李 AA 何時提供足額擔保使第 111 號裁定具執行力？執行法院是否於第 111 號裁定具執行力後，始將裁定送達李○○？上述送達黃、羅律師之裁定係民事（裁定）法院依強制執行法第 132 條第 1 項或係執行法院依同法第 138 條規定所為？攸關第 111 號裁定何時對李○○發生禁止其行使被上訴人董事長職權及李○○以被上訴人法定代理人身分代表被上訴人與中國信託訂立消費借貸契約，是否屬無權代

理之判斷頗鉅。

肆、本文評釋

一、暫定勞雇關係存在之假處分得否執行之爭論

㈠暫定勞雇關係存在之假處分得否執行，這是個爭論已久的老問題。有論者認為「假處分裁定發生效力，立即發生形成效果，勿庸執行，例如，債權人被解僱勞工暫時維持與債務人公司之間僱傭關係的假處分。這種假處分僅在暫時的形成法律狀態，假處分裁定送達後，法律狀態業已形成，自無強制執行問題❷。」

㈡亦有論者認為此種假處分係「期待任意履行之假處分」，蓋勞工取得該假處分裁定仍不能強制債務人（雇主）給付，雇主不依該裁定履行義務，亦無其他特別之法效果存在❸。

㈢實務界人士亦有認為「勞工地位保全之假處分，關於債權人（受僱勞工）對債務人（雇主），假處分裁定宣示暫定具有勞動契約上之權利部分，為要求任意之履行之假處分，不生執行之問題。此種任意之履行之假處分，債權人不要求暫定支付一定金額，僅要求暫定僱傭契約上之地位，此種假處分雖有形成力，然其內容不適於依執行實現，亦難期待債務人任意履行，故有無定暫時狀態之實益（保全之必要性），學說上有爭執，多數採積極說。通常為如勞工地位保全之假處分，多併附加具體的內容之其他可滿足的假處分，如命債務人對債權人按月支付一定之金額之假處分，此時該部分之假處分乃滿足的假處分之執行，債權人若拒絕任意的給付，則依金錢執行之方法執行❹。」

---

❷ 丁嘉惠，勞動假處分之研究，頁 60，臺大國發所博士論文，2004 年 7 月。

❸ 黃書苑，定暫時狀態假處分之研究，頁 227，臺北大學博士論文，2008 年 5 月。

❹ 李木貴，強制執行法基礎，第 6 講民事保全執行，頁 34。短縮網址：

㈣不同見解者則指出：「(假處分為)『(勞工)地位保全型』時，執行法院應依強執法第 8 條第 1 項規定調閱卷宗，以明定暫時狀態處分所欲排除聲請人(勞工)之損害範圍為何，而不應逕認『(勞工)地位保全型』處分僅含薪資給付與保險效力未停止等具體執行內容，否則即有忽視定暫時狀態處分法院已就勞工受有人格不利益一事加以判斷，而不當限縮定暫時狀態處分之效力❺。」

㈤最高法院 94 台上 404 民事判決就有關 「停止執行 (公司董事長及董事) 職務」之假處分裁定，認為「『假處分裁定係命令或禁止債務人為一定行為者，法院應將該裁定送達於債務人』，強制執行法第一百三十八條定有明文。其目的乃在使債務人知悉裁定之內容，而能自動履行其義務。故該假處分之效力，始於債務人收受裁定之時。且此假處分裁定一旦發生效力，立即發生命令或禁止之形成效果，自無強制執行之問題。」

㈥司法院 96 年 6 月編印「法院辦理民事執行實務參考手冊」第 392 頁認為(保全勞工地位之)假處分裁定一經送達，法律關係既已形成，無庸執行亦無法執行，顯然係參考上揭最高法院 94 台上 404 民事判決見解。

㈦但司法院 108 年 12 月新版「法院辦理民事執行實務參考手冊」下冊第 686 頁則認為：「保全受僱地位等形成、確認之定暫時狀態處分，其性質亦屬命令或禁止債務人為一定行為 ， 執行法院應將該裁定送達於債務人 (強 138)。債務人如有違反，依本法第 140 條準用關於行為、不行為請求權執行之規定辦理。」似已改變原先認為無庸執行亦無法執行之見解。

㈧本文淺見以為確認勞雇關係存在之「本案勝訴確定判決」都不能執行，何以保全程序中「暫定勞雇關係存在」之假處分卻反而能執行？無異本末倒置❻。故 「暫定勞雇關係存在」之假處分如其本質仍為「確認」性質者，應

---

https://tinyurl.com/y9yzcv5k ；最後瀏覽日期：2021.6.6。

❺ 江承欣，勞動事件之定暫時狀態處分—以解僱爭議事件之勞工地位保護為中心—，頁 186，臺大法學碩士論文，2013 年 7 月。

無強制執行問題。但實務上辦理執行事務第一線的司法事務官，多參照司法院 108 年 12 月新版「法院辦理民事執行實務參考手冊」下冊第 686 頁之見解，認為仍應執行。

二、強制執行法第 132 條適用之爭議

㈠上文認為暫定勞雇關係存在的假處分無需執行、無法執行，惟此與取得假處分裁定的債權人勞工應否「聲請」強制執行一事須作區別。這涉及定暫時狀態處分有無強制執行法第 132 條第 1、3 項規定之適用一事，實務上有不同見解。強制執行法第 132 條第 1、3 項之規定為：「I. 假扣押或假處分之執行，應於假扣押或假處分之裁定送達同時或送達前為之。III. 債權人收受假扣押或假處分裁定後已逾三十日者，不得聲請執行。」

㈡採肯定說者，例如臺高院 109 勞抗 70 民事裁定認為：「強制執行法第五章規定假扣押、假處分之執行，即所謂保全執行，自包含定暫時狀態之處分。此由強制執行法第 140 條規定『假處分之執行，除前三條規定外，準用關於假扣押、金錢請求權及行為、不行為請求權執行之規定』，其立法理由即明載『因定法律關係暫時狀態而命債務人即為給付之假處分裁定，例如定終身定期金契約或扶養關係暫時狀態，並命債務人按期預行支付定期金或扶養費用者是。以此項裁定為執行名義，須依關於金錢請求權之執行程序，始能實現債權人之定期金錢債權』即明。是債權人以定暫時狀態處分為執行名義聲請執行者，仍應依強制執行法第 132 條第 3 項規定，於收受裁定後 30 日內為之始合法（最高法院 107 台抗 233 裁定參照）。」依此說，定暫時狀態處分

---

❻ 固然在學理上定暫時狀態處分所爭執之法律關係不限於請求權，也可以包括支配權或其他法律關係，故其本案訴訟，可以是給付之訴，也可以是確認或形成之訴。但實務工作者就曾論及：「何以形成、確認之訴會於假處分程序出現有給付之訴之聲明，實令人不解？」參見，陳國文，從強制執行實務論假處分，全國律師月刊，87 年 8 月號，頁 17，1998 年 8 月。

仍適用強制執行法第 132 條第 1、3 項之規定，法院裁准並送達裁定書予債權人後，債權人須於收受裁定書後 30 日內聲請執行，且須待債權人聲請執行後，執行法院送達執行命令予債務人之同時或其後，定暫時狀態處分裁定書才能送達予債務人❼。換言之，採肯定說之下，債權人不聲請執行，裁定書就不可能送達予債務人。

㈢持否定說者，例如臺高院 107 抗 1499 民事裁定則認為：「定暫時狀態處分與保全程序之假處分性質上並不相同，係為使爭執之法律關係，不繼續受危害，或使本案請求先行實現，不必然具有緊急性。再參該條（按指強制執行法第 132 條）未若同法第 132 條之 1 規定：『假扣押、假處分或「定暫時狀態之處分裁定」經廢棄或變更已確定者，於其廢棄或變更之範圍內，執行法院得依聲請撤銷其已實施之執行處分。』，就『定暫時狀態之處分裁定』予以明文，可知立法者係有意予以排除，並非立法疏漏，是以法院依民事訴訟法第 538 條規定，所為定暫時狀態之處分，應不在強制執行法第 132 條第 3 項規定適用或類推適用之列。」

㈣就上項爭議，本文向來認為定暫時狀態處分亦屬「假處分」的一種下位類型，則依體系解釋原則，定暫時狀態處分當然亦應有強制執行法第 132 條第 1、3 項規定之適用，勞工收到定暫時狀態處分裁定書後，應於法定 30 日期間內聲請執行，執行法院（執行處）送達執行命令之同時（或之後），作成裁定之法院（民事庭）始應將裁准之裁定書送達予債務人雇主。債權人收受裁定書後逾期 30 天者，該定暫時狀態處分即喪失執行名義之效力，不得再據以實施強制執行，亦不能再依強制執行法第 132 條第 1 項規定對債務人為送達❽。

㈤採肯定說之前提下，駁回勞工定暫時狀態處分聲請者，裁定書並不送

---

❼ 此時送達裁定書之法院究竟是「執行法院」抑或作成裁定之「民事法院」，送達依據是強制執行法第 132 條第 1 項或同法第 138 條，有時甚難辨別。

❽ 楊與齡，強制執行法論，頁 667，2005 年 9 月修正十二版。

達予雇主（債務人），即使曾遂行通知雇主陳述意見程序者亦同，但仍應依民事訴訟法第236條第1項規定：「不宣示之裁定，應為送達。」送達予聲請人之一方即得提起抗告之勞工自不待言。至若裁准者，應先送達予勞工要屬當然，然必也待勞工進一步聲請強制執行後，於執行法院送達執行命令予雇主之同時（或之後），才能送達裁准之裁定書予雇主。

㈥換言之，勞工如不聲請強制執行，定暫時狀態處分裁定書根本不會送達予雇主。必也待勞工聲請強制執行後，法院送達執行命令之同時（或其後）才可能送達定暫時狀態處分裁定書予雇主，此時「勞雇關係暫時存在」之狀態才告形成。即假處分裁定因將裁定書送達予債務人，立即發生對債務人命令或禁止之形成效果，固無就此一「形成效果」再後續強制執行之必要，但為求定暫時狀態處分裁定書能合法送達予雇主（以便產生勞雇關係暫定之效力），勞工仍有「聲請」強制執行之必要❾。

㈦臺高院102抗1259民事裁定指出：「再『假處分裁定係命令或禁止債務人為一定行為者，法院應將該裁定送達於債務人』，強制執行法第138條定有明文，其目的在使債務人知悉裁定之內容，而能自動履行其義務。故禁止債務人為一定行為之假處分，其效力始於債務人收受裁定之時，且此假處分裁定一旦發生效力，立即發生命令或禁止之形成效果，無強制執行之問題。裁定送達並非執行方法，必債務人於裁定送達後有違反行為時，才有執行可言❿。」可資參照。

---

❾ 吳光陸先生對此亦指出，必待債權人聲請執行後，執行法院始可依強制執行法第138條規定送達裁定書予債務人，債務人始可能知悉其被命令或禁止之一定行為。請參，吳光陸，強制執行法，頁550，2017年5月修訂三版。

❿ 張登科先生指出依強制執行法第138條規定將裁定書送達於債務人「係裁判成立之要件並非執行方法。」張登科，強制執行法，頁621，2019年8月修訂版；同作者，不行為假處分之執行，載：強制執行法實例問題分析（楊與齡主編），頁394–395，2002年7月。但楊與齡先生則認為強制執行法第138條裁定書的送達，就是指執行法院依132條第1項的送達而言，此項送達，不僅裁定發生效力，並即形成一定之

三、裁定書送達依據不同效力也不同

（一）依最高法院 110 台上 342 民事判決意旨，其認為依強制執行法第 132 條第 1 項送達裁定書的應該是作成裁定的民事法院（即民事庭，若為勞動事件則多為勞動法庭），至於依強制執行法第 138 條送達裁定書的則為「執行法院」（即地方法院民事執行處），此觀強制執行法第 138 條後段明文規定：「執行法院應將該裁定送達於債務人。」指出送達的主體是「執行法院」即明❶。

（二）依強制執行法第 132 條第 1 項送達裁定書的是作成裁定的民事法院，此一送達如依最高法院 110 台上 342 民事判決意旨解釋，似乎不能發生強制執行法第 138 條強制或禁止的法律效果，僅能起算債務人抗告的不變期間。必也債權人聲請執行後，「執行法院」再送達一次裁定書，才真正能產生「強制或禁止的法律效力」。然按實務上如假處分係由執行處以民事法院的名義作成者，其送達執行命令的同時可以送達裁定書固無問題，但勞動事件法施行後，有關定暫時狀態處分裁定多由勞動法庭，甚至是二審法院作成裁定（例如勞動事件法第 49 條第 2 項之情形），此時，執行法院未必能於核發執行命令時及時取得裁定正本一併送達。司法實務上有見解認為，為達保全執行之目的，應認先行送達之執行命令已對債務人生一定效力❷。

法律狀態，亦為此種內容之假處分裁定之執行方法，請參楊與齡，強制執行法論，頁 683，2005 年 9 月修正十二版。有關此一問題較詳細的討論另參，吳光陸，同前註，頁 549–550。

❶ 強制執行法第 138 條原規定：「假處分裁定，係命令或禁止債務人為一定行為者，法院應將該裁定送達於債務人。」學者有認為此處所指的法院「係指為假處分裁定之法院而言，非執行法院。」陳世榮，強制執行法詮解，頁 448，1980 年 4 月四版。惟揆諸當時實際作業程序，假處分裁定均由為裁定之法院移付應為執行行為或不行為之「執行法院」，於實施執行時一併送達。為杜爭議，乃於 85 年 10 月 9 日修法時將「法院」二字修改為「執行法院」以符實情。

❷ 司法院 108 年 12 月版「法院辦理民事執行實務參考手冊」下冊，頁 672（註 130）參照。

㈢就此，本文觀察到目前實務上似尚無統一之作法。大抵而言，如為地方法院民事執行處以「民事庭」名義作成之裁定，依強制執行法第 132 條第 1 項處理者較多❸。如為一審勞動法庭或二審依勞動事件法第 49 條第 2 項、或本於抗告程序自為裁准假處分者，則又多逕行送達裁定書予雇主（不論勞工有無聲請執行）。作者淺見認為此時應區分該假處分有無附加供擔保之條件而異其處理，假如有須供擔保之條件者，則誠如最高法院 110 台上 342 民事判決所言「須待債權人供足擔保後，該裁定始具執行力」，自須待勞工（債權人）供擔保完成裁定具執行力後的送達，方始對債務人（雇主）生效。但勞動事件法施行後，多有免供擔保之假處分裁定（例如勞動事件法第 46 條第 2 項、第 47 條第 2 項、第 49 條第 3 項等），此類假處分並無須供擔保即有執行力，則不論是作成裁定的民事法院依第 132 條第 1 項的送達，亦或執行法院依強制執行法第 138 條的送達，均應認裁定一經送達予債務人（雇主），即對債務人立即生強制或禁止之效力。

㈣以上之論述，於雇主本於離職後競業禁止約定而對勞工取得禁止競業之定暫時狀態處分裁定者，應亦有適用餘地。此類裁定都會附有供擔保之條件，與暫定勞雇關係存在之假處分目前多不必供擔保者不同，自須待雇主完成供擔保程序裁定始有執行力，裁定有執行力後再送達予債務人，才能對債務人生效，自不待言。

---

❸ 例如新北地院 110 勞全 8 美麗華球場罷工解僱案，工會主張已收到假處分裁定書兩週，但雇主則稱尚未收到裁定書，工會不解，還為此去司法院陳情，訴求：「請新北地方法院『想辦法』將 110 年度勞全 8 號裁定書寄給美麗華公司，降低勞資雙方溝通成本。」https://www.civilmedia.tw/archives/103341；最後瀏覽日期：2021.7.13。據知有人致電詢問法院書記官，獲回覆稱要等勞工聲請執行才會送達裁定書，此應即是適用強制執行法第 132 條第 1 項規定之結果。但同樣是新北地院也是美麗華球場罷工解僱案的另一件 110 勞全 5 假處分裁定書，裁定之勞動法庭則於裁定後即直接送達裁定書予雇主。可見即使是同一法院，但不同的承辦股即可能有不同之處理方式。

伍、結　語

　　總結而言，目前實務作法不一、法律見解也尚非一致。萬全起見，取得定暫時狀態處分一方之債權人（無論是勞工或雇主），宜於聲請執行程序中請執行處務必於送達執行命令的同時，再檢送一份裁定書送達予債務人，確保假處分對債務人生效一事不受任何質疑。必要時債權人應先把手中所執的裁定書經由執行處送達予債務人，將來有需要再聲請裁定之法院補發一份裁定書正本。

12 暫定勞雇關係存在假處分與退休金提繳

——臺灣高等法院高雄分院 110 年度勞抗字第 7 號民事裁定評釋

壹、前　言

暫定勞雇關係存在的假處分❶，無論其主文是沿用勞動事件法施行前司法實務常用的「暫定勞雇關係存在」，或使用勞動事件法施行後新規定的「繼續僱用」，通常也都會有命繼續給付工資的主文，畢竟工資是勞工維持其一家生計的命脈，也是假處分最重要的目的。不過工資的範圍有無包括（新制）勞工退休金的提繳？假處分未命雇主應為勞工提繳退休金、加保勞健保，是否意味著雇主僅須依假處分主文意旨給付工資即可，勞工退休金提繳、勞健保加保等均可恝置不論？

貳、案例事實

勞工係受訓合格之照顧服務員，自 109 年 5 月 1 日起受僱於雇主附設之居家長照機構，擔任居服員工作。詎雇主短付 109 年 8 月份薪資予勞工（及其他員工），引發勞資爭議，經高雄市政府勞工局調解不成立後，雇主旋於同年 10 月 23 日寄發存證信函未附理由片面終止勞動契約，勞工主張雇主之解僱顯不合法，除已依法起訴確認兩造間僱傭關係存在，並請求雇主應自 109 年 11 月 1 日起至雇主回復勞工工作之前一日止，按月給付勞工工資新臺幣（下同）56,360 元及提繳退休金 3,468 元。

---

❶ 本文所稱「假處分」均指民事訴訟法第 538 條、勞動事件法第 49 條所規定之「定暫時狀態處分」。請參拙著，勞動訴訟實務，頁 72，有關「假處分之正名」篇章，2020 年 9 月。

又勞工所提確認僱傭關係存在之訴，有勝訴之望，而勞工遭解僱之後，原有薪資中斷，家無恆產，對生計有重大影響，反觀抗告人仍於 1111 人力銀行網站招募居服員，顯有居服員之需求，繼續僱用相對人並無困難，爰依勞動事件法第 49 條第 1 項規定，聲請准予定暫時狀態處分，即命雇主於兩造間關於原審法院（高雄地院）109 年度勞訴字第 182 號確認僱傭關係存在等事件判決確定前，繼續僱用勞工，並按月給付勞工 56,360 元及提繳 3,468 元至勞工在勞動部勞工保險局設立之退休金個人帳戶。原裁定（即高雄地院 110 勞全 4 裁定）准雇主於系爭本案訴訟程序終結前，應繼續僱用勞工，並按月給付勞工 56,360 元及提繳 3,468 元之退休金。

雇主不服，提起本件抗告。

參、高雄高分院 110 勞抗 7 民事裁定要旨

相對人（按指勞工）另聲請抗告人（按指雇主）按月為其提繳 3,468 元之勞工退休金云云，然勞動事件法第 49 條第 1 項所定之處分為繼續僱用及給付薪資，並未包括退休金之提撥，相對人此部分之聲請，並無依據；況勞工退休金之提撥係為保障其退休生活，對勞工因訴訟期間生計維持之急迫性，自難認有定暫時狀態之保全必要，故其此部分之聲請，不應准許。

肆、本文評釋

一、勞動事件法第 49 條第 1 項規定：「勞工提起確認僱傭關係存在之訴，法院認勞工有勝訴之望，且雇主繼續僱用非顯有重大困難者，得依勞工之聲請，為繼續僱用及給付工資之定暫時狀態處分。」就條文規定文義解釋，確實僅規定「給付工資」，並無其他社會保險部分之給付規定，固就「私法」關係部分言，上揭高雄高分院 110 勞抗 7 民事裁定，駁回勞工一併命雇主應繼續提繳退休金部分之聲請並無違誤。

二、然按暫定勞雇關係存在（或者是命繼續僱用）的假處分裁定主文，

有關命給付部分，無論是在勞動事件法施行之前或之後，通常都只有命給付「工資」，未必會細節到包括命提繳勞工退休金、命繼續加保勞健保等❷。

　　三、但本文淺見以為提繳勞工退休金、繼續加保勞健保等公法上的義務並無待以假處分命之，只要有暫定勞雇關係存在（或者是命繼續僱用）之假處分，甚至假處分未有命繼續給付工資者❸，解釋上都應認為假處分之意旨就是暫時「維持僱傭關係繼續存在❹」，就當然產生雇主應為勞工提繳退休金、加保勞健保的公法上義務，無待再以假處分命之。蓋此時依假處分意旨，勞雇關係「繼續」存在即指勞雇關係從未消滅終止，也就是勞工仍繼續任職、在職之意思，既然勞工仍繼續任職、在職，雇主為勞工繼續加保勞健保、繼續提繳退休金之義務當然也未終止。這與成立「私法上」的勞動契約後，待勞工「到職」始日就當然產生雇主應提繳退休金、加保勞健保的公法上義務者無何不同❺。

❷ 同前註，頁73–78，有關假處分主文類型介紹。少數見解例如臺中高分院109勞抗10民事裁定主文命：「相對人（按指雇主）於兩造間確認僱傭關係存在事件終結確定前，應繼續僱用抗告人（按指勞工），並按月於每月10日前給付抗告人新臺幣5萬5,000元，按月為抗告人繳納健保費用新臺幣1,009元、勞保費用新臺幣712元，及按月為抗告人提撥勞工退休金新臺幣3,060元至抗告人設於勞動部勞工保險局之勞工退休金準備專戶。」但本裁定其後為最高法院110台抗101裁定所廢棄。另臺高院109抗更一4民事裁定理由敘及「原裁定判命抗告人應自107年8月1日起至兩造間臺北市教師申訴評議委員會申訴事件評議決定確定之日止，按月給付相對人65,635元，及按月為相對人扣繳私校保險、私校退撫儲金、健保費用，暨准許相對人依自然科專任教師身分繼續為抗告人執行職務，並無不合。」可見原審北院107全541假處分裁定（司法院網站未公開）主文應已有處理到扣繳健保費用等細節。但就作者所能掌握之資料比對，畢竟這還是比較少數。

❸ 同前註，頁76，所引述臺北地院100全735民事裁定，即認為假處分只需裁准暫定勞雇關係繼續存在即為已足，至於續付工資乃是暫准勞雇關係存在後「當然」的法律效果，無待再以假處分命之。

❹ 同前註，頁83。

❺ 勞保部分可另參張桐銳，再論勞工保險申報制度，月旦法學雜誌，第315期，頁

四、故依勞動事件法第 49 條第 1 項規定裁准假處分所命之「給付」雖僅限於「工資」，但解釋上仍「當然」發生雇主有為勞工繼續提繳退休金之義務。而且此一義務之發生不限於雇主依假處分意旨通知勞工復職之情形，即在雇主受迫於假處分之壓力只願繼續給付工資，但選擇眼不見為淨拒不通知勞工復職回來上班的場合❻，亦有其適用。蓋如上所述，假處分之意旨是暫時「維持僱傭關係繼續存在」，勞工在「法律上」從未離職也，與雇主「事實上」有無通知勞工復職無涉。

五、惟如雇主只願依假處分主文繼續給付工資，卻不願為勞工繼續提繳退休金者，勞工應如何救濟？此通常於上述雇主選擇「眼不見為淨」拒絕讓勞工復職回來上班之場合比較多見。但不能排除「即使」雇主已經通知勞工回來復職上班，但本於假處分主文並無繼續提繳退休金之明文，雇主從而拒絕為勞工提繳退休金之情事。

六、按勞工退休金條例並無勞工得自行申報提繳之規定，申報提繳義務人是雇主，當雇主拒不履行此一申報提繳義務時，即使勞保局知悉勞工已經回去復職上班，亦無法「主動」為勞工辦理申報提繳。勞工退休金條例第 18 條規定：「雇主應於勞工到職、離職、復職或死亡之日起七日內，列表通知勞保局，辦理開始或停止提繳手續。」此為雇主之申報提繳義務規定，違反此一申報提繳義務者，依同條例第 49 條規定：「雇主違反……第十八條……規定，未辦理申報提繳……手續……，經限期改善，屆期未改善者，處新臺幣二萬元以上十萬元以下罰鍰，並按月處罰至改正為止。」只能先命雇主改善、屆期不改善（不補申報提繳）就按月裁罰直至改善為止。罰鍰部分雇主拒不繳納，依同條例第 54 條第 1 項規定：「依本條例……所處之罰鍰，受處分人應於收受通知之日起三十日內繳納；屆期未繳納者，依法移送行政執行。」

七、換言之，能移送行政執行的是「裁罰」部分，不是「命申報提繳」

156–169，2021 年 8 月。

❻ 拙著，勞動訴訟實務，頁 88，2020 年 9 月。

部分。假設雇主就是鐵了心寧可被勞保局罰到傾家蕩產也絕不低頭為勞工申報提繳退休金者，則現行法制下，勞工似乎無有效的公法救濟管道。勞工當然可以在確認僱傭關係存在的（民事）本案訴訟一併訴請命雇主提繳退休金，待勝訴確定或有假執行宣告時❼，聲請執行，固不待言。當然勞工亦得在取得第一件假處分復職回去上班後，再聲請命雇主應暫時先繼續提繳勞工退休金、繼續加保勞健保之第二件假處分，此時本於高度的保全必要性❽（蓋勞工已復職服勞務，對勞退提繳、勞健保加保有高度的迫切需求），雖非依勞動事件法第 49 條聲請者，法院允宜參照同條規定照准免供擔保之假處分。

　　八、雇主在假處分期間內為勞工支付雇主應負擔部分之勞健保費、提繳新制 6% 退休金等，假如勞工本案訴訟敗訴確定，雇主是否即得請求返還？其請求權依據為何？勞工有任何無須返還之合理抗辯嗎？目前似尚無具體案例，但值得進一步研究。

　　九、以本文淺見言，假處分期間內是以法律的強制規定，擬制勞雇雙方維持與原來勞雇關係一模一樣的法律關係，在此期間內如上所述雇主本於公法上義務，本有繼續為勞工續保勞健保、提繳勞工退休金之義務，勞工受有社會保險、社會安全制度之保障，乃源自法律之保護，固非不當得利。再者，勞工本案訴訟敗訴確定原來的假處分並非當然自動失效，而是須經雇主依民事訴訟法第 538 條之 4 準用第 533 條本文再準用第 530 條第 1 項規定聲請法

---

❼ 臺北地院 105 勞訴 279 民事判決認為雇主之「提繳勞工準備基金之部分」（按應為「提繳勞工退休金」之誤繕），為意思表示之給付判決不適於宣告假執行。但查請求命雇主提繳退休金至勞保局勞退專戶，應屬命被告（執行程序時稱債務人）向第三人給付金錢類型，依最高法院 97 台抗 358、97 台抗 359 民事裁定意旨，仍屬「金錢債權」之執行，宣告假執行並無問題。目前實務多依勞動事件法第 44 條第 1 項規定依職權宣告假執行，例如臺北地院 109 勞訴 235、109 勞訴 443、110 勞訴 127 民事判決等可資參照。

❽ 惟臺高院 107 勞抗 8 民事裁定認為勞工被原雇主退保，但仍可到職業工會加保勞保，因此認為無保全必要性，與本文見解不同。

院撤銷❾，更重要的是假處分撤銷的法律效果並非溯及既往的使假處分自始不生效力，而是自撤銷的裁定確定時起原來的假處分才失效。最高法院100台抗163民事裁定認為：「按債務人依民事訴訟法第五百三十三條準用同法第五百二十九條第四項規定，聲請撤銷假處分裁定，經法院裁定准許，而該撤銷假處分裁定所為之裁定，係宣示消滅原假處分裁定之效力，性質上屬形成裁定，而形成裁定僅具形成力，並無執行力，且其形成力須於裁定確定時始發生。是撤銷假處分裁定之裁定，因他造之抗告而尚未確定，類推適用民事訴訟法第五百三十條第二項規定準用同法第五百二十八條第四項規定，已實施之假處分執行程序，不受影響。」最高法院106台上2637民事判決更進一步指出：「債權人就爭執之法律關係，聲請為定暫時狀態之處分，一經法院裁定准許，不待確定即有執行力；債務人依民事訴訟法第538條之4、第533條準用同法第529條第4項規定，聲請撤銷定暫時狀態處分裁定，經法院准許，該撤銷定暫時狀態處分裁定所為之裁定，係宣示消滅原定暫時狀態處分裁定之效力，性質上屬形成裁定，其形成力須於撤銷裁定確定時始發生。」兩則裁判均明白表示原來假處分之效力乃是自後來撤銷假處分的裁定「確定❿」時起才告消滅，而且是「向後」消滅，並非溯及既往的使原來假處分

---

❾ 本案敗訴的勞工（假處分債權人）現制底下為何不宜主動撤銷假處分的原因，請參拙著，勞動訴訟實務，頁90–91，2020年9月。

❿ 撤銷假處分的裁定何時確定，涉及「裁定」確定時期問題。司法院76年10月16日 (76)秘台廳（一）字第01854號函指出：「按關於裁定確定之時期，民事訴訟法或非訟事件法均未設有明文規定，惟民事訴訟法第三百九十八條關於判決確定時期之規定應準用於裁定，即在得抗告之裁定，未提起抗告者，於抗告期間屆滿時確定。」臺高院108抗928民事裁定：「不得上訴之判決，於宣示時確定，不宣示者，於公告時確定，民事訴訟法第398條第2項定有明文；至裁定確定之時期，則應類推適用同法第398條關於判決確定之規定。」臺北地院105聲再63民事裁定：「關於裁定確定之時期，民事訴訟法或非訟事件法均未設有明文規定，惟民事訴訟法第398條關於判決確定時期之規定應準用於裁定。按『判決，於上訴期間屆滿時確定。但於上訴期間內有合法之上訴者，阻其確定。不得上訴之判決，於宣示時確定；不宣示

自始不生效力⓫。

十、是在上揭前提下，假處分裁定事後被撤銷確定，已實施之假處分執行程序，並不受影響，即原假處分所擬制的勞雇關係暫存的法律效力並未失效。因此本文淺見以為該假處分期間內雇主本於公法上的義務，為勞工續保勞健保繳納雇主應負擔部分保費、提繳 6% 退休金至勞保局勞退專戶等，勞工並無不當得利可言，雇主不得本於「不當得利」法則請求返還。至於雇主得否另依民事訴訟法第 538 條之 4 準用第 533 條本文再準用第 531 條第 1 項規定訴請勞工「賠償」損害，因勞工本案訴訟敗訴確定，而由雇主依民事訴訟法第 530 條第 1 項規定聲請撤銷假處分者，並不在同法第 531 條第 1 項所規定債權人負法定無過失賠償責任範圍之列⓬，雇主不得依本條規定訴請賠償。此時如勞工另有應負一般侵權行為賠償責任之情事者，固不能排除勞工應依民法第 184 條負侵權行為損害賠償責任之可能，但一般而言勞工只要並非完全無所根據的聲請假處分，事後即使因本案訴訟敗訴確定，亦不能即指

者，於公告時確定』，為民事訴訟法第 398 條第 1、2 項所明定。次按『提起抗告，應於裁定送達後 10 日之不變期間內為之』，民事訴訟法第 487 條亦定有明文。準此意旨，得抗告之裁定，未提起抗告者，於抗告期間屆滿時確定，而已提起抗告者，直至其抗告因不合法或無理由而經上級審裁定駁回確定時，始與上級審裁定一併確定；至不得抗告之裁定，則於該裁定宣示、公告或送達時確定（此觀最高法院 84 年度台再字第 140 號裁定要旨亦明）。」可資參照。

⓫ 臺高院 110 年度勞上更一字第 2 號民事判決認為假處分撤銷後「系爭處分溯及不生效力」。然查依民事訴訟法第 528 條第 4 項：「准許假扣押之裁定，如經抗告者，在駁回假扣押聲請裁定確定前，已實施之假扣押執行程序，不受影響。」及強制執行法第 132 條之 1：「假扣押、假處分或定暫時狀態之處分裁定經廢棄或變更已確定者，於其廢棄或變更之範圍內，執行法院得依聲請撤銷其已實施之執行處分。」並無溯及既往使原假處分失效之效力，司法院院解字第 3585 號解釋、臺高院 99 上 456 民事判決、最高法院 100 台上 383 民事裁定、臺高院 107 抗 1310 民事裁定、辦理強制執行事件應行注意事項第 69 條之 1 等亦可資參照。

⓬ 拙著，勞動訴訟實務，頁 90–91，2020 年 9 月。

為涉有故意、過失侵權責任。

伍、結　語

　　勞動事件法第 49 條第 1 項所規定解僱事件之定暫時狀態處分,其內容雖僅規定「繼續僱用及給付工資」,並未同時規定到「退休金提繳、勞健保續保」等細節。但查,只要有「繼續僱用」之處分,就表示在該假處分期間內,勞雇關係暫存,則公法上雇主應繼續為勞工提繳退休金、繼續加保勞健保,乃屬當然,並無待再以假處分定之。尤其在暫定勞雇關係(或繼續僱用)下,雇主如已通知勞工復職服勞務,勞工事實上也已回到職場服勞務者,此時更有受社會安全法制保障之高度必要,應認此時假如雇主仍不肯為勞工提繳退休金、續保勞健保時,勞工得再依民事訴訟法規定聲請第二件「提繳退休金、續保勞健保」之假處分,庶幾已回到職場服勞務之勞工能獲基本保障。

13 聲請勞動調解併聲請假處分

——臺灣南投地方法院 109 年度聲字第 65 號民事裁定評釋

壹、前　言

勞動事件法施行後，因第 49 條第 1 項所規定勞工聲請假處分之要件，較諸過去完全依民事訴訟法要來得對勞工友善許多，因此很多勞工都會選擇先起訴，取得已有訴訟繫屬之要件後再來聲請假處分❶。勞動事件進入法院有兩個途徑：其一、直接起訴，其二、先聲請勞動調解。前者符合勞動事件法第 49 條第 1 項要件固無疑義，後者是否也適用？此即本文要討論的重點。

貳、案例事實

勞工自民國 108 年 2 月 1 日起受僱於雇主，依雇主之指示擔任國道六號國姓及埔里隧道機電巡查值勤維護工程師乙職，每月薪資及勞退提撥金、勞保費、健保費共計新臺幣（下同）41,345 元。嗣雇主於 108 年 9 月 16 日以勞工違反保密協定書為由公告通知解僱勞工終止兩造間勞動契約。勞工主張其並無違反保密協定之情事，雇主之解僱不合法，兩造間僱傭關係仍然存在。勞工一方面向南投地院聲請勞動調解請求確認兩造間僱傭關係存在，雇主應給付自 109 年 9 月 16 日起至勞工復職前之工資，及自調解申請狀繕本送達翌

---

❶ 即使在勞工已申請裁決之場合，過去通常都靜待裁決程序完成期待裁決會作成有利於勞工之裁決，然後換成必須由雇主依勞資爭議處理法第 48 條第 1 項規定對勞工起訴，勞工省去一開始就要當原告起訴的麻煩。但在勞動事件法施行後，勞工雖已申請裁決，但為了聲請假處分之目的，也多同步再提起民事訴訟，以便符合勞動事件法第 49 條第 1 項規定必須有訴訟繫屬之要件。

日起至清償日止按年息 5% 計算之利息。

勞工另一方面並以其尚須扶養配偶及未成年子女，且薪資每月均須固定繳交房屋貸款、信用貸款，然現因被無預警解僱，致須以借錢度日，已陷入生計困難；且雇主承攬國道六號隧道機電設施巡查及值勤工作，依其經營及企業規模繼續僱用勞工並無重大困難，爰依勞動事件法第 49 條規定，向南投地院聲請定暫時狀態處分。

雇主則抗辯稱：勞動事件法第 49 條第 1 項係指勞工提起確認僱傭關係存在之訴而言，本件僅係勞動事件之勞動調解，尚非提起確認訴訟，勞工之聲請即與要件不符等語。

參、南投地院 109 聲 65 民事裁定要旨

按勞動事件，除有下列情形之一者外，於起訴前，應經法院行勞動調解程序：1.有民事訴訟法第 406 條第 1 項第 2、4、5 款所定情形之一。2.因性別工作平等法第 12 條所生爭議。前項事件當事人逕向法院起訴者，視為調解之聲請。勞動事件法第 16 條第 1、2 項分別定有明文。是勞動事件除勞動事件法第 16 條第 1 項所列情形外，均需先經法院之勞動調解程序，則觀之聲請人聲請意旨，其內容業已明確聲明訴訟標的為確認僱傭關係存在之訴訟，堪認其本件聲請合於勞動事件法第 49 條之規定。

肆、本文評釋

一、勞動事件法第 49 條僅適用於「起訴後」已有訴訟繫屬中之聲請假處分案件。至若勞工在起訴前聲請假處分者，仍須回歸民事訴訟法第 538 條以下規定辦理，僅於擔保金部分適用勞動事件法第 47 條規定，原則上不得高於請求標的金額或價額之十分之一，例外於勞工釋明提供擔保於其生計有重大困難者，可獲得法院不命提供擔保之保護。但如依勞動事件法第 49 條聲請假處分者，依同條第 3 項規定「法院得為免供擔保之處分」，事實上現行實務法

院依本條項規定為免供擔保假處分者日漸增多。由此可見起訴前、起訴後聲請假處分，天差地別。

二、勞動事件法第 49 條本條立法理由第一點稱：「勞動事件之勞工，通常有持續工作以維持生計之強烈需求，基於此項特性，於確認僱傭關係存在之訴訟進行中，如法院認勞工有相當程度之勝訴可能性（例如：雇主之終止合法性有疑義等），且雇主繼續僱用非顯有重大困難時，宜依保全程序為暫時權利保護，爰設第一項規定。又本項係斟酌勞動關係特性之特別規定，性質上屬民事訴訟法第五百三十八條第一項所定爭執法律關係及必要性等要件之具體化。」立法理由已說明須是在「確認僱傭關係存在之訴訟進行中」，故是否已有「訴訟繫屬」應是得否適用勞動事件法第 49 條的關鍵。

三、關於勞動事件勞工先聲請勞動調解而非直接起訴，是否亦有勞動事件法第 49 條第 1 項適用之疑義，本則南投地院 109 聲 65 民事裁定意旨指出：「勞動事件除勞動事件法第 16 條第 1 項所列情形外，均需先經法院之勞動調解程序，則觀之聲請人聲請意旨，其內容業已明確聲明訴訟標的為確認僱傭關係存在之訴訟，堪認其本件聲請合於勞動事件法第 49 條之規定。」擴大適用範圍到聲請勞動調解之期間，本文淺見以為，此一見解符合立法目的，應值贊同。蓋勞工縱使「直接起訴」原則上亦是視同勞動調解之聲請，與勞工直接聲請勞動調解並無何不同也。

四、但須另再說明者，勞動事件直接起訴然後依勞動事件法第 16 條第 2 項規定視為聲請調解案件，於調解不成立後是當然直接進入訴訟程序，且勞動事件法第 29 條第 4 項業已明定「以起訴視為調解者，仍自起訴時發生訴訟繫屬之效力。」故此類案件於勞動調解期間仍符合業已有訴訟繫屬之要件，應無疑義。

五、與此相對的，勞動事件不先起訴而直接聲請調解者，調解不成立後並不一定當然直接進入訴訟程序。蓋聲請勞動調解的一方得依勞動事件法第 29 條第 4 項前段規定，於 10 日不變期間內向法院為反對續行訴訟程序之意

思而終結整個勞動調解程序。僅於其未主動向法院為反對續行訴訟程序之意思時才進入訴訟程序，此時依勞動事件法第 29 條第 4 項前段的後一句規定：「並視為自調解聲請時，已經起訴。」由以上規定可知，勞動調解期間（專指勞動事件直接聲請調解不先起訴之案件）並還沒有訴訟繫屬，必也待調解不成立後，因聲請調解之一方當事人未主動向法院為反對續行訴訟程序之意思，而於 10 日不變期間期滿時當然「進入訴訟程序後」，始溯及既往的發生「視為自調解聲請時已經起訴」之效力。

六、故勞工僅聲請勞動調解尚未真正起訴，也還沒有到調解不成立後發生「視為自調解聲請時已經起訴」的轉換成訴訟程序期間，此一段勞動調解期間就法律而言尚未發生「訴訟繫屬❷」。此時，如果勞工業已獲法院裁准假處分（不論勞工是依勞動事件法第 49 條或依民事訴訟法第 538 條聲請者），雇主可否依民事訴訟法第 529 條第 1 項規定聲請法院裁定命勞工限期起訴？本文淺見以為縱使法院依雇主聲請意旨裁准命勞工限期起訴，但勞工依裁定所命期限另行起訴，依勞動事件法第 16 條第 2 項規定還是視為勞動調解之聲請，殊無此必要。更何況依民事訴訟法第 529 條第 2 項第 5 款規定：「下列事項與前項起訴有同一效力：五、其他經依法開始起訴前應踐行之程序者。」而勞動事件除有民事訴訟法第 406 條第 1 項第 2、4、5 款所定情形之一，及因性別工作平等法第 12 條所生爭議外，「於起訴前，應經法院行勞動調解程序」，勞動事件法第 16 條第 1 項定有明文，聲請勞動調解即屬上述「經依法開始起訴前應踐行之程序者」，與「起訴有同一效力」。因此在勞動調解期間內，如因勞工獲裁准假處分而雇主聲請法院命勞工限期起訴者，法院仍應裁定駁回雇主之聲請。

聲請勞動調解依民事訴訟法第 529 條第 2 項第 5 款規定固然「與起訴有

---

❷ 此時如雇主主動再提起「確認僱傭關係不存在」訴訟，並不會構成重複起訴問題。然於勞動事件法第 29 條第 4 項前段「視為自調解聲請時已經起訴」的效力發生後，因勞工聲請勞動調解在前，雇主之後訴將成為不合法之重複起訴。

同一效力」，但此僅在規範限期起訴問題，並非謂聲請勞動調解即已產生訴訟繫屬，不可不予以區辨。聲請勞動調解而產生訴訟繫屬效力者，如前述須待調解不成立後，依勞動事件法第 29 條第 4 項前段規定因 10 日不變期間期滿當然「進入訴訟程序後」，始溯及既往的發生「視為自調解聲請時已經起訴」之效力。

七、惟勞工如於勞動調解不成立後的 10 日不變期間內，向法院為反對續行訴訟程序之意思而終結整個勞動調解程序者，此時確定並無訴訟繫屬，如果勞工已先獲法院裁准假處分，雇主自得依民事訴訟法第 529 條第 1 項規定聲請法院裁定命勞工限期起訴，自不待言。故勞工如已先獲法院裁准假處分者，理性考量下應該要於調解不成立後讓案件直接進入訴訟程序，才能確保假處分裁定不會被撤銷。

八、以上是純就法律規定所為的分析。就實務操作言，據作者所知，如果還在勞動調解階段，通常法院不會很快作成假處分准駁裁定。畢竟還在調解階段還要勸諭雙方，法官會比較傾向等到調解不成立後再下裁定，等同也保留了可以勸諭雙方再互相讓步的彈性與空間。另從勞動事件法第 49 條立法說明「……於確認僱傭關係存在之訴訟進行中，如法院認勞工有相當程度之勝訴可能性（例如：雇主之終止合法性有疑義等），且雇主繼續僱用非顯有重大困難時，宜依保全程序為暫時權利保護，爰設第一項規定。」調解不成立進入訴訟審理程序，法官才比較容易認定勞工有無相當程度勝訴的可能性。固然，現行勞動調解實質上也有處理訴訟案情，所謂的「邊調邊審」，不能排除在勞動調解階段，法官就已獲得「勞工有相當程度勝訴可能性」之心證，但目前實務還是比較傾向等調解不成立後再作成裁定。

九、前已述及涉及工會法第 35 條的解僱案，在勞動事件法施行前勞工通常僅先申請勞資爭議處理法的裁決，比較少見同步起訴案例，但在勞動事件法施行後，為符合勞動事件法第 49 條要有訴訟繫屬要件，越來越多同時申請裁決與起訴案例，雖然訴訟程序先依勞資爭議處理法第 42 條第 1 項規定暫

停，但此時仍屬有訴訟繫屬狀態，適用勞動事件法第 49 條並無疑義。惟亦有少數案例在勞工僅申請裁決並無起訴前提下，即適用勞動事件法第 49 條規定裁准免供擔保假處分之案例。新北地院 110 勞全 5 假處分案就有關美麗華球場罷工解僱案所聲請假處分即是適例，裁定全然依勞動事件法第 49 條要件為審查標準，最後並裁准完全免供擔保之假處分，裁定書指出：「本院函詢勞動部是否受理聲請人申請之不當勞動行為裁決後，經勞動部於傳真函覆表示聲請人已於 110 年 5 月 17 日向勞動部申請不當勞動行為裁決，本裁決案刻正審理中等語，有勞動部 110 年 6 月 17 日勞動關 4 字第 1100011549 號函附卷可參，堪認相對人於聲請人罷工期間依勞基法第 12 條第 1 項第 6 款規定終止與聲請人間之勞動契約究否合法，尚待審認，聲請人業就兩造間於僱傭關係是否存在滋有爭議，及其就該爭執事項所提訴訟非顯無勝訴之望等項，已為相當釋明。……本件聲請人就其與相對人間確認相對人解僱聲請人行為無效、恢復兩造間僱傭關係，並給付期間工資之不當勞動行為裁決有勝訴之望，及相對人繼續僱用聲請人非顯有重大困難之定暫時狀態處分之請求及原因已為釋明，則聲請人請求命相對人應繼續僱用及給付其等如附表所示之工資，核屬有據，應予准許。」似有將申請裁決誤認是「提起訴訟」之違誤❸，且如此一來恐有架空勞動事件法第 46 條第 1 項規定之疑慮，是否有當，頗值得再進一步探討。

十、前文「四」提及勞動事件如果是直接起訴而視同聲請勞動調解案件，依勞動事件法第 29 條第 4 項後段規定，於調解不成立後並沒有向法院表示反對續行訴訟之權利，只能於轉換成訴訟程序後撤回訴訟。此時因剛轉入訴訟

---

❸ 依勞資爭議處理法第 42 條第 3 項規定：「裁決之申請，除經撤回者外，與起訴有同一效力，消滅時效因而中斷。」但查此一「與起訴有同一效力」之規定，僅在規範「消滅時效因而中斷」，並非謂法律上真的賦予其產生訴訟繫屬之效力，此由同條第 1 項：「當事人就工會法第三十五條第二項所生民事爭議事件申請裁決，於裁決程序終結前，法院應依職權停止民事訴訟程序。」規定即可推知。詳參拙著，勞動訴訟實務，頁 106，2020 年 9 月。

程序，原則上被告通常都尚未為本案之言詞辯論，依民事訴訟法第 262 條第 1 項規定原告可以任意撤回訴訟。假如原告於調解不成立後竟向法院表示反對續行訴訟程序之意思者，法院允宜行使闡明權探究原告之真意是否為撤回訴訟，如果是撤回訴訟之意思，後續即依訴之撤回程序辦理，自不待言。

伍、結　語

　　勞動事件法第 49 條、第 50 條所規定聲請定暫時狀態處分之要件，均以進入訴訟繫屬為前提要件。但查勞動事件直接起訴者，依勞動事件法第 16 條第 2 項規定，原則上亦視為勞動調解之聲請，故假如勞工不直接起訴而聲請勞動調解，解釋上應認已符合勞動事件法第 49 條、第 50 條所規定要件，本則南投地院 109 聲 65 民事裁定，本此意旨認為勞工僅先聲請勞動調解，即另聲請定暫時狀態處分者，即已符合勞動事件法第 49 條規定要件，自值得贊同。

　　但相對來講，涉及工會法第 35 條之解僱事件，勞工僅先申請不當勞動行為裁決，而尚未進入訴訟者，實務上有少數案例認為亦有勞動事件法第 49 條規定之適用者，作者以為不妥，且擔心如此一來會有架空勞動事件法第 46 條第 1 項規定之虞也。

14 三論中間收入之扣除

——最高法院 109 年度台上字第 601 號民事判決評釋

壹、前 言

違法解僱訴訟中工資扣除是一項極其重要的爭點，勞雇間可說寸步不讓。學說對此一議題已有相當廣泛的研究，作者不揣鄙陋也寫過數篇專文討論，如本書第 9 篇「再論中間收入之扣除——臺灣高等法院臺南分院 106 年度重勞上字第 3 號民事判決評釋」（下稱：前文）。但細究實務判決見解，仍然發現有不少值得再進一步研討其正確性與合理性者。茲再以最高法院 109 台上 601 民事判決為例，討論中間收入之扣除究竟係法院應依職權審酌事項，或屬於須待當事人主張提出抗辯而後法院始能審酌之事項。

貳、案例事實

勞工主張其伊民國 85 年 4 月 5 日起受僱於雇主興農股份有限公司，94 年 1 月起接任公司直營之雲林縣二崙鄉永定營業所主任，負責販售農藥、農用品等業務，月薪新臺幣（下同）2 萬 7,600 元。雇主興農股份有限公司於 101 年 12 月 18 日，以勞工不能勝任工作為由，通知勞工將於同年 12 月 25 日終止兩造間之勞動契約。勞工不服，主張雇主之資遣無效，起訴請求確認僱傭關係存在、請求給付工資、年終獎金等。

雇主興農股份有限公司解僱本件勞工後，旋於 102 年 1 月 6 日在原永定營業所店址之對面，重新開設永定厝店，僱請他人繼續販售農藥、農用品等業務。而本件勞工於訴訟期間則於原永定營業所店址，另行開設正興農業供應中心，銷售其原囤積之興農股份有限公司商品。勞工訴訟中亦以書狀自陳：

「伊夫婦多年來僅以販售農藥、農用品為業，伊於 101 年底突然受解僱，為謀生計，並販售庫存變現，不得已於受解僱後，考慮自行創業，……伊因已蒙受諸多損失，遂未再額外支出費用拆下招牌等語。」業已自認有在原店址繼續經營農藥、農用品等業務。

雇主在訴訟中並未提出中間收入扣除之抗辯。

參、最高法院 109 台上 601 民事判決要旨

查上訴人（按指雇主）於事實審一再抗辯被上訴人（按指勞工）於遭伊解僱，並拆除招牌後，於原址另行開設正興農業供應中心，銷售其原囤積之伊商品等語。並舉被上訴人於……理由狀所稱；伊夫婦多年來僅以販售農藥、農用品為業，伊於 101 年底突然受解僱，為謀生計，並販售庫存變現，不得已於受解僱後，考慮自行創業，……伊因以（已）蒙受諸多損失，遂未再額外支出費用拆下招牌等語及照片、收據為證，則本件是否有上開民法第 487 條但書規定之適用？此攸關上訴人應給付被上訴人報酬數額若干，自不得棄置不論。原審未予調查審認，遽命上訴人給付附表一、二所示本息，於法自有可議。

肆、本文評釋

一、作者在前文中提到「雇主扣除權利之性質應是一種『異議』，即一種『抗辯權』，既非請求權也非形成權。」在本文為了探討法院應否依職權逕行調查並扣除「中間收入」，必須對此一「異議」、「抗辯權」作更深入之探討。

二、按學者對於「抗辯」、「抗辯權」有作以下分類：

㈠阻礙性抗辯權 (Einrede)。即阻止請求權行使的抗辯❶，又可分為：

---

❶ 王澤鑑先生稱此為「抗辯權」，大陸學者楊立新先生則稱此為「權利抗辯」。請參，王澤鑑，民法總則，頁 126–128，2020 年 9 月增訂新版；同作者，法律思維與案例研習：請求權基礎理論體系，頁 80–82，2021 年 2 月增訂新版。楊立新，论抗辩与

1.永久（滅卻）的抗辯權：例如時效消滅的抗辯。

2.一時（延期）的抗辯權：例如同時履行抗辯。

㈡否定性抗辯權 (Einwendung)❷。又可分為：

1.權利障礙的抗辯：即抗辯權利自始未發生，例如契約未成立。

2.權利毀滅的抗辯：即請求權雖一度發生，但其後業已消滅，例如業已清償。

三、對於「否定性抗辯權」即權利障礙的抗辯與權利毀滅的抗辯，學者認為這兩者屬於「訴訟上的抗辯」，在訴訟上縱使當事人未提出，法院亦應審查事實，如認有該抗辯事由存在，即須「依職權」裁判❸。

四、相對於此，如為「阻礙性抗辯權」，即阻止請求權行使的抗辯，學者認為此屬於「實體法上的抗辯權」，其效力係對於已存在的請求權，發生一種得為對抗的權利而已，義務人是否主張有其自由，義務人放棄抗辯之權利時，法院不得予以審究，必待他方在訴訟上已有所主張時，法院始有審究義務❹。

五、中間收入的扣除抗辯，論其抗辯權的性質，應為「阻礙性抗辯權」❺，即於他方（勞工）行使工資請求權時提出主張扣除（中間收入）的一種對抗權利，並非「否定性抗辯權」。則依上述學者見解，此應為「實體法上的抗辯權」，必待他方在訴訟上已有所主張時，法院始有審究義務。當雇主業已提出工資扣除抗辯，且法院調查後確認勞工確實有中間收入者，法院亦

抗辯权，載：楊立新民法講義（壹）——民法總則，頁 270，2009 年 11 月。

❷ 王澤鑑先生稱此為「抗辯」，楊立新先生則稱此為「事實抗辯」。同前註。

❸ 王澤鑑，同前註，民法總則，頁 126；法律思維與案例研習：請求權基礎理論體系，頁 81。

❹ 同前註。

❺ 學者林信和先生認為雇主的中間收入扣除權是一種「形成權」，一種法定之可供雇主決定是否行使之隱形權利，旨在賦予雇主尋求補償之機會，與本文認定工資扣除是一種「抗辯權」既非請求權也非形成權者不同。請參，林信和，論僱用人受領勞務遲延及其報酬額扣除權，月旦法學教室，第 202 期，頁 16，2019 年 8 月。

無不予扣除或酌減扣除金額之裁量權。臺北地院 108 重勞訴 23 民事判決指出：「該條（按指民法第 487 條）但書既規定：『僱用人得由報酬額內扣除之』，顯係賦予僱用人決定是否由報酬內扣除，而非賦予法院得斟酌是否扣除以及得扣除金額之職權，是原告（按指勞工）另主張上開法條並非規定『應』扣除，法院得斟酌狀況，依法判認被告得否依該規定主張扣除云云，亦與上開規定有違，同無可取。」可資參照❻。

六、民事訴訟法學者則多從辯論主義出發❼，以古典辯論主義三大原則為核心來討論此一問題。所謂辯論主義三大原則即：

㈠當事人未主張之事實，法院不得引為裁判基礎，又稱「當事人提出主義」。

㈡當事人不爭執事項，法院須受拘束而作為裁判基礎，又稱「自認拘束原則」。

㈢法院所能調查之證據，以當事人所聲請者為限，又稱「職權調查證據禁止原則」。

七、在辯論主義底下，有關否定權利之形成或存續，即上所指「否定性抗辯權」，其構成要件事實應由當事人主張、舉證，法院始得判斷其有無，一旦判斷符合法律所定之構成要件，此時始有依職權適用其法律效果之餘地。若論及阻止請求權行使為目的之「阻礙性抗辯權」，則不惟此等抗辯權存在之構成要件事實應由當事人主張、舉證，最重要的，是否行使此一權利（即主

---

❻ 林信和先生雖認為工資扣除抗辯屬形成權，但亦認為「並非依法自動扣除，法院亦不得依職權扣除」，其並表示「民法第 487 條扣除權之規定，尊重僱用人扣除與否之意願，寓有照料經濟上弱勢受僱人之意旨，立意崇高，應予贊同。」同前註。所稱「尊重僱用人扣除與否之意願」與本文上引臺北地院 108 重勞訴 23 民事判決所揭示的：「顯係賦予僱用人決定是否由報酬內扣除」意思相同。均認為須待雇主提出扣除之抗辯，法院始得審酌，無依職權扣除餘地。

❼ 與辯論主義相對的稱為「職權探知主義」，另還有部分修正的「協同主義」，這是專指在「事實主張與證據提出」的層面。

張適用後的法律效果）也應取決於當事人之意思，法院不能依職權適用❽。

八、本則判決另提到一個極其重要的訴訟爭點，即有關勞工在訴訟期間另有經營其他事業之事實，是由勞工自行先提出。勞工是在書狀中自陳：「伊夫婦多年來僅以販售農藥、農用品為業，伊於 101 年底突然受解僱，為謀生計，並販售庫存變現，不得已於受解僱後，考慮自行創業」等，然後再由雇主予以援用。此種不利於己之陳述先由己方提出後再由他方援用之情形，學說上稱為：「先行自認❾」，一經他方援用即生訴訟上自認效力，陳述之一方不能再任意撤銷。不過應特別說明者，本案雇主之援用並非為了要主張中間收入的扣除，而是用以爭執有關營業收入降低的可歸責性一節。但無論如何，本於「主張共通原則」，一旦當事人已作此陳述主張了，法院將來如何判斷屬法院之職權，並非一定僅能作出對陳述主張者有利之判斷，或只能限制在某一（或某些）特定事項作判斷。

九、本案至此已可確認，法院因勞工的先行自認，已然知悉勞工有在外經營事業之事實。剩下來要處理的問題是，法院可否在雇主並未主動提出工資扣除抗辯的前提下，以業已知悉的事實，認為既已確認勞工有在外經營事業獲取中間收入之事實，法院即應依職權主動予以扣除？最高法院 87 台上2559 民事判決指出：「原審斟酌全辯論意旨及調查證據之結果，以……上訴人既受領遲延，經原審一再曉諭，仍不願受領勞務給付或洽談和解，又未就被上訴人是否有轉向他處服務或取得利益為抗辯，自應負擔持續受領遲延，仍應支付報酬之不利益。……經核於法並無違誤。」此一判決見解認為工資扣除應由雇主主動提出抗辯。最高法院另一則 94 台簡上 5 民事裁定則認為：「本件上訴人對於原第二審判決逕向本院提起上訴，無非以：……民法第四

---

❽ 呂太郎，法院依職權適用過失相抵之商榷，載：民事訴訟之基本理論（二），頁114–115，2009 年 6 月。

❾ 同前註。另參最高法院 75 台上 1112 民事判決、76 台上 315 民事判決、108 台上2548 民事判決等。

百八十七條所定受僱人怠於取得與轉向他處取得之利益，屬法院應依職權調查審酌之事項，原第二審不得僅以伊未能證明即不予調查審認，至少亦應按臺灣地區勞工每月平均薪資扣除，始符合公平原則。……云云，為其論據。惟……原第二審就被上訴人轉向他處服勞務取得之利益，已依民法第四百八十七條第一項但書規定，於上訴人應給付之薪資中扣除，並說明因兩造訂立系爭選手契約，被上訴人之工作機會受有限制，既無證據證明其有工作機會而故意怠於取得利益，自不得逕按臺灣地區勞工平均薪資扣除等語，經核並無適用法規不當或消極未適用法規之情形；至於其認定上開事實有無錯誤，則與適用法規顯有錯誤無涉。」本則最高法院裁定也不認同雇主提起上訴所主張的「民法第四百八十七條所定受僱人怠於取得與轉向他處取得之利益，屬法院應依職權調查審酌之事項。」的論點。

　　十、最高法院 106 台上 812 民事判決則認為：「按眾所周知之事實，法院現時亦知之者，為法院已顯著之事實（本院二十八年上字第二三七九號判例參照），依民事訴訟法第二百七十八條第一項規定，無庸舉證。本件上訴人（按指雇主）自九十八年九月一日起，對被上訴人（按指勞工）為未排課及停薪等措施，拒絕受領被上訴人繼續提供勞務，乃原審所認定之事實，且為兩造所不爭執。果爾，被上訴人似已自斯時起，未對上訴人繼續提供勞務，則其因不服勞務（無往返到校授課之教學活動）是否全無因此減省之費用？即有待查明。而教師因未授課，可減省往返學校之交通費、綜合所得稅及研究費成本（如蒐集資料、購買書籍、文具等）之支出，乃眾所周知之事實，上訴人於原審一再抗辯被上訴人請求給付之薪資，應扣除未向上訴人服勞務而減省之費用，包括其他因未向上訴人服勞務所減省之費用，或轉向他處服勞務所取得或故意怠於取得之利益等語，是否全無可取？攸關上訴人應給付被上訴人報酬數額之判斷。原審未遑詳求，遽以上述理由就此部分為上訴人不利之論斷，尚嫌速斷。」換言之，認為雇主既已主張扣除，雖不知其數額，法院亦需調查審認。

十一、回到本文要討論的最高法院 109 台上 601 民事判決，雇主在訴訟上並未主張工資扣除抗辯（此與上述 106 台上 812 民事判決雇主業已主張扣除僅係不知其數額者不同），雖然因勞工先行自認的關係，勞工獲有中間收入的事實已成為法院現時亦知之事實，為民事訴訟法第 278 條第 1 項所規定為法院已顯著之事實。但其效果也僅是當事人「無庸舉證」而已，並非讓當事人所未主張的法律效果也要歸之於當事人。

十二、本文淺見以為在辯論主義三大原則底下，固然法院對於勞工業已有中間收入之事實不能再為相異之判斷（自認拘束原則），但就工資扣除之法律效果（工資請求權之減縮），本於當事人提出主義，仍須待當事人（雇主）先提出扣除之主張以後，法院始能依當事人不爭執之事實為相應的法律效果判斷。

伍、結　語

本文淺見以為在辯論主義三大原則底下，固然法院對於勞工業已有中間收入之事實不能再為相異之判斷（自認拘束原則），但就工資扣除之法律效果（工資請求權之減縮），本於當事人提出主義，仍須待當事人（雇主）先提出扣除之主張以後，法院始能依當事人不爭執之事實為相應的法律效果判斷。本則最高法院 109 台上 601 民事判決認為工資扣除屬於法院應依職權審認事項，事實審法院未依職權審認即屬違法而予以廢棄發回，此一法律見解應有違誤，本文不能認同❿。

---

❿ 本案經最高法院第二次發回臺南高分院以 109 勞上更二 1 更審後，當事人於訴訟中達成和解結案。

15 勞工保險年金化損賠計算與勞工過失相抵

——最高法院 108 年度台上字第 643 號民事判決評釋

壹、前　言

　　舊制勞工保險給付係一次給付，易因通貨膨脹而貶值，亦可能因被保險人（或受益人）領取後投資不當、供子孫花用、甚或遭人覬覦騙取而瞬間化為烏有，致使老年生活頓失依靠。有鑑於此，政府決定勞工保險給付應往年金給付方向改進，乃於 97 年 7 月 17 日立法院三讀通過修正勞工保險條例，總統於 97 年 8 月 13 日以華總一義字第 09700153201 號令公布，並自 98 年 1 月 1 日起施行。勞工保險年金化之後，對於勞工保險損賠案件如何計算其賠償額？賠償方式是一次給付賠償金還是也要如同年金給付般按月給付賠償金？均有待實務上個案判決釐清。

　　此外，勞工保險損賠多因雇主未依法為勞工申報加保勞工保險，或投保薪資以多報少引致。然實務上有不少類此案件，雇主之所以未申報加保或投保薪資以多報少，是因勞工對外負債，勞工為隱匿其薪資所得避免被其債權人扣押執行，主動要求雇主不要為其加保勞工保險，或雖然加保勞工保險但將投保薪資以多報少稍暗槓一些薪資。事後要請領勞工保險給付時卻又翻臉不認人依勞工保險條例第 72 條第 1、3 項規定向雇主索賠，此時雇主即會抗辯稱：未投保勞工保險或以多報少都是出於勞工的要求（或至少得勞工同意，有些情況下雇主還補貼勞工到職業工會加保的保費），故設如雇主應負賠償責任，勞工也是「與有過失」，從而主張過失相抵。本則判決就是在處理以上兩項爭議。

貳、案例事實

本件勞工主張：伊自 83 年 6 月 6 日起任職於大西華補習班前身「財團法人私立中華語文研習所」（於 104 年 3 月 11 日清算完結消滅）、「臺中市私立西華中國語文英日語會話短期補習班」，自 97 年 6 月 1 日起每月薪資為新臺幣（下同）4 萬元，99 年 4 月 1 日起調漲為每月 4 萬 3,000 元。大西華補習班於 104 年 5 月 20 日終止兩造間勞動契約，應給付伊資遣費 83 萬 7,480 元，尚短付 67 萬 9,280 元。又大西華補習班未如實為伊申報勞工保險投保薪資，致伊按月得請領之老年年金給付短少 6,632 元，按伊平均餘命，依霍夫曼式計算法扣除中間利息，應一次給付伊 125 萬 1,769 元。

雇主則抗辯勞工自己也同意低報薪資投保勞工保險，就此所生損害，亦與有過失，且勞工僅得請求 104 年 6 月至 9 月老年給付之損失 2 萬 7,196 元，不得以平均餘命計算請求一次給付老年給付差額等語，資為抗辯。

參、最高法院 108 台上 643 判決要旨

一、勞工保險條例第 6 條第 1 項、第 10 條第 1 項規定雇主為投保單位，應為其所屬勞工，辦理投保手續及其他有關保險事務；而勞工月投保薪資之申報係屬有關勞工保險之事務，應由投保單位按勞工之月薪資總額，依投保薪資分級表之規定，向保險人覈實辦理，投保單位向保險人申報勞工之月投保薪資，係履行其公法上之義務，並無事先知會勞工之必要，亦無與勞工合意不據實申報之餘地，此觀同條例第 14 條第 1 項、第 2 項、第 14 條之 1 第 1 項規定之意旨自明。是投保單位縱與勞工合意將投保薪資金額以多報少或以少報多，仍應依法據實申報月投保薪資額，無從憑以解免其據實申報之義務，倘未據實申報，致勞工受有損害，因勞工對損失發生原因之月投保薪資之不實申報，並無從助成其發生或損害之擴大，其依勞工保險條例第 72 條第 3 項規定求償時，自無過失相抵原則之適用。

二、我國民法就損害呈持續狀態時應回復原狀所為之金錢賠償，係以一次給付為原則，定期金為例外。準此，勞工就投保單位未據實申報投保薪資額，致其按月向勞工保險局領取之老年年金給付不足額損害，亦屬日後漸次發生者，自得類推適用上開規定，就其損害請求投保單位為一次給付之賠償。勞工依此訴請僱主賠償該損害，並非提起將來給付之訴。查被上訴人得向勞工保險局按月請領老年年金給付，為原審合法認定之事實，則原審以上訴人應申報投保薪資額與上訴人低報投保薪資額之被上訴人得按月請領老年年金給付差額，計算上訴人每月應賠償之損害，按被上訴人平均餘命，依霍夫曼式計算法扣除中間利息，命上訴人為一次給付，亦無不合。

肆、本文評釋

一、首先討論過失相抵部分

㈠過失相抵是在處理損害賠償的範圍。民法第 217 條第 1 項規定：「損害之發生或擴大，被害人與有過失者，法院得減輕賠償金額，或免除之。」過失相抵不能望文生義的逕行解釋為是過失的相互抵銷❶，而是在「損害分配」與「平等原則」之下，本於誠信及公平原則為基礎，讓與有過失責任的被害者，也承擔一部分損害，換言之，不允許被害者向加害者請求「全部損害」之賠償❷。

㈡過失相抵須賠償請求權人（被害者）「與有過失」。然則，何謂被害者「與有過失」？最高法院 105 台上 1250 民事判決認為：「所謂被害人與有過失，係指被害人苟能盡其善良管理人之自我注意，即得避免其損害之發生或擴大，竟不注意而言，與固有意義之過失，以違反法律上注意義務為要件者，有所不同。上開規定之目的，在謀求加害人與被害人間之公平，故法院於裁

---

❶ 曾世雄，損害賠償法原理，頁 309，1996 年 9 月修正二版。

❷ 王澤鑑，損害賠償，頁 342-343，2017 年 3 月。

判時得以職權減輕或免除之。」以本文所評釋之裁判案例事實來說，依二審臺中高分院 105 勞上 48 民事判決記載：「（勞工）自 99 年 4 月間起即擔任校務長，即為臺中區補習班之負責人，有總理校務之職權，而就伊之所屬員工有低報投保薪資乙事，早於 102 年間即遭勞工保險局質疑並要求調整，被上訴人（按指勞工）明知其事，仍於勞工局之函文上批示『本校投保金額大致與實際收入相符……可以不調整』，足見被上訴人同意低報薪資。且被上訴人明知（主導）且同意伊低報薪資，其對於此項損害之發生，與有過失。」等語。顯見本案勞工明知雇主以多報少之事實，不惟多年來並無反對之意思，甚至自己在執掌權責內還批示「可以不調整」，雇主事後在訴訟上抗辯勞工與有過失，並非無據。

㈢惟被害者確有過失僅是要件之一，要能滿足「過失相抵」的要件，尚必須被害者的過失行為與損害的發生或擴大有相當因果關係，或者說是有共同的原因力始足當之。最高法院 96 台上 2672 民事判決指出：「所謂被害人與有過失，須被害人之行為助成損害之發生或擴大，就結果之發生為共同原因之一，行為與結果有相當因果關係，始足當之。倘被害人之行為與結果之發生並無相當因果關係，尚不能僅以其有過失，即認有過失相抵原則之適用。」這裡才是本案的關鍵，被害人勞工的過失行為是否為助成損害之發生或擴大的共同原因力？假如是，當然構成過失相抵，假如不是，賠償義務人雇主的過失相抵抗辯即無理由。

㈣我國勞工保險採申報生效、給付審核制度❸，申報義務人為雇主，勞工非申報義務人，亦無權主動為己申報加保或申報調整投保薪資，一任雇主之申報。故雇主有完整的權限得自主決定何時申報加保、加保何人、投保薪資數額多少等。即使勞工業已同意（甚或是主動要求）不加保或以多報少等，雇主仍得（依法也必須）為勞工覈實申報加保，完全不受勞工同意或要求之

---

❸ 勞工保險條例第 11 條、第 28 條規定參照。另參，張桐銳，再論勞工保險申報制度，月旦法學雜誌，第 315 期，頁 156–169，2021 年 8 月。

影響。在此一意義下,作者完全肯定最高法院判決意旨所說明的:「投保單位向保險人申報勞工之月投保薪資,係履行其公法上之義務,並無事先知會勞工之必要,亦無與勞工合意不據實申報之餘地……是投保單位縱與勞工合意將投保薪資金額以多報少或以少報多,仍應依法據實申報月投保薪資額,無從憑以解免其據實申報之義務,倘未據實申報,致勞工受有損害,因勞工對損失發生原因之月投保薪資之不實申報,並無從助成其發生或損害之擴大,其依勞工保險條例第 72 條第 3 項規定求償時,自無過失相抵原則之適用。」換言之,勞工的與有過失,並非損害發生的共同原因力之一。

(五)意即,勞工縱使對於雇主不依法申報加保或投保薪資以多報少一節,事前予以同意甚或是主動要求得來者,但雇主本來就不應受勞工要求或同意之影響,依法應為勞工覈實加保勞工保險。而且此一覈實加保勞工保險申報義務的履行,完全不須勞工的協力,無需取得勞工的同意,申報書表更無需勞工簽章❹。所以勞工保險未據實申報事後產生的損害賠償,其唯一的原因力應只有「雇主未依法據實申報」此一環節,勞工的同意或主動要求,並無從助長損害的發生或擴大。換言之,與損害的發生一點關係也沒有,因此雇主主張過失相抵並無理由。

(六)本則最高法院判決並沒有順道討論另一個與過失相抵抗辯相關的問題,即勞工事前同意(甚或主動要求)雇主不依法覈實加保,縱使不構成過失相抵,然則,勞工事後翻臉不認帳竟還索賠有無違反誠信或構成權利濫用之問題。這當然也可能是因當事人在訴訟上未主張,所以法院未予審酌❺。

---

❹ 當然勞工保險加保申報書必須填寫勞工之年籍資料(身分證統一編號等)等,此一資料固須勞工提供,但查這是勞工到職雇主依勞動基準法第 7 條第 1 項規定為其製作勞工名卡時本來就須提供者,不能以此即認為勞工提供年籍資料為雇主申報加保勞工保險的共同原因力之一。

❺ 固然最高法院 97 台上 950 民事判決要旨指出:「依一般社會之通念,可認其權利之再為行使有違『誠信原則』者,自得因義務人就該有利於己之事實為舉證,使權利人之權利受到一定之限制而不得行使,此源於『誠信原則』,實為禁止權利濫用,以

本文淺見以為勞工保險給付具有高度社會安全、社會保險色彩，法律上課予雇主申報義務之目的即在確保勞工之勞工保險給付請求權安全無虞，勞工事後無法行使該勞工保險給付請求權（或請求權減損）因此遭致之損害，勞工保險條例第 72 條第 1、3 項更明定雇主應按原來勞工保險的給付標準賠償予勞工，此一賠償其實是勞工保險給付的變形（或稱是：勞工保險給付的代替權利❻），應受與原來勞工保險給付完全相同之保障。果勞工請領原來的勞工保險給付並無違反誠信，則勞工事後索償勞工保險損賠，亦無違反誠信或權利濫用問題。

二、年金給付之賠償問題

㈠如本文前言所述，勞工保險年金化之後，勞工選擇請領年金給付者，在計算勞工保險損賠金額時非如以往請領一次金般那麼清楚明確，完全沒有申報加保者，就假設「如果」有申報加保得請領多少金額勞工保險給付，此一金額即是賠償額；以多報少者，就還原到「如果」有覈實加保者，得請領

軟化權利效能而為特殊救濟形態之『權利失效原則』，究與消滅時效之規定未盡相同，審判法院當不得因已有消滅時效之規定即逕予拒斥其適用，且應依職權為必要之調查審認，始不失民法揭櫫『誠信原則』之真諦，並符合訴訟法同受有『誠信原則』規範之適用。」認有關誠信原則、權利濫用禁止原則等上位規範，法院不待當事人抗辯，即應依職權調查審認，但揆諸實務運作，仍以當事人先有所主張以後，法院始會對此爭點作出論斷。最高法院 100 台上 463 民事判決認為：「權利濫用禁止原則不僅源自誠實信用原則，且亦須受誠實信用原則之支配，在衡量權利人是否濫用其權利時，仍不能不顧及誠信原則之精神。故於具體案件，如當事人以權利人行使其權利有權利濫用及違反誠實信用原則為抗辯時，法院應就權利人有無權利濫用及違反誠信原則之情事均予調查審認，以求實質公平與妥當。」可資參照。

❻ 最高法院 87 台上 2281 民事判決意旨認為：「勞工保險條例第七十二條規定：雇主因不依法辦理勞工保險，將投保薪資以多報少所致之損失，雇主應按勞工保險條例所規定之給付標準賠償勞工。是勞工此項損害賠償請求權，乃屬勞工保險給付之代替權利，其本質上仍屬勞工保險給付。」即揭明斯旨。

多少金額勞工保險給付，以該金額減掉現實上目前實際請領到的金額即為賠償額。但年金化之後，計算不再如此簡單，勞工實際未來會請領到多少金額的勞工保險給付，繫乎勞工未來的生存年限，活得越久、領得越多。此外，這可能還涉及「未來給付」之請求❼，即大部分的給付都會是在事實審言詞辯論終結日之後才實現，目前可否主張？能否宣告假執行❽？此外，法院判決賠償是否也要跟著年金給付般，判命一期一期的給付？能否直接判命雇主一次給付？這都是實務上要面臨的問題❾。

　　㈡本則案例的二審判決臺中高分院 105 勞上 48 民事判決即記載雇主在訴訟上抗辯稱：「再者，被上訴人（按指勞工）之老年年金給付方式為按月給付，倘被上訴人死亡即無請求權，且被上訴人未來之損害既未發生，自不得於本訴訟請求；縱得請求，亦僅能請求以按月給付方式給付之；且僅能就其請求權發生之日起至起訴日止之勞工保險老年給付之損失為請求，即僅能請求給付 104 年 6 月至 9 月之老年給付損失總計 2 萬 7,196 元。」此為典型勞工保險給付年金化之後，勞工保險損賠案件雇主標準的抗辯模式。

　　㈢最高法院本則判決一一拆解如下：「民法就損害呈持續狀態時應回復原狀所為之金錢賠償，係以一次給付為原則，……勞工依此訴請雇主賠償該損害，並非提起將來給付之訴。……原審以上訴人應申報投保薪資額與上訴人

❼ 本件一、二審判決對此均認為尚未屆期之老年年金差額損害部分，其性質屬「將來給付之訴」。以二審臺中高分院 105 勞上 48 民事判決為例，其認為：「再者，被上訴人主張大西華補習班應賠償其尚未屆期之老年年金差額損害部分，其性質固屬將來給付之訴，然依大西華補習班前揭辯詞且其答辯聲明請求駁回被上訴人此部分之請求，顯足認大西華補習班有到期不為履行之虞，被上訴人自有預為請求之必要，是被上訴人此部分請求，自屬有據。」

❽ 未來給付能否宣告假執行問題，請參拙著，勞動訴訟實務，頁 157-158，2020 年 9 月。

❾ 類似的問題在日本有所謂「控除說」與「非控除說」的討論，請參，徐婉寧，損益相抵與職業災害勞工保險給付——以勞保給付年金化後之爭議問題為中心，臺大法學論叢，第 43 卷第 1 期，頁 17-26，2014 年 3 月。

低報投保薪資額之被上訴人得按月請領老年年金給付差額，計算上訴人每月應賠償之損害，按被上訴人平均餘命，依霍夫曼式計算法扣除中間利息，命上訴人為一次給付，亦無不合。」換言之，最高法院認為：

1.勞工請領勞工保險給付雖然選擇請領年金，但向雇主請求勞工保險損賠，仍以請求一次給付為原則，並非一定要按勞工保險給付般判命一期一期的賠償。

2.勞工訴請賠償一次給付損害金額，並非「將來給付之請求」，不必受限於民事訴訟法第 246 條提起將來給付之條件，宣告假執行也無涉將來給付之問題❿。

3.計算賠償額乃是以「應申報投保薪資額與低報投保薪資額之得按月請領老年年金給付差額，計算每月應賠償之損害額，再按勞工平均餘命，依霍夫曼式計算法扣除中間利息，命雇主為一次給付。」

㈣在上揭第三點以勞工平均餘命推估計算損害額的前提下，會產生一個未了的問題，即假設未來勞工實際上沒有活得那麼久，那雇主可否主張多賠了？甚至要求勞工之繼承人返還？對此一假設性議題，一、二審判決都認為：「至於原告（勞工）日後倘果真於本件主張之平均餘命年齡前死亡，核屬屆時被告（雇主）得否另循法律途逕對其繼承人等主張而為救濟之問題，自無從於本件作為有利被告認定之憑據。」輕輕帶過並未給予明確之答案，而最高法院判決意旨對此一假設性議題則全無著墨。

㈤本文淺見以為一、二審判決其實多慮了，此一假設性議題根本不存在。如果要討論勞工少活了幾年，那是否也要一併討論勞工如果多活了幾年呢？是否屆時勞工（或其遺屬）還得另向雇主追償不足之損害賠償？更何況「平均餘命」年齡隨著國民的營養、醫學進步等因素可能逐年調整，並非一成不變，本來就有不確定因素。故以平均餘命推估損害賠償數額，所推估者本來

---

❿ 本件一審認為未屆期部分屬「將來給付之請求」已如前述，但仍於主文第六項為假執行之宣告。

就是「全部」的損害額,而非一部請求,更非保留萬一將來如果實際上活得更久或更短時應另行結算之餘地。以故,判決確定之後無論勞工何時死亡,更不論較諸當時法院推估的平均餘命是較長或較短而受影響,均無須另行結算找補之問題。

伍、結　語

勞工保險年金化之後,有關勞工保險損賠,勢必帶來與以往不同的風貌。本則最高法院 108 台上 643 民事判決指出勞工保險年金化之損害賠償仍以一次現金給付為原則,只不過應按勞工平均餘命,依霍夫曼式計算法扣除中間利息而已。又勞工平均餘命本即屬統計上的平均值,並非具體特定人士之真正壽命,以此計算出來的損害額仍是「全部」損害額,並無再按勞工實際存活年限再有事後找補等問題。

又勞工對於雇主之申報投保並無原因力,即使其曾同意(甚或主動要求)不要申報投保,或投保薪資以多報少,均無與有過失可言,雇主不得主張過失相抵用以減免自己之賠償責任。

16 論勞動債權的預先清償

——臺灣新北地方法院 109 年度勞訴字第 81 號民事判決評釋

壹、前　言

　　本文所指的勞動債權專指勞工方面對雇主本於勞動契約所得請求的金錢給付債權，最主要是指工資、加班費❶、應休未休特別休假工資、資遣費、退休金❷、離職後競業禁止補償、服務年限約款補償、職災補償等等❸。

　　以上勞工之金錢債權對雇主方面而言則是債務，該債務的本質為「或有負債」之性質，蓋其發生與否尚不確定，並非已確定發生之債務而僅是清償期尚未到期而已。最高法院民國 63 年 5 月 28 日 63 年度第 3 次民庭庭推總會議決議（六）指出：「將來之薪金請求權，可能因債務人❹之離職，或職位變動，或調整薪津，而影響其存在或範圍」，故並非「確定之債權」。本則決議

---

❶ 加班費除指勞動基準法第 24 條第 1 項之延長工時工資外，廣義而言也包括同條第 2 項的休息日工作工資，及第 39 條中段的休假日工作工資。

❷ 此指勞動基準法舊制之退休金。至於勞工退休金條例上雇主應提繳 6% 新制退休金至勞工設於勞保局之勞退專戶責任，核屬雇主對國家所負的公法上給付義務，固然也是私法上本於勞動契約對勞工保護照顧義務之一環，勞工對雇主亦有命其提繳之請求權存在，但畢竟不是直接請求雇主給付金錢，故不是本文定義的勞動法債權，但本文以下亦有論及。

❸ 另勞動基準法第 16 條第 3 項的預告期間工資，雖也是雇主對勞工所負的金錢債務類型之一，但實務上對此均於實際發動資遣時才以金錢給付，想像中幾無預付可能，於茲不論。

❹ 此處之「債務人」指勞工，蓋本則最高法院決議是針對勞工之債權人能否就勞工之工資債權聲請法院核發移轉命令問題而討論，所以勞工為「執行債務人」、雇主為第三人。如純就勞動債權當事人而論，勞工為工資債權之債權人、雇主為債務人。

雖僅提及薪金（工資）債權為不確定債權，但於其他種類之勞動金錢債權都有適用。

其實非僅勞工方面可能因離職、死亡、調動等而影響勞動債權之存在或範圍，雇主方面亦有可能因停業、歇業、破產倒閉等而使未來的勞動債權確定不發生。

勞動債權中的勞工離退給付如資遣費、退休金等，通常金額較大，對中小企業雇主言，可能是一筆不小的財務負擔。所以如果能在勞工任職期間內就慢慢的多少預先清償一些，等到真的要給付資遣費、退休金時，只要再補差額即可，財務負擔壓力會小很多，或許這就是雇主理性經濟考量後會與勞工安排「預付」的主要原因。

本文以下謹以新北地院 109 勞訴 81 民事判決為例❺，分就各個不同的勞動債權討論雇主預先清償的合法性。

貳、案例事實

某一雇主為保障員工權益，亦深怕未來公司面臨營運困境時，恐將無財力支付員工退休金、資遣費或履行其他勞動法上之金錢給付債務，因此與員工口頭約定，由公司為員工投保○○人壽公司商業年金保險，保險費由員工分擔 40%，公司負擔其餘 60%。公司以按年或按月替勞工所繳交之「保險費」來「充抵」未來勞工所可請求之退休金、資遣費或其他勞動法債務❻。換言之，以繳納商業年金保險「保險費」之方式作為勞動法債權的預先清償。惟事後有勞工主張公司代繳的保險費其實應該是「工資」（或福利）的一部分，不能充抵退休金，乃於退休生效後向法院提起退休金給付訴訟。

---

❺ 事實上與上揭新北地院 109 勞訴 81 民事判決同一案情的還有另兩則判決，新北地院 109 勞簡 70 民事判決、109 勞簡 86 民事判決，本文必要時將會結合在一起討論。

❻ 本文在此使用「充抵」一詞，純為了避免與勞動基準法第 59 條但書、第 60 條，及民法第 321-323 條已有固定意義之「抵充」混用。

參、新北地院 109 勞訴 81 民事判決要旨

一、被告自 91 年至 99 年、100 年至 108 年按年為原告繳納保費高達 72 萬 5,828 元，即在於保障原告之退休金，從而，……原告再請求被告給付原證 5 之舊制退休金，自無理由，應予駁回。……原告主張被告支付之商業保險費性質上為工資，自不得抵充舊制年資退休金云云，然查，被告抗辯每年支付保險費高達 4 萬 4,881 元，且未將其支出作為原告之薪資所得申報等情，為原告所不爭，從而，被告自無將其作為薪資之一部分，況被告於 91 年起至 108 年長達 18 年，或按年，或按月為原告繳納保險費高達 72 萬 5,828 元，紅利價值高達 87 萬 6,960 元，自為保障原告之退休生活，自非勞務之對價，亦無經常性給付，欠缺工資之要件，原告此部分主張，自不足採。……被告為原告支付之商業保險費原在抵充原告之舊制退休金年資，已如前述，自不得再抵充作為新制資遣費。

二、被告先抗辯其為原告支付之商業保險費抵充新制資遣費 30 萬元云云，又抗辯商業保險費已抵充勞動法上之債務即舊制勞工退休金年資 62 萬 2,500 元云云，再抗辯以支付保險費扣除原告應提繳之勞工退休金之云云，再抗辯被告支付之保險費可抵充特休未休工資云云，被告僅支付商業保險費 72 萬 5,828 元，卻要求原告重複抵充舊制年資退休金 62 萬 2,500 元、新制資遣費 30 萬元、特休未休工資 6,444 元、溢扣薪資 31 萬 3,236 元等，合計 124 萬 2,180 元，早已逾其應給付之金額，被告抗辯前後矛盾，自不足採。

肆、本文評釋

一、工資之預付

㈠工資債權是惟一法律明定得預先清償的勞動債權。勞動基準法第 23 條第 1 項前段規定：「工資之給付，除當事人有特別約定或按月預付者外，每月

至少定期發給二次。」法律明定得按月「預付」。但事實上除「按月」預付之基本類型外，非按月的預付實務上也頗為常見，例如所謂的「預支薪津」。按公司法在民國 55 年 7 月 19 日修正於第 15 條第 2 項明文規定：「公司之資金，不得借貸與其股東或其他個人。」自此而後建立公司資金不得貸與員工之機制❼。但實務上勞工因結婚成家、購車、購買大型家電等常有向公司預借現金之需求，為了迴避公司法第 15 條禁止公司資金貸款與員工之強行規定，早在勞動基準法公布施行前，實務上即發展出一套「預支薪津」的論理體系。

㈡經濟部 68 年 11 月 17 日經商字第 39514 號函指出：「查○○公司僱用人○○○向該公司預支薪津，約定就僱用人薪津及獎金於存續期限內扣還，非屬一般貸款性質，並不構成違反公司法第 15 條第 2 項之規定。」經濟部 80 年 8 月 6 日經商字第 219043 號函再重申：「○○公司貸款予營業人員及主管人員購車，嗣後自申請員工之薪津按月平均扣還屬預支薪津，並非屬一般貸款性質，尚無違反公司法第 15 條第 2 項之規定。」司法實務上例如臺高院 100 上易 1229 民事判決亦肯認此種預支薪津的合法性，判決認為「公司准許員工借支薪津，僅屬預支薪津，非屬一般貸款性質，應不受公司法第 15 條第 1 項規定之限制。」均可資參照。

㈢比較需注意的是依經濟部 101 年 11 月 28 日經商字第 10102144470 號函示意旨「預支予員工之薪資如超過一般薪資之合理範圍，或所預支之薪資無法由員工自由意志支配應屬一般貸款，而有公司法第 15 條之適用。」意即雇主不能指定預支薪津的用途，例如指定勞工只能用來參與培訓課程之用等，否則仍會有違反公司法第 15 條之可能。

㈣在預支薪津的論理體系下，勞工尚未服勞務，雇主即先給付報酬，未來勞工如無法服勞務之風險是由雇主承擔，對勞工而言則是純粹受利，尚未

---

❼ 公司法第 15 條禁止公司資金貸與股東及其他個人（含員工）之規定，歷經多次修訂，原則大致不變，現行法改列在第 15 條第 1 項，因修法過程與本文討論主題無關，謹從略。

服勞務即先享有報酬,當然無違勞動保護法規之意旨,於法自無不可。勞動契約消滅時如勞工所預支之薪津有尚未償還完畢者,本於請求權到期原則,雇主自得要求勞工於離職時一次還清❽。

㈤另外還有一種較特殊的「預付薪津」,主要源由於違法解僱訴訟上的抵銷抗辯。舉例說明之,雇主以業務緊縮為由資遣勞工並給付勞工資遣費若干元,勞工不服認為雇主(資遣)解僱無效提起違法解僱訴訟,除請求確認僱傭關係存在外,也同時訴請雇主應繼續給付自解僱次日起至准許勞工復職日止之工資。雇主在訴訟上一方面抗辯資遣有效,勞雇關係不復存在並無工資給付義務,另一方面也預備的抗辯稱:設如解僱無效勞雇關係續存雇主仍有給付工資義務者,其亦得以業已給付予勞工之資遣費返還債權(主動債權)用以抵銷勞工訴求之工資債權(被動債權)。蓋法院如判決資遣無效,勞工所已受領之資遣費即構成不當得利,雇主得對勞工主張不當得利返還請求權,此一不當得利返還債權不僅得另訴請求,自亦得在勞工請求續付工資之訴訟中為預備的抵銷抗辯。一旦此一抵銷抗辯獲法院判准,即等同勞工尚未服勞務而雇主業已先行預付相當於資遣費總額的工資❾。

二、退休金之預付

㈠本則判決認為退休金可以由雇主先行預付。判決指出:「被告……為原告繳納保費高達 72 萬 5,828 元,即在於保障原告之退休金,從而,……原告再請求被告給付……舊制退休金,自無理由……被告……為原告繳納保險費高達 72 萬 5,828 元,紅利價值高達 87 萬 6,960 元,自為保障原告之退休生

---

❽ 請參拙著,勞動契約消滅時之請求權到期與返還義務爭議,法令月刊,第 53 卷第 3 期,頁 9–13,2002 年 3 月。

❾ 預付的部分為資遣費總額扣除雇主通知勞工復職日前工資總額後之餘額,蓋如係復職日前訴訟期間之工資,勞工依民法第 487 條本文規定並無補服勞務義務,不能列計為「預付工資」。

活，……被告為原告支付之商業保險費原在抵充原告之舊制退休金。」換言之，對於雇主以幫員工投保商業年金保險，負擔繳納部分保險費作為將來勞工退休金給付方式之合法性予以肯認。因雇主繳納之保費 72 萬 5,828 元超過勞工退休金 62 萬 2,500 元，充抵殆盡後勞工退休金之請求全部被否准。

㈡就此，作者淺見以為肯認雇主得在勞工在職期間內以代繳保險費之方式充抵未來之退休金實有極大風險。

　1.混淆在職期間內之給付與離退給付。

　2.易啟雇主把在職期間內可能的調薪、福利措施等就解釋為是勞工將來離退給付的動機。等同所謂的「一魚兩吃」。

　3.設如將來勞工退休條件未成就（例如勞工尚未至退休要件就先離職或死亡等），依法勞工（或其繼承人）還需對雇主負返還該先已預付退休金之責任，對勞工或其繼承人都不公平。

　4.如果預付的金額經結算大於勞工退休金金額❿，例如上述新北地院本則判決所示，雇主預付代繳之保費為 72 萬 5,828 元，超過了勞工應得之退休金 62 萬 2,500 元，照理超過應得退休金部分的「103,328 元」勞工應返還給雇主，否則就構成不當得利。然如此一來，勞工退休時實際分文未得，反而還欠雇主一筆債，是否符合退休金是要來照顧勞工老年生活之立法本意，自非無疑。

㈢於此之故，本文作者於本書第 5 篇「有關預付退休金等問題——臺灣高等法院 108 年度勞上易字第 65 號民事判決評釋」一文中，就表達出對在職期間內雇主預付退休金合理性的質疑。在此作者仍要再三強調，本於上述風險考量，作者不認同在職期間內雇主就先預付退休金的合理性。此外，勞動基準法第 55 條第 3 項前段明定退休金「雇主應於勞工退休之日起三十日內給付。」即退休金只能以現金一次給付（同條項後段的分期給付屬例外），且須

---

❿ 勞工退休金是以退休前平均工資計算，有可能因臨退休前 6 個月減薪等原因致退休金數額少於預付總額。

於「勞工退休之日起三十日內給付」給付期間亦為法所明定，解釋上必須於勞工退休生效後的給付才符合退休金給付本旨，在職期間內的給付依勞動基準法第 55 條第 3 項前段規定，均不得被解釋為是「退休金」，如此方符退休金是用來照顧勞工晚年生活目的之立法旨意。

㈣至若如上解釋造成雇主在職期間內的預先給付無法被解釋為是退休金，雇主如認為是則該項給付原先預設的目的不達（原先預設的目的就是要當作是退休金），勞工應負不當得利返還義務者，則屬另一問題。然需特別說明的是縱使勞工真因此需對雇主負返還預付部分之責任者，惟勞動基準法第 58 條第 2 項明定「勞工請領退休金之權利，不得讓與、抵銷、扣押或供擔保。」雇主亦無從以對勞工之不當得利返還債權抵銷勞工對雇主之退休金債權。

㈤因此，無論如何，雇主均應於勞工退休後 30 日內以現金如數給付勞工應得之退休金，不得以在職期間內的任何形式給付抵充、充抵或抵銷勞工之退休金。

三、資遣費

㈠同上說明之理由，本文亦不認同資遣費得以在職期間內的預先給付充抵未來的資遣費。本則新北地院 109 勞訴 81 民事判決於認可雇主退休金充抵之抗辯後，對於雇主同樣再主張充抵資遣費，卻僅以「被告僅支付商業保險費 72 萬 5,828 元，卻要求原告重複抵充舊制年資退休金 62 萬 2,500 元、新制資遣費 30 萬元、特休未休工資 6,444 元、溢扣薪資 31 萬 3,236 元等，合計 124 萬 2,180 元，早已逾其應給付之金額，被告抗辯前後矛盾，自不足採。」一語帶過，對於為何舊制退休金可以充抵，資遣費就不可充抵一節說理不足。尤其雇主代繳之保費依判決所示充抵退休金後還剩餘「103,328 元」如上所述，即使不能完全充抵新制資遣費 30 萬元、特休未休工資 6,444 元、溢扣薪資 31 萬 3,236 元等，然此亦屬應否適用民法第 321、322 條清償抵充規定之

問題，而不適合僅以一句「早已逾其應給付之金額，被告抗辯前後矛盾，自不足採。」就輕輕帶過。

㈡另一則同一雇主類同案情個案之新北地院 109 勞簡 70 民事判決對此則指出：「被告雖抗辯其與原告達成合意，以其為原告繳納之○○年金保險費總額為 618,691 元抵充舊制退休金及資遣費云云，而原告雖不爭執被告為原告繳納之○○年金保險費取代給付原告結清之舊制退休金，卻否認兩造合意以被告為原告繳納之○○年金保險費抵充資遣費。……被告公司自無從將公司先前所給予之資深員工福利，於嗣後需負擔員工資遣費時，任意更改用以抵充資遣費之債務，況兩造均已同意被告為原告繳納之○○年金保險費抵充原告舊制退休金，已如前述，自不得再抵充作為新制資遣費。」判決文中已指出雇主「自無從將公司先前所給予之資深員工福利，於嗣後需負擔員工資遣費時，任意更改用以抵充資遣費之債務」，已然寓有定性在職期間內代繳商業保險保費，應屬「員工福利」性質之意，然其後又認為「兩造均已同意被告為原告繳納之○○年金保險費抵充原告舊制退休金，已如前述，自不得再抵充作為新制資遣費。」前後說理似乎不甚一致。

㈢本文淺見以為資遣費類同退休金，均屬勞工離退給付之一環，寓有社會安全保障之目的存焉，不允許雇主以在職期間內的他種給付來充抵。勞動基準法第 17 條第 2 項同樣明定：「前項所定資遣費，雇主應於終止勞動契約三十日內發給。」均規定必須於「終止勞動契約三十日內發給。」即僅於終止勞動契約後之給付始能被解釋為是資遣費，且需以現金一次給付，代繳保費之方式顯然違背勞動基準法第 17 條第 2 項規定之給付方式，依民法第 71 條本文規定，即使勞雇間有此一充抵規定，依法亦屬無效。

㈣惟與上述退休金規範不同的是資遣費無禁止扣押抵銷明文，是則如雇主主張有對勞工之他項債權（例如不當得利返還債權）存在，似亦不能阻止雇主行使此項抵銷權，一旦適法抵銷勞雇雙方兩項債權在抵銷範圍內同時消滅，此應為勞工資遣費債權保障較為不足之處。

四、新制退休金之提繳

㈠本則判決並未處理到新制退休金提繳的充抵問題，但同一雇主相同案情的他案，則有處理此一新制退休金提繳充抵問題，於此一併討論。新北地院 109 勞簡 86 民事判決指出：「勞退條例之規定，應屬強制規定，縱雇主與勞工間曾事前協議自勞工薪資中扣繳應由雇主提繳之勞工退休金或變更提繳之方式，亦應認此協議違反勞退條例之強制規定而屬無效，勞工自不受該無效之協議所拘束。……被告辯稱兩造同意以被告為原告繳納部分〇〇人壽商業年金保險之保險費用充作勞工退休金云云，然為原告所否認，且被告亦無說明及舉證關於兩造已達成上開協議，是其所辯內容，顯有疑義。又依上開說明，勞退條例之規定係屬強制規定，縱兩造間確有前揭免除被告提繳部分勞工退休金之義務而為之特別約定，亦屬違反強制規定，依民法第 71 條規定，應屬無效。」

㈡本則判決認為「勞退條例之規定，應屬強制規定，縱雇主與勞工間曾事前協議自勞工薪資中扣繳應由雇主提繳之勞工退休金或變更提繳之方式」，依民法第 71 條規定應屬無效，自屬的論。

㈢查勞工退休金條例第 6 條第 2 項明文規定：「除本條例另有規定者外，雇主不得以其他自訂之勞工退休金辦法，取代前項規定之勞工退休金制度。」法律上早已明定不許以其他的替代方案來取代或變更勞退條例的新制提繳規範，新北地院 109 勞簡 86 民事判決結論固屬正確，然若能一併援引勞工退休金條例第 6 條第 2 項規定為說理依據之一，立論將更周延。

五、職災補償

㈠職災補償涉及勞工不幸發生職災時須獲得即時的保障與救援，更不容許雇主以預先給付之方式來抵充事後的補償責任。否則恐易造成勞工在最迫切需要現金收入時，卻因被抵充殆盡分文未得之困境。因此，解釋上職災補

償均必須於職災發生後給付者⓫，始得被認定為是職災補償⓬。

㈡勞工不幸發生職災應獲得迅速而確實的補償，然恐雇主本身財力不佳，一時間無力負擔龐大支出，因此法律上鼓勵雇主未雨綢繆，除法定最低標準的勞工保險外⓭，亦得事先購買商業保險來給勞工多一份保障。此一商業保險給付依法得抵充雇主之職災補償責任，自不待言。又按雇主購買商業保險並非職災補償金的事先預付，與本文所述的勞動債權的預先清償應予區辨，蓋勞工不發生職災，保險就不理賠，勞工也無返還該保險費之義務。但在「預付」的情形下，設如勞工工作到退休都未發生職災，則雇主「預付」的職災補償金即會構成勞工的不當得利，因此需對雇主負返還責任者不同，不可不查。

六、離職後競業禁止補償

㈠此一問題，在 104 年 12 月 16 日勞動基準法第 9 條之 1 修訂前曾聚訟不已。有不少實務見解認為在職期間內的給付（例如年終獎金與股票或現金紅利等）可以被解釋為是未來勞工離職後競業禁止的代價（臺南高分院 99 年度上更一 9 民事判決、臺高院 102 勞上 53 民事判決等參照）。但多數通說認為在職期間之給付或為年終獎金、員工分紅入股制度，旨在網羅、吸引優秀人才任職及作為員工之獎勵，並非競業禁止之對價，非屬離職後競業禁止約

⓫ 各項職災補償之法定給付期間如下：1. 醫療費用：勞工請求或催告雇主補償之當日。2a. 工資補償：原應發給工資日（勞動基準法施行細則第 30 條）；2b. 工資終結補償：雇主應於決定後 15 日內給與（勞動基準法施行細則第 32 條前段）。3. 失能補償：全民健康保險特約院所診斷為實際永久失能之日（勞工保險條例施行細則第 69 條）。4a. 喪葬費：勞工死亡後 3 日內（勞動基準法施行細則第 33 條前段）；4b. 死亡補償：勞工死亡後 15 日內（勞動基準法施行細則第 33 條後段）。

⓬ 當然超過法定給付期間後雇主即負遲延責任，惟並非即否定其為職災補償之性質。

⓭ 按我國已於 2021 年 4 月 30 日公布制定「勞工職業災害保險及保護法」，將來自 2022 年 5 月 1 日起施行後，職災保險部分就將自現行的勞工保險條例中獨立出來。

款的代償措施（新北地院 96 勞訴 1 民事判決；臺高院 96 勞上易 47 民事判決、98 勞上 22 民事判決、99 重上 137 民事判決；臺北地院 99 勞訴 4 民事判決等參照）。

㈡本文作者淺見認為在職期間之給付無非係工作之對價，無論如何均不得認定為屬「代償措施」，否則雇主極易在薪資給付制度上設計將其中一部分劃歸為所謂的「代償措施」，等於「一魚兩吃」極不合理。其後，勞動基準法第 9 條之 1 第 2 項明定「前項第四款所定合理補償，不包括勞工於工作期間所受領之給付」，勞動基準法施行細則第 7 條之 3 第 2 項再次強調「前項合理補償，應約定離職後一次預為給付或按月給付。」即僅限於「離職後」之給付始足當之，此一爭議應已不復存在。

㈢從勞動基準法第 9 條之 1 第 2 項、勞動基準法施行細則第 7 條之 3 第 2 項的立法規範，更足以說明勞動債權除工資債權外，其餘離退給付或特殊情事下的給付（例如加班後的加班費、職災發生時的職災給付等），均不得安排由雇主預先給付，然後約定於勞工實際離退或加班、職災事故發生雇主應負給付額中再予扣除（扣還、抵銷、抵充或抵扣）。

伍、結　語

綜上說明，勞動債權中除工資債權雇主得預先支付事後扣抵外，其餘無論是離退債權例如退休金、資遣費，或特殊情形下法定的金錢給付債權例如職災補償債權、加班費債權等，均不允許安排由雇主預先給付、事後債權確定發生後再予以扣抵的方式來履行。亦不容許雇主以其他非現金的給付方式來變更、替代法律明定的現金給付義務，庶幾確保勞動債權之及時實現。

17 受領勞務遲延中勞工違反忠誠義務的二次解僱

——臺灣高等法院 107 年度重勞上字第 11 號民事判決評釋

壹、前　言

雇主受領勞務遲延，多半是在違法解僱訴訟程序進行中，勞工主張雇主解僱無效又拒絕受領勞務，因此構成受領勞務遲延，除訴請確認僱傭關係繼續存在外，本於工資續付原則同時訴請雇主仍應繼給付至准許勞工復職日為止之工資。在此一段期間如勞工另就他職獲有中間收入，雇主得主張扣除，作者對此一工資扣除抗辯已有多篇專文介紹❶。

於茲要討論的是另一個問題，即違法解僱訴訟中勞工另就他職是否仍受原勞動契約忠誠義務（尤其是禁止競業義務）之拘束？對「另就他職」一點言，勞工通常只能找到與所學、所能有關的新工作，然此極易與原來的工作有競業關係或有違反忠誠義務可能，假如新工作與原工作確有競業關係，原雇主可否以此為由再發動一次訴訟中的第二次解僱❷？此為本文要討論的重點。

---

❶ 請參本書第 9 篇「再論中間收入之扣除——臺灣高等法院臺南分院 106 年度重勞上字第 3 號民事判決評釋」；本書第 11 篇「三論中間收入之扣除——最高法院 109 年度台上字第 601 號民事判決評釋等文。

❷ 有關二次解僱通常都是於訴訟中發動，對於二次解僱的定性向有「附條件解僱說」與「定攻擊防禦方法次序說」兩對立之見解，請參拙著，勞動訴訟實務，頁 211–216，2020 年 9 月。然應特別說明者，二次解僱縱使是於訴訟進行期間內行使，但是雇主選擇在「訴訟外行使」之方式（例如寄發解僱函）等，然後再於訴訟上主張該業已在訴訟外行使解僱後的法律效果者，二次解僱的合法性要件應只能依實體法規定決之，要無攀附在程序法底下以「預備抗辯」的形式支持其合法性基礎之空間。

貳、案例事實

勞工原在某電視公司擔任法務主管，雇主於 104 年 3 月 20 日以勞基法第 11 條第 4 款規定為由終止與勞工間之勞動契約（下稱：第一次解僱）。勞工不服提起違法解僱訴訟，於二審高院審理中雇主再以勞工於訴訟中擔任另一家傳播公司負責人，顯然違反原勞動契約中的禁止競業忠誠義務為由，再於 108 年 3 月 5 日以書狀繕本的送達再為第二次解僱。

參、臺高院 107 重勞上 11 判決要旨

上訴人（按指勞工）於系爭契約存續期間，未經被上訴人（按指雇主）事先書面同意，即擔任歐〇〇公司負責人，直接經營與被上訴人業務性質相同或類似而有競爭關係之歐〇〇公司，……，而有違反不得作為之競業禁止之具體事實，自已違反忠誠義務。且上訴人固提起本件訴訟請求回復工作，惟被上訴人不斷抗辯上訴人擔任歐〇〇公司負責人，已違反系爭契約第 9 條第 3 項及系爭聲明書約定之忠誠義務，然上訴人均置之不理，則上訴人擔任歐〇〇公司負責人之行為，自已導致勞動關係受到干擾，而有賦予雇主立即終止勞動契約關係權利之必要，且上訴人自 104 年 11 月 10 日起擔任歐〇〇公司負責人迄今，均處於繼續違反競業禁止義務之狀態，經被上訴人抗辯，仍持續違反，客觀上已難期待雇主即被上訴人採用解僱以外之懲處手段而繼續其勞動關係，上訴人違反勞動契約，自屬情節重大。從而，被上訴人抗辯因上訴人違反系爭契約第 9 條第 3 項及系爭聲明書之約定，其依系爭契約第 12 條約定，終止系爭契約，並以 108 年 3 月 5 日民事綜合辯論意旨狀送達上訴人，為終止系爭契約之意思表示等語，應屬有據。又該書狀已於同年月 6 日送達上訴人，亦有收件回執可參，堪認被上訴人已於 108 年 3 月 6 日合法終止系爭契約❸。

❸ 案經勞工提起第三審上訴後最高法院以 109 台上 2214 民事判決發回，惟發回意旨對

肆、本文評釋

一、勞工遭違法解僱，雖主張解僱無效僱傭關係繼續存在並準備向雇主提供勞務，但為原雇主以僱傭關係業已消滅為由予以拒絕，此時雇主陷於受領勞務遲延，自不待言。但漫長的訴訟程序中勞工無法獲得薪資給付，法律上允許勞工得另就他職，但另就他職所獲取之「中間收入」，雇主則得主張扣除之，前已詳述。有疑義的是，勞工另就他職是否仍受原勞動契約忠誠義務之拘束？是否仍須對原雇主負「在職期間內」的競業禁止義務？

二、從邏輯上來講，勞工既然主張原勞雇關係繼續存在，則原勞動契約的忠誠義務、「在職期間」內的競業禁止義務等亦均仍繼續存在。但相對的，雇主發動解僱，主觀上不再認有勞雇關係存在，客觀上更已將勞工驅離職場，拒發薪資予勞工，如還在訴訟中主張勞工仍應遵守「在職期間」內之忠誠義務，更是自相矛盾❹。

三、就實質面言，雇主已然發動解僱，主觀上已不再認為有勞雇關係，

於訴訟中雇主以勞工另就他職違反忠誠義務為由二次解僱一節並無著墨。對最高法院 109 台上 2214 判決其他爭點的評釋請參作者另文：「2020.10.22 勞工持續違反忠誠義務雇主解僱權除斥期間起算點爭議最高法院 109 台上 2214 判決評釋」(http:// 明理.com/rule_new_page.php?no=78)。

❹ 桃園地院 107 重勞訴 8 民事判決案中，雇主第二次解僱是以第一次解僱（2017 年 11 月 14 日上午 11 時許當場交付解僱通知書）後，於 2017 年 11 月 14 日當天下午 1 時許方始發生的懲戒事由，再於 2017 年 11 月 24 日發動第二次解僱。勞工在訴訟上抗辯：「在被告（按指勞工）未復職或未定暫時狀態而暫時維持與原告（按指雇主）之僱傭關係之前，依原告之認識，被告顯然非其員工，但原告卻又以被告之前述行為再度進行解僱，原告此舉無疑係要求非公司員工之他人，有遵守原告之工作規則義務，已背於一般人之經驗邏輯。」但法院同樣認許雇主之二次解僱。需特別注意的是本件桃園地院判決案的二次解僱均發生於「訴訟前」，本無定攻擊防禦法方法次序說的適用，而應一律適用實體法認定第一、二次終止權行使的合法性，可惜法院判決對此並無作此區分。

客觀上更將勞工驅離職場，不允許勞工踏入職場，假如僅因勞工提起違法解僱訴訟，就要勞工在訴訟中先遵守與「在職期間」完全相同的忠誠義務，否則就立即啟動「二次解僱」。但事後如判決結果對雇主有利者，意即認定解僱有效勞雇關係自解僱時起就不復存在，那勞工豈不是就白白遵守了根本不存在的忠誠義務？但訴訟中不先遵守又有被雇主以違反忠誠義務為由二次解僱之風險，等同勞工完全處於不確定狀態。

四、尤其對「另就新職」一點言，勞工通常只能找到與所學、所能有關的新工作，然此極易與原來的工作有競業關係或有違反忠誠義務可能。既然法律上已允許雇主得扣除中間收入，作者淺見以為不應在訴訟期間內猶課予勞工應負忠誠義務。尤其，解僱是由雇主所發動，對於「不確定狀態」的產生應負惟一責任，如責令勞工續負忠誠義務，無異把發動違法解僱的風險轉嫁由勞工承擔，絕非公平。

五、在違法解僱訴訟期間，勞雇雙方對於法院「將來」會如何判決無從事先預料無法確定，法院有可能判決解僱合法、勞動契約關係業已消滅，法院亦有可能判決解僱違法無效、勞雇關係不間斷地繼續存在。則此一不確定因素下，訴訟期間（不確定狀態的期間）的權利義務關係如何衡酌，即值得討論。

六、以訴訟期間勞工應否繼續遵守忠誠義務為例，本文淺見認為端視該義務是否為合法終止勞動契約後勞工仍應繼續遵守之義務而定。假如該義務之遵守，不因勞動契約終止而消滅者，例如保密義務，則訴訟期間勞工亦應遵守。相對的，假如該義務於勞動契約終止後即消滅者（例如不為兼職義務、不為競業義務等），則訴訟期間應「暫時」解除勞工該義務，將來視判決結果而定是否回復該義務。判決解僱違法無效勞雇關係繼續存在者，勞工應即時回復遵守該忠誠義務；判決確定解僱合法有效者，勞工終局的確定的解除該義務之遵守。蓋訴訟期間實為「事實上的勞動契約終止狀態」，與合法終止勞動契約後的「法律上勞動契約終止狀態」無何二致，此一不確定狀態既是由

雇主發動解僱而造成，自應由雇主承擔該不確定狀態下之風險，始為合理。

七、高雄地院 108 勞簡上 17 民事判決就類似的爭議即認為：「上訴人（按指勞工）在系爭勞動契約存續期間，不得與被上訴人（按指雇主）競業，固據上訴人簽立意願聲明書為憑，惟該聲明書首頁已載明，各該約款僅適用於被上訴人現職員工，而上訴人於 105 年 8 月 31 日遭被上訴人違法解僱後，既不存在被上訴人員工之形式外觀，自不能對其課以禁止競業義務，是以上訴人自 106 年 3 月起經營德笙公司，以維生計，即難謂有該聲明書之適用，自無競業損害可言。」本則高雄地院判決以所謂的「外觀形式上」不存在勞雇關係之立論，作為違法解僱訴訟期間勞工不負禁止競業義務之論據，與本文上述說明之立論大致相同，應值贊同。

八、最高法院 109 台上 601 民事判決一案中，勞工被雇主解僱後不久，即在「原址」另行經營與原來工作完全相同的「販售農藥、農用品為業」，與雇主在原址對面新開設的分店打對臺，更是顯然、絕對、明確地違反「在職期間」內的禁止競業義務。對此，因原雇主並未據此發動二次解僱，而只是以勞工經營新事業用以爭執有關營業收入降低的可歸責性一節。但最高法院判決意旨則指出：「查上訴人（按指雇主）於事實審一再抗辯被上訴人（按指勞工）於遭伊解僱，並拆除招牌後，於原址另行開設正興農業供應中心，銷售其原囤積之伊商品等語。並舉被上訴人於……理由狀所稱；伊夫婦多年來僅以販售農藥、農用品為業，伊於 101 年底突然受解僱，為謀生計，並販售庫存變現，不得已於受解僱後，考慮自行創業，……伊因以（已）蒙受諸多損失，遂未再額外支出費用拆下招牌等語及照片、收據為證，則本件是否有上開民法第 487 條但書規定之適用？此攸關上訴人應給付被上訴人報酬數額若干，自不得棄置不論。原審未予調查審認，遽命上訴人給付附表一、二所示本息，於法自有可議。」要求事實審法院要調查中間收入據以判決扣除。

九、固然上揭最高法院判決沒有處理二次解僱是因雇主未發動、未行使二次解僱所致，但由最高法院判決提到工資扣除一節，應可推論勞工另就新

職僅生中間收入扣除問題，並無違反忠誠義務的二次解僱問題。

十、反觀本文評釋之本則臺高院 107 重勞上 11 民事判決，在認定勞工訴訟中另經營傳播事業，即確實違反原來勞動契約忠誠義務的前提下，驟然就認定雇主訴訟中的二次解僱合法有效，完全忽略了「訴訟結果」不確定的本質，與該不確定風險本應由發動解僱的雇主承擔的基本論據，本文無法認同。

十一、特別要說明的是違法解僱訴訟期間，如勞工聲請暫定勞雇關係存在（或繼續僱用）假處分獲准者，不論雇主有無實際通知勞工復職服勞務，勞工均應遵守與在職期間完全相同的忠誠義務 （包括且不限於禁止競業義務），其理至易至明。蓋假處分期間由法院的裁定擬制為與原來勞雇關係完全相同的權利義務關係，雇主應續付工資，勞工自應繼續遵守忠誠義務，此不論雇主有無通知勞工復職回去工作而有不同，如此解釋始得謂公允衡平。

伍、結　語

違法解僱訴訟期間中，勞雇雙方權利義務如何解釋，並無任何法之明文來規範。純就文義邏輯演繹，勞工既然起訴提告主張「勞雇關係繼續存在」，似乎就應遵守與在職期間完全相同的義務（本文在此專指不得競業義務）。但雇主發動解僱並將勞工驅離職場，如只因勞工起訴就要勞工先遵守與在職勞工相同的忠誠義務，但卻不給付薪資，更是荒謬。

揆諸勞動職場實務，勞工訴訟期間中原薪資收入已告中斷，為了養家活口，實有另就他職必要，對此，法律上已設有原雇主可扣除「中間收入」之制度。勞工受限於所學、所能，通常其能找到的新工作，極易與原來的工作間有競業關係或有違反忠誠義務可能，為圓融解釋中間收入扣除制度之合理性，本文淺見以為解釋上應認訴訟中勞工得「暫時」中止忠誠義務之遵守，待將來判決確定後，視判決結果或回復勞工之忠誠義務，或永久的免除，如此始為合理衡平。

18 勞工私密對話與雇主懲戒權

——臺北高等行政法院 109 年度訴字第 517 號判決評釋

壹、前　言

美國好萊塢有一部黑色喜劇電影：「老闆不是人❶」 (Horrible Bosses, 2011)，描述三名苦命的勞工天天被機車、刻薄、難搞的老闆折磨，他們下班後聚在一起互吐苦水最常講的一句話就是：真想殺了我老闆！他們一開始只是說說，最後決定動手了。不過電影畢竟只是電影，絕大部分的勞工白天在職場上受到委屈，下班後回到家或與家人或與朋友、同事，難免一吐怨言：「真想殺了我老闆！」這種話大家都是說說、發發牢騷而已，說的人與聽的人都不會當作一回事，從沒有人真的想要付諸行動。

但假如勞工的家人、朋友或同事出賣了發牢騷的勞工，把這些私密對話秘錄、擷圖，然後上傳曝光，老闆知道、看到了，可否以之對勞工展開懲戒行動？本文所要討論的議題就在這裡，勞工私密的對話在違反勞工本意情形下被上傳曝光後，雇主得否對勞工實施懲戒。

貳、案例事實

喧騰一時的長榮航空罷工案自 2019 年 6 月 20 日開始進行，迄至同年 7 月 6 日勞資雙方簽訂團體協約，同年月 9 日晚上 12 點正式結束罷工。但就在罷工結束前夕的 2019 年 7 月 7 日，空勤後艙服務員郭女在一個僅有 34 名同期受訓空服員組成的私密 line 群組內發言，指出要「電爆」中途落跑的空服

---

❶ https://zh.wikipedia.org/wiki/老闆不是人 ； https://tinyurl.com/c4mxd7ta ；最後瀏覽日期：2021.6.27。

員、要在反對罷工的機師餐點中「加料」等語。郭女此一發言被群組中某不知其姓名成員以匿名方式擷圖上傳曝光，長榮航空旋於 2019 年 7 月 11 日召開人評會決議予以解僱。

郭女向勞動部申請裁決，裁決委員會認為長榮之解僱並非無據，以 108 年勞裁字第 40 號不當勞動行為裁決決定書駁回郭女裁決之申請。理由指出：「復依一般社會通念，於網路通訊軟體上的發言，難以期待完全不會遭到轉寄、轉傳，且轉寄、轉傳過程中經一部擷取、惡意傳布，致脫離原撰寫訊息人之本意的情形，亦非罕見。從而，勞工基於聯誼而設立 LINE 群組，彼此交換意見，雖屬勞工私生活領域，非雇主所得干預，但若勞工於 LINE 群組中所為發言與事業活動有直接關連，且有損害雇主社會評價，逸脫表現方法之界限時，雇主基於維持事業秩序之必要，本得對勞工發動懲戒處分。據此，本會審酌下開雙方主張及相關事證，認定申請人郭○○於系爭群組的發表系爭訊息，遭到轉傳後，成為公開的訊息，經國內媒體報導，業已對相對人商譽、飛安形象造成重大影響，相對人據此作成解僱處分，並不構成不當勞動行為。」郭女不服再提起撤銷裁決之行政訴訟❷。

---

❷ 郭女本件是依勞資爭議處理法第 51 條第 4 項規定提起撤銷裁決的行政訴訟。依北高行 109 訴 517 判決「事實及理由欄二、原告起訴主張」的最後一段文字記載：「為此聲明求為判決撤銷原裁決決定。」可見原告勞工似僅訴請撤銷駁回裁決申請之原裁決決定。然依據最高行政法院 108 上 1050 判決意旨：「勞工依工會法第 35 條第 1 項規定所為之裁決申請，經裁決委員會作成不利之裁決決定，勞工自得提起課予義務訴訟以資救濟。」勞工理應提起課予義務訴訟始為正確，此為另一問題，於茲不贅。至於裁決決定駁回勞工「確認解僱無效」的裁決申請部分，郭女應該有另依勞資爭議處理法第 48 條第 1 項規定對雇主提起「確認僱傭關係存在」的民事訴訟，案經桃園地院於 109 年 7 月 9 日以 109 勞訴 86 裁定移轉臺北地院管轄，目前似尚未有判決結果。本文評釋對象限於北高行的撤銷裁決行政訴訟判決。

參、北高行 109 訴 517 判決要旨

無可或忘的是，系爭言論乃原告（按指勞工）郭○○於私人領域群組內之情緒性發言，影響所及原本限於群組內成員，無意恐嚇或影響飛安，此經臺灣桃園地方檢察署檢察官就原告郭○○系爭言論所涉刑法之公然侮辱、恐嚇公眾、危害飛航安全、恐嚇危害安全及民用航空法之危害飛航安全、散布危害飛航安全不實訊息等罪嫌，以其罪嫌不足，於 109 年 4 月 22 日作成 108年度偵字第 21169 號、109 年度偵字第 7965 號不起訴處分書予以論述綦詳。易言之，系爭言論係遭他人擷圖予以「散布公開」後始產生參加人（按指雇主長榮航空）之所以將原告郭○○解雇之效應（嚴重影響飛航安全及其商譽）；故此，本事件中最應受譴責，以及直接影響參加人飛安及商譽的人，其實並非原告郭○○，而係未經系爭群組成員全體同意而非法擅自將群組對話公開，並企圖藉此公開之行為，挑動勞資雙方不滿情緒、引起大眾飛安恐慌的行為人，至為灼然。對此，參加人始終未予查證追究，而僅對原告郭○○為解雇處分，此種鋸箭式人事處理，其實未見持平，難免殺雞儆猴之譏，也有鼓勵與原告工會不同立場之員工挾怨互相攻訐之嫌，於長期勞資關係之穩定極為不利。

肆、本文評釋

本文以下將分勞工在非公開群組的發文能否主張合理隱私期待，勞工初始發文與雇主受損害之間是否有因果關係，以及我國司法實務見解過往類此問題之看法等三部分略抒己見。

一、勞工在非公開群組之發文能否主張合理隱私期待

㈠司法院大法官釋字第 585 號解釋已明揭：「隱私權雖非憲法明文列舉之權利，惟基於人性尊嚴與個人主體性之維護及人格發展之完整，並為保障個

人生活秘密空間免於他人侵擾及個人資料之自主控制，隱私權乃為不可或缺之基本權利，而受憲法第二十二條所保障。」釋字第 603 號解釋接續指出：「維護人性尊嚴與尊重人格自由發展，乃自由民主憲政秩序之核心價值。隱私權雖非憲法明文列舉之權利，惟基於人性尊嚴與個人主體性之維護及人格發展之完整，並為保障個人生活私密領域免於他人侵擾及個人資料之自主控制，隱私權乃為不可或缺之基本權利，而受憲法第二十二條所保障」，均已明揭隱私權屬憲法所保障的基本人權之一。

釋字第 689 號解釋理由書更進一步指出：「個人之私人生活及社會活動，隨時受他人持續注視、監看、監聽或公開揭露，其言行舉止及人際互動即難自由從事，致影響其人格之自由發展。尤以現今資訊科技高度發展及相關設備之方便取得，個人之私人活動受注視、監看、監聽或公開揭露等侵擾之可能大為增加，個人之私人活動及隱私受保護之需要，亦隨之提升。是個人縱於公共場域中，亦應享有依社會通念得不受他人持續注視、監看、監聽、接近等侵擾之私人活動領域及個人資料自主，而受法律所保護。惟在公共場域中個人所得主張不受此等侵擾之自由，以得合理期待於他人者為限，亦即不僅其不受侵擾之期待已表現於外，且該期待須依社會通念認為合理者。系爭規定符合憲法課予國家對上開自由權利應予保護之要求。」理由書後段所稱的「得合理期待於他人者」即本文所指的「合理隱私期待」。

(二)合理隱私期待（或稱：隱私的合理期待）一般認為須符合主客觀兩個標準：1.個人必須顯現其對所主張之隱私有真正之主觀期待，以及 2.該期待必須是社會認為屬客觀合理之期待❸，此一標準首見提出於美國最高法院 Katz v. United States 案判決❹，其後並為我國司法院大法官所繼受。此即釋字第 689 號解釋理由書後段所稱的「不僅其不受侵擾之期待已表現於外，且

---

❸ 張陳弘，隱私之合理期待標準於我國司法實務的操作——我的期待？你的合理？誰的隱私？，法令月刊，第 69 卷第 2 期，頁 85，2018 年 2 月。

❹ Katz v. United States, 389 U.S. 347 (1967)，同前註。

該期待須依社會通念認為合理者。」前一句指主觀期待，後一句即為「客觀合理期待」。

㈢勞工下班後的私生活領域本非雇主所得干涉之對象，最高法院 97 台上 423 民事判決指出：「按勞資關係係以勞動力為中心，受空間、時間限制之結合關係，並非勞工與雇主之全人格之結合關係，因此在工作時間外之勞工業務外行為，屬於勞工之私生活範圍，非雇主所得任意支配，惟有勞工之行為與事業活動有直接關連，且損害事業之社會評價，為維持事業秩序之必要，方足成為懲戒之對象。」這一則最高法院判決要旨的後段提到：「惟有勞工之行為與事業活動有直接關連，且損害事業之社會評價，為維持事業秩序之必要，方足成為懲戒之對象。」本文在此要探討的是勞工在非公開群組的私密對話，能否主張合理隱私期待。蓋如勞工對之有合理隱私期待，則於被別人違反其意願而揭露公開時，勞工並無可歸責性甚至是純粹的被害人，自不能再予實施懲戒，否則無異在傷口灑鹽對勞工為二度傷害。

㈣時下有一個浴室用品電視廣告：「放心放肆做自己❺」，描述的就是即使至親如家人，但每個人在浴室的時間也都各自最私密的空間需求。勞工也是一般人，當然也有私密空間的需求，尤其當在職場上遇到不如意、不快樂、不公平甚或委屈時，如能適當的傾吐，其實也是負能量的正常宣洩，才能騰出空間來填上滿滿的正能量，否則長期鬱抑的結果恐將對勞工身心造成傷害。而這些負能量的宣洩，絕大部分形式都是以和家人、親友、同事的訴苦、抱怨為主，這些訴苦、抱怨難免口出惡言，甚或使用極誇張的用語言詞，例如前言所述「真想殺了我老闆！」等等。這些私密對話的對象大多為至親的家人、親友、同事等，勞工並無預期會被出賣、秘錄、擷圖後上傳公開，也因此才敢放心、大膽甚至是赤裸裸地傾吐。勞工對至親的家人、親友、同事之私密對話，應認主觀上有隱私的期待並已表現於外。

㈤接續討論勞工對私密對話有無客觀的合理的隱私期待，即該期待依社

---

❺ https://www.youtube.com/watch?v=9QEzYJej5Vg；最後瀏覽日期：2021.6.27。

會通念是否認為合理。按民主法治之可貴即在於有別於專制獨裁政權下「緹騎四出探查隱私」的恐怖，人民的一舉一動、一言一行都被偵伺❻。吾人所珍惜寶貴的民主法治生活即在於擁有一定程度的不被窺伺權，無論是政府或雇主都不被允許來刺探、窺伺人民的私生活，這個私生活當然含私下的隱密對話。因此，吾人以為人民保有一定程度的私密對話空間不被窺伺、不被探查、不被公開的期待，此一期待從社會通念來看應屬合理並不為過，換言之，並不是過多、過度的苛求。假如連這個最基本的私密對話不被窺伺探查都無法期待時，那與白色恐怖又有何不同！

㈥對上述勞工私密對話應有合理隱私期待一節，勞動部不當勞動行為裁決決定似乎有不同的看法。108 年勞裁字第 40 號裁決決定書認為「復依一般社會通念，於網路通訊軟體上的發言，難以期待完全不會遭到轉寄、轉傳，且轉寄、轉傳過程中經一部擷取、惡意傳布，致脫離原撰寫訊息人之本意的情形，亦非罕見。」換言之，裁決委員會認為在非公開群組的對話並無隱私期待，發文者要作好隨時都有可能被「一部擷取、惡意傳布，轉寄、轉傳」的準備。在此情形下，發文者有兩個選擇：要麼都不發文，這當然最安全，要麼就準備一旦被惡意擷取散布公開後所要面臨的惡果。能承受惡果者就發文，不敢承受者就繼續當潛水者都不要發文！

㈦本文淺見對裁決委員會上揭見解不敢認同。人類社會固不免有一些爾虞我詐，但相對而言總有一些亙久不變的價值為吾人所信守堅持，那就是正直與誠信。而且社會能正常運作就是絕大多數人都相信「正直與誠信」原則，一方面自己作到正直與誠信，另一方面同時信賴別人也會同樣的遵守正直誠信原則，這樣，人類社會才能大致無恙的往前行。假如整個社會都充滿爾虞我詐，人與人之間互相猜忌完全不能信任，相信別人就是自掘墳墓，那將是多可怕的一幅景象！裁決委員會的論點似乎就是告訴大家：別人不可信、親

---

❻ 明太祖設錦衣衛，授權錦衣衛調查「每個人的行為、交友、言論以及生活。」https://kknews.cc/history/qxg4eey.html；最後瀏覽日期：2021.6.28。

友不可信，朋友同事隨時都有可能出賣你，因此小心閉口為是！

㈧作者淺見以為每一個人都有權保有一定的隱私空間，勞工的私密對話也在這個應被保護的隱私空間裡面。私人不對外公開的網路社群對話，發文者對之有「不被窺伺、不被公開」的合理隱私期待，此一合理隱私並受憲法保障。假如有人違背該不被公開的期待，違反發文者本意而擷圖上傳公開者，最該被譴責者應該是該匿名擷圖上傳者，發文者是純粹的被害者，不能以違反其本意而被公開的發文再受非難，所謂非難當然包括雇主的究責、懲戒❼。

二、因果關係的認定

㈠所謂因果關係的認定是指本件郭女（下稱：行為人）在非公開群組的私密對話，被某不知名群組人員（下稱：第三人）擷圖後上傳公開，雇主主張因而受有商譽等嚴重損害❽（下稱：結果），並據而對郭女懲處。本文所要討論的是雇主所受商譽等嚴重損害之此一「結果」到底是誰造成的，套一句客觀歸責理論者的用語，是誰的傑作（誰的作品）。講白話一點就是這筆帳要算在誰的身上，要算在行為人郭女身上，或算在第三人的身上，又或者郭女與第三人兩個人都要負責，誰都跑不掉。

㈡向來我國處理法律上的因果關係，不論民刑事都採所謂的「相當因果關係理論」，本文因此依序先以相當因果關係理論檢驗，接著再以刑法上的「客觀歸責理論」作第二次檢討。為什麼要引進刑法上的「客觀歸責理論」

---

❼ 其實發文者應也有受到懲處，應該就是感到被同事、朋友出賣後的痛心。

❽ 雇主主張：「郭○○所為……亦使上訴人（按應為相對人之誤繕，指雇主）維護飛航安全與空服員之專業形象遭重大破壞，且顯悖離勞動關係中忠誠義務而情節重大，已難以期待繼續與申請人（按指勞工郭女）維持僱傭關係。」引自勞動部不當勞動行為裁決委員會 108 年勞裁字第 40 號裁決決定書第 51 頁。另北高行本則判決所稱雇主據以懲處的原因也是認為郭女之發文「嚴重影響飛航安全及其商譽」。此一損害的結果是雇主所主張，本文在此是要討論因果關係，故預設雇主確實受有「嚴重影響飛航安全及其商譽」之損害，對此前提不予質疑。

來檢討本案呢？因為刑法上因果關係理論的研究，在各個法律學門中應該是最細膩、精緻，所以討論個案的因果關係時，刑法在這方面的理論可以借鏡之處甚多。尤其 1970 年以降成為德國刑法學界通說的「客觀歸責理論」在引入我國之後，儼然也已是我國學界的「有力說」，實務上雖尚未成為通說，但連最高法院也已多少受到影響在若干的個案中引進客觀歸責理論❾。因此，為求周延，本文也嘗試以客觀歸責理論的標準，檢討本例因第三人介入之行為而爆料曝光的個案，可否歸責於第一行為人郭女。

　㈢首先仍以實務通說的相當因果關係理論做第一次檢驗。所謂相當因果

---

❾　例如最高法院 108 台上 1808 號刑事判決即指出：「關於有無因果關係之判斷，固有各種不同之理論，採『相當因果關係說』者，主張行為與結果間，必須具備『若無該行為，則無該結果』之條件關係，然為避免過度擴張結果歸責之範圍，應依一般經驗法則為客觀判斷，亦即必須具有在一般情形下，該行為通常皆足以造成該結果之相當性，始足令負既遂責任。但因因果關係之『相當』與否，概念欠缺明確，在判斷上不免流於主觀，且對於複雜之因果關係類型，較難認定行為與結果間之因果關聯性。晚近則形成『客觀歸責理論』，明確區分結果原因與結果歸責之概念，藉以使因果關係之認定與歸責之判斷更為精確。『客觀歸責理論』認為除應具備條件上之因果關係外，尚須斟酌該結果發生是否可歸責於行為人之『客觀可歸責性』，祇有在行為人之行為對行為客體製造法所不容許之風險，而該風險在具體結果中實現（即結果與行為之間具有常態關聯性，且結果之發生在規範之保護目的範圍內並且具有可避免性），且結果存在於構成要件效力範圍內，該結果始歸由行為人負責。因之，為使法律解釋能與時俱進，提升因果關係判斷之可預測性，乃藉由『客觀歸責理論』之運用，彌補往昔實務所採『相當因果關係說』之缺失，而使因果關係之判斷更趨細緻精確。至於『客觀歸責理論』所謂製造法所不容許之危險，係指行為人之行為製造對法益威脅之風險而言，倘行為人之行為係屬降低風險（即行為客體所處之狀況因行為人之介入而改善，使其風險因之降低）、未製造法律上具有重要性之風險（即行為並未逾越社會所容許之界限，而屬日常生活之行為）或製造法律所容許之風險（即行為雖已製造法律上具有重要性之風險，但該危險被評價為適法之活動，例如：行為人遵守交通規則而駕車之行為）等情形，始在排除之列。」另 108 台上 3842、109 台上 979、109 台上 5121 號刑事判決等均同旨。

關係，刑事部分依最高法院 76 台上 192 刑事判例意旨：「所謂相當因果關係，係指依經驗法則，綜合行為當時所存在之一切事實，為客觀之事後審查，認為在一般情形下，有此環境、有此行為之同一條件，均可發生同一之結果者，則該條件即為發生結果之相當條件，行為與結果即有相當之因果關係。反之，若在一般情形下，有此同一條件存在，而依客觀之審查，認為不必皆發生此結果者，則該條件與結果不相當，不過為偶然之事實而已，其行為與結果間即無相當因果關係。」民事部分依最高法院 101 台上 443 民事判決意旨：「按侵權行為之債，固以有侵權之行為及損害之發生，並二者間有相當因果關係為其成立要件（即『責任成立之相當因果關係』）。惟相當因果關係乃由『條件關係』及『相當性』所構成，必先肯定『條件關係』後，再判斷該條件之『相當性』，始得謂有相當因果關係，該『相當性』之審認，必以行為人之行為所造成之客觀存在事實，為觀察之基礎，並就此客觀存在事實，依吾人智識經驗判斷，通常均有發生同樣損害結果之可能者，始足稱之；若侵權之行為與損害之發生間，僅止於『條件關係』或『事實上因果關係』，而不具『相當性』者，仍難謂該行為有『責任成立之相當因果關係』，或為被害人所生損害之共同原因。」

㈣以上兩則民刑事判決例雖然文字表述略有不同，但意思都相同，均指在一般情形下，有此環境、有此行為之同一條件，均可發生同一之結果者，行為與結果始得謂有相當因果關係。若一般情形下，有此同一條件存在，未必皆發生此相同結果者，則該條件與結果不相當，不過為偶然之事實而已，其行為與結果間即無相當因果關係。以此標準來檢驗本案，郭女在同期同學 34 人非公開群組的私密對話，是否「一般情形下」都會被擷圖公開而產生雇主商譽受損害情事？吾人以為日常經驗法則上非公開群組的私密對話不被擷圖公開始為常態，被爆料公開其實是變態、不常見的偶發事實。假如非公開群組的私密對話被擷圖公開為常態，則群組就無區分公開、非公開兩種型態之必要，這已違反吾人之日常生活經驗。

㈤再者，郭女在非公開群組之私密對話，縱使用字遣詞均有不當，換言之，郭女的第一個行為涉有疏失，但其未必即應對後來被公開爆料的「後果」負責，舉最高法院 90 台上 772 民事判決一案來說明。餐廳代客停車服務人員停好客人車輛後，「將汽車鑰匙隨意置放於未上鎖之路邊泊車台抽屜，逕自離開進入餐廳取水，復未託人看管」，致遭第三人竊取該車鑰匙後將車偷走。最高法院判決認為車輛被偷走之損害結果，未必能苛責該顯然粗心有過失的代客停車服務人員：「所謂相當因果關係，係以行為人之行為所造成之客觀存在事實，依經驗法則，可認通常均可能發生同樣損害之結果而言；如有此同一條件存在，通常不必皆發生此損害之結果，則該條件與結果並不相當，即無相當因果關係；不能僅以行為人就其行為有故意過失，即認該行為與損害間有相當因果關係。系爭汽車及其鑰匙遭竊，係出於第三人之故意不法行為，鄭○○（按指該代客停車服務人員）未盡其保管系爭汽車鑰匙之注意義務，通常情形，是否可認其均將發生被竊之結果，尚非無疑。」案經發回後臺高院 90 上更一 145 民事判決即明確指出：「查本件鄭○○將汽車鑰匙置於泊車台未上鎖之抽屜內，進入該餐廳內取火柴，並與該餐廳會計寒暄了一下之事實，業據鄭○○於刑事偵查中供明（原審認係進入餐廳取水，尚有誤解），依此事實，鄭○○若不離開泊車台，則第三人必不能竊取該車鑰匙，固符合相當因果關係中之條件要素，但即使鄭○○短暫離開泊車台，致第三人利用此一機會竊取該車鑰匙，亦僅能認係第三人處心積慮利用特定機會而肇致結果之實現，不能謂係通常會發生之結果，此正如外出而未將家門上鎖，雖可能提高失竊之機會，但不能謂凡未鎖門，通常會造成失竊一般。從而，鄭○○之離開泊車台仍非該車失竊之通常結果。」本案郭女在群組的不當對話固然成就了第三人利用的契機（具有條件因果關係），郭女確有疏失，但最後結果的造成卻是第三人處心積慮利用特定機會而肇致者，依我國實務通說所採的相當因果關係說，郭女（第一行為人）的不當對話與最後雇主受損害的結果之間並無相當因果關係，只有第三人的擷圖爆料行為才是雇主受損害結果的

主要原因。

㈥總結而言，郭女的第一個行為（群組發文）假如沒有因被擷圖公開爆料的第三人行為介入，其因果關係就只會走到群組內成員說說笑笑罵罵這個地步而已，不會走到如今造成雇主商譽損害的這個結果。北高行本則判決對此也持相同見解指出：「郭○○於私人領域群組內之情緒性發言，影響所及原本限於群組內成員，……系爭言論係遭他人擷圖予以『散布公開』後始產生參加人（按指雇主長榮航空）之所以將原告郭○○解雇之效應（嚴重影響飛航安全及其商譽）。」後面這個「嚴重影響飛航安全及其商譽」結果的發生，無寧說是第三人爆料後所致，第三人是利用原行為人郭女先前所致的條件，然後加上自己的爆料行為「累積」起來，讓郭女先前所致的條件直到結果發生時還繼續發生作用，雖然依條件說，條件因果關係並不因「第三人故意或過失行為」的介入而中斷❿，但依我國實務通說所採的「相當因果關係說」，郭女的第一行為卻非結果的相當原因⓫。

㈦接著本文嘗試以「客觀歸責理論」再作第二次檢驗⓬。按客觀歸責理論提出之後，因果關係區別「結果原因」與「結果歸責」兩個層次，結果原因部分以條件說的自然因果鎖鏈來檢驗。依條件說「不可想像其不存在」的「去除法」公式⓭，刑法上的原因是指造成該具體結果所有不可想像其不存

---

❿ 林鈺雄，第三人行為介入之因果關係及客觀歸責（上）——從北城醫院打錯針及蘆洲大火事件出發，台灣本土法學雜誌，第 79 期，頁 24，2006 年 2 月。

⓫ 實務上有不同見解之判決，臺高院 108 上易 910 民事判決認為勞工私下在同事 line 群組對主管之謾罵，對於非該群組成員之主管仍構成侵權行為，但此則判決對因果關係部分完全沒有論述。

⓬ 學者稱此為「平行運用相當因果關係說及客觀歸責理論」，即「指在同一個實務判決之中，同時使用相當因果關係及客觀歸責為判斷基準，但是二者並無誤用或混用，而是（以）各自檢視一次。」張麗卿，客觀歸責理論對實務判斷因果關係的影響——兼評最高法院九十六年度台上字第五九九二號判決，法學新論，第 13 期，頁 17，2009 年 8 月。

⓭ 林鈺雄，第三人行為介入之因果關係及客觀歸責（上）——從北城醫院打錯針及蘆

在的每個條件；反之，若可想像其不存在而結果仍會發生者，則非刑法上之原因，即無因果關係。本件非先有郭女的第一行為（在非公開群組發文），就不可能會有後面的擷圖爆料以及雇主受損之結果，故郭女的發文行為不可想像其不存在，當然構成最終雇主受損害此一結果的原因（之一），要無可疑。

㈧先已確定有自然因果鎖鏈的「結果原因」後才需繼續再討論有無「結果歸責」問題，必也兩者均具備，我們才可以稱之為有客觀可歸責性，才能把這筆帳算在行為人身上！在客觀歸責理論中討論「結果歸責」主要以三大原則來檢驗[14]，第一原則即「行為人製造了法所不容許的風險[15]」，在此大原則底下又有三個下位原則：

    1.行為人未製造法所不容許之風險。

    2.行為人為降低風險之行為。

    3.行為人非製造法所不許之風險。

㈨以上揭「客觀歸責理論」第一原則來檢視本案，郭女是否製造了法所不容許之風險？如前所述，郭女之用語確有不當，但她是在一個僅 34 人參加的非公開群組發文，性質上為「私密對話」，郭女對之有合理的隱私期待。此一合理的隱私期待並受法律保護，則此情形下，不能認為郭女製造了法所不容許之風險，單第一層檢驗就可以直接排除「結果歸責」。又或者說郭女發文用語不當，容易引起誤會甚或被誤用，確有製造風險情事，但本文淺見以為

洲大火事件出發，台灣本土法學雜誌，第 79 期，頁 27，2006 年 2 月。許玉秀教授則稱此一公式為「反證排除法則」；許玉秀，客觀歸責概念的射程範圍——八十六年度訴字第一○五○號、八十七年度上訴字第四七七六號、八十六年度交訴字第五十七號、八十七年度上訴字第一三七號、八十八年度交訴更字第一號等判決評釋，台灣本土法學雜誌，第 12 期，頁 104，2000 年 7 月。

[14] 也有學者稱為「三個層次的檢驗」。林東茂，客觀歸責理論，警察法學，第 8 期，頁4，2009 年 11 月。

[15] 另外兩個大原則分別為：「風險在具體的結果中實現」、「結果之實現在構成要件效力範圍內」，其下並各有一些下位規則，因與本文無涉，於茲均不論。

即使認為郭女發文用語不當確有製造風險，但其所製造的風險尚在法之容許範圍內，蓋其是在非公開群組的發文，無非是對於職場、周邊人事物的抱怨、情緒抒發等，並無預期會被擷圖公開，不能苛求其字斟句酌、事事小心翼翼的防範。正如同前引最高法院 108 台上 1808 刑事判決所指出的「行為並未逾越社會所容許之界限，而屬日常生活之行為」，即屬「未製造法律上具有重要性之風險」，亦即並非製造了法所不容許的風險。因之，雇主最終所受的損害不可歸咎於郭女，換言之，這筆帳不能算在郭女身上。

㈩從以上因果關係的檢驗，無論依目前實務通說的「相當因果關係說」，或近來學界有力說的「客觀歸責理論」，都可認定郭女的第一行為（在非公開群組發文）並非雇主受損害的法律上原因，不可歸責於郭女，雇主當然不能據以對郭女實施懲處。

三、過往司法實務案例

㈠過去我國司法實務上對於勞工私密對話違反其本意被公開後而遭雇主懲處的案例，恰有兩種完全相反的處理結果。

1.臺高院 95 重勞上 8 民事判決案

雇主以勞工領導能力不佳為由將之調離主管職務，勞工下班後向男友訴苦，男友打電話給一位師長抱怨，該師長又再打電話給其政壇朋友……結果輾轉傳到雇主耳裡。第二天雇主即以該勞工傳述有損董事長名譽之情事，且事後又不肯明確交代到底曾打電話給哪些人抱怨，犯後態度不佳，乃以違反勞動契約工作規則情節重大為由予以懲戒解僱。一、二審均認定雇主是違法解僱，茲僅舉二審臺高院 95 重勞上 8 民事判決理由，說明法院對於勞工私下抱怨抱持之立場：「查上訴人（按指雇主）係以被上訴人（按指勞工）領導能力不佳而調其離開主管職務，並非被上訴人有何具體過錯，而領導能力不佳乃概括印象，被上訴人以其自身認知，認無過錯而遭降調，即難非議，已如

前述，其於該等情境下向男友、師長或其他認為可有所助益之人求援、訴苦，乃情理之常，縱有所埋怨，所言非字字有據，亦無可厚非，且為保護該等關係密切之人，而不願透漏其姓名，亦不應予以苛責。該等之人既與被上訴人有相當親密關係❶，為其奔波，亦在情理之中。既無證據證明被上訴人勾串該等人士，虛構有礙上訴人董事長名譽情事，傳播於眾，即不能因其後有此等有礙上訴人董事長名譽情事流傳，而苛責被上訴人必須清楚交待各項流言之來龍去脈。」

2.臺高院 107 勞上 79 民事判決案

雇主主張勞工在封閉式的非公開社群鼓動集體請假，經群組內有人擷圖密報後，乃以勞工發文煽動非法集體請假違反工作規則情節重大為由，依勞基法第 12 條第 1 項第 4 款規定終止勞動契約。相對於上述案例一、二審都認定雇主解僱無效，本則案例則是一、二審都認定雇主解僱有效，茲僅以二審臺高院 107 勞上 79 民事判決理由說明法院看法：「況煽動他人集體請假之行為多係隱密方式為之，被害人之舉證極度不易。又因該類事件往往涉及他方當事人隱私權之範疇，設若逕將隱私權之保障加以無限上綱，兼以民事訴訟原則上須由主張權利遭受侵害者負有舉證之責，將無異宣告被害人必須放棄尋求訴訟途徑以謀個人權利保障之機會，同時對其訴訟權形成不當限制。上訴人（按指勞工）對於被上訴人（按指雇主）係不法取得系爭對話紀錄一事並未能舉證以實其說，而被上訴人已陳明系爭對話紀錄係由員工檢舉而取得，並非被上訴人擅自登錄系爭群組進行翻拍，自難認被上訴人係違法取得系爭對話紀錄。」換言之，私密對話一旦被擷圖公開（本案例是其他同事檢舉），勞工就在劫難逃。

㈡就以上兩則案例以觀，前者臺高院 95 重勞上 8 民事判決案，認為勞工自覺在職場受到委屈（被拔掉主管職），向男友、師長或其他認為可有所助益

---

❶ 應為「親密關係」判決書誤植為「親蜜」關係。

之人求援、訴苦，乃情理之常，縱有所埋怨，所言非字字有據，亦無可厚非。並進一步認為為保護該等關係密切之人，於雇主調查時不願透漏訴苦對象姓名，亦不應予以苛責，字裡行間充滿諒解與同情。反觀後案臺高院 107 勞上 79 民事判決案，則僅以勞工私密對話紀錄既係由其他員工檢舉而取得，並非雇主不法擅自登錄非公開群組進行翻拍方式取得，則該私密對話紀錄即得成為勞工懲處之依據，完全沒有考慮其他員工的檢舉是否違背發文勞工之本意，發文勞工對其發文是否有合理的隱私期待等節。如此一來不啻鼓勵員工私密群組中的背叛與出賣者，或事先就要埋下暗樁、抓耙仔❶！試問，這是我們想要的群己關係嗎？

伍、結　語

在提出本文結論前，先講一個小故事。1994 年 12 月間當紅的華裔美國哥倫比亞電視臺新聞主播宗毓華，為其所主持的「宗毓華目擊」(Eye to Eye with Connie Chung) 節目，專訪到柯林頓總統當時的主要反對者眾議院議長金瑞契 (Newton Leroy "Newt" Gingrich, 1943–) 的母親凱薩琳·金瑞契 (Kathleen Gingrich, 1925–2003)。訪談中宗毓華要金瑞契老太太說說他兒子金瑞契議長對第一夫人希拉蕊·柯林頓的評價，金瑞契老太太一開始先說：我不能講，但宗毓華接著對金瑞契老太太說「那就悄悄告訴我，只有我們倆知道」(just whisper it to me, just between you and me)，於是金瑞契老太太壓低著聲音說出了那驚天的一句："She's A Bitch❶"。事後於 1995 年 1 月 5 日宗毓華背棄對金瑞契老太太只是「出於你口止於我耳」悄悄話的承諾，竟背信播出該段專訪，一時轟動全美。宗毓華可能自以為得意賺到一條大獨家，豈料事後美國社會普遍的反應都是譴責宗毓華不應該背棄對一位老太太的信諾，對金瑞契老太太被出賣一節多寄予同情反而絕少苛責。宗毓華此一背信行為

---

❶ 臺灣俚語，意指內奸、告密者。

❶ https://www.youtube.com/watch?v=vecw539MjWM；最後瀏覽日期：2021.6.29。

嚴重打擊其新聞主播信譽，導致她後來被迫離開 CBS 晚間新聞主播臺的位子，自此而後宗毓華流浪各臺淪為二、三流角色，再也起不來了❶。

　　本文的結論就是勞工和我們一般人一樣，也需要有一個私密空間，這個空間包括在非公開社群的私密對話，勞工對該私密對話有一個不被窺伺、不被公開的合理隱私期待。任何人對於私密對話對象的家人、親友、同事，都有合理的期待認為不會被背叛，而不是需隨時提防被出賣，人類社會應該是要鼓勵正直與誠信而非獎賞告密和內奸。以故，勞工的私密對話如果在違反其本意之情形下被擷取、惡意傳布，勞工是純粹的被害人不應受責難，雇主不得以之為懲處勞工之依據。雇主最該追懲的正如同本則北高行 109 訴 517 判決所述的是：「非法擅自將群組對話公開，並企圖藉此公開之行為，挑動勞資雙方不滿情緒、引起大眾飛安恐慌的行為人。」

　　最後再補充一點，前述金瑞契老太太被宗毓華誘導講出她兒子金瑞契議長對希拉蕊‧柯林頓的評價後，希拉蕊並沒有展開對金瑞契老太太的民刑事追訴，希拉蕊發揮高度政治智慧，她親筆寫了一封信邀請金瑞契老太太到白宮作客，然後親自在白宮接待金瑞契老太太帶她參觀白宮，事後金瑞契老太太接受訪問說她覺得希拉蕊人還滿不錯的❷，希拉蕊輕鬆的化解了一場政治公關危機。金瑞契老太太被宗毓華毀棄信諾致公開私密對話案，與本件北高行 109 訴 517 判決郭女被群組內同事背叛案，劇情相似，但處理結果大不相同，不要輕易歸類為是什麼東西方哲學不同的空洞理論，其實就只是主其事者有無智慧而已。

---

❶ https://today.line.me/tw/v2/article/X8MrRk；最後瀏覽日期：2021.8.13。

❷ 美前眾議院議長金瑞契之母過世，大紀元，2003 年 9 月 24 日，https://www.epochtimes.com/b5/3/9/24/n382110.htm；最後瀏覽日期：2021.6.29。

19 裁決後續救濟途徑之競合

——臺灣臺北地方法院 109 年度勞訴字第 413 號民事裁定評釋

壹、前　言

勞資爭議處理法不當勞動行為裁決制度自 2011 年 5 月 1 日施行以來，對於集體勞動權之保障可謂貢獻良多，但不可諱言的，因新制度的施行，與既有制度之間的磨合需經一段時間的觀察運作後，才能發現有哪些需修改、更正之處。沒有哪一個新制度一開始推出就是完美無瑕的，吾人也不應作此苛求。在裁決新制度已施行十年的期間內，作者雖然曾多次為文提到裁決後續救濟途徑多有與現行制度不相契合之處❶，也提出修法之呼籲，可惜權責機關均置若罔聞，並無任何要修改的跡象。

本文再以臺北地院 109 勞訴 413 民事裁定為例，提出有關裁決後續救濟途徑之分析，希望今天的努力能帶來爾後修法的希望。

貳、案例事實

勞工為神腦企業工會理事長，雇主於 109 年 5 月 4 日解僱勞工（5 月 5 日生效），勞工除申請裁決外亦於 109 年 8 月 24 日以同一解僱原因向管轄之臺北地院提起「確認僱傭關係存在訴訟」（繫屬臺北地院以 109 勞訴 320 案審理❷，下稱：前訴）。前訴訴訟程序因勞工另有申請裁決，依勞資爭議處理法

---

❶ 拙著，裁決命復職後二次解僱問題初探，中正大學法學集刊，第 56 期，頁 139（註 42），2017 年 8 月；勞動事件法保全規定評析，載：勞動事件法解析，頁 88–90，2020 年 3 月；勞動訴訟實務，頁 226–227（註 23），2020 年 9 月。

❷ 臺北地院 109 勞訴 320 案於 110 年 5 月 17 日判決勞工敗訴，但應尚未確定。

第 42 條第 1 項裁決優先職務管轄規定，民事訴訟程序停止進行。嗣勞動部不當勞動行為裁決委員會於 109 年 9 月 11 日以 109 年勞裁字第 15 號裁決決定書認定雇主之解僱無效，雇主對此一裁決決定不服，乃依勞資爭議處理法第 48 條第 1 項規定於裁決決定書正本送達 30 日內，以他方當事人之勞工為被告，向法院提起民事訴訟。

雇主不服裁決決定依勞資爭議處理法第 48 條第 1 項規定，應於收到裁決決定書後的 30 日法定期限內提起訴訟，才能阻擋「擬制的合意」，並阻擋後續送法院核定的程序，以避免對己不利裁決經法院核定後產生與民事確定判決同一效力。但雇主所提起的「確認僱傭關係不存在訴訟」（下稱：後訴）顯然與前訴是同一事件，於是雇主僅寫一個起訴狀送進法院並未按章繳納裁判費，靜待法院一個駁回的裁定。

參、臺北地院 109 勞訴 413 民事裁定要旨

當事人如已就裁決決定之同一事件提起民事訴訟，但非因可歸責於己之事由致起訴不合法，且未撤回該訴訟，即不符合勞資爭議處理法第 48 條第 1 項所定視為達成合意之要件。本件原告為免遭視為對系爭裁決結果達成合意，既已提起本件確認兩造間僱傭關係不存在等訴訟，雖其尚未繳納裁判費，惟其係因被告已提起前案訴訟，致本件訴訟違反民事訴訟法第 253 條規定之一事不再理原則，依前揭民事訴訟法之規定即應裁定駁回其訴，自不宜先裁定命原告補繳裁判費後再予以裁定駁回其訴，徒增當事人勞費。從而，原告無法就系爭裁決決定之同一事件，提起合法之民事訴訟，係非因可歸責原告之事由所致，原告自無勞資爭議處理法第 48 條第 1 項所定視為達成合意之情形，附此敘明。

肆、本文評釋

一、裁決與訴訟制度之間的扞格

㈠有關裁決與訴訟制度之間的扞格，作者在所著「勞動訴訟實務」一書曾稍有著墨。尤其對於解僱案不服裁決所提民事訴訟常會有違反同一事件之情事造成當事人極大困擾，作者在書中曾提出嚴厲批評：「這是現行裁決救濟制度紊亂下，當事人為了保有在訴訟中繼續攻防的權利，不得已提起一件必敗訴訟案例的實際寫照，可謂係：『花錢買一個敗訴判決來阻擋合意』，非常的諷刺，也可見裁決救濟制度實有重新檢討改弦更張之必要❸。」

㈡言猶在耳，本則臺北地院 109 勞訴 413 民事裁定剛好就是另一個活生生的例證。如前述案例事實所述，勞工被解僱後先提起一件「確認僱傭關係存在」的前訴，前訴訴訟程序因勞工另有申請裁決，依勞資爭議處理法第 42 條第 1 項裁決優先職務管轄規定，民事訴訟程序停止進行。待勞動部不當勞動行為裁決委員會作成對勞工有利之裁決決定後，雇主如對此一裁決決定不服，依勞資爭議處理法第 48 條第 1 項規定，必須於裁決決定書正本送達 30 日內，以他方當事人為被告，向法院提起民事訴訟。如未於法定期限內起訴者❹，依勞資爭議處理法第 48 條第 1 項規定，將視為當事人已依裁決決定書成合意（此即前文所稱「擬制的合意」），後續裁決委員會依勞資爭議處理法第 48 條第 2 項規定，將該裁決決定書送法院核定後，依勞資爭議處理法第 49 條規定並產生與民事確定判決同一效力。

㈢但問題在於勞工早已先提起一件「確認僱傭關係存在訴訟」的前訴繫

---

❸ 拙著，勞動訴訟實務，頁 227（註 23 最後一段），2020 年 9 月。

❹ 這 30 日法定起訴期間之性質究為「不變期間」抑或「通常法定期間」有不同看法，當事人如遲誤該期間後再起訴，法律效果如何，均請詳參拙著，勞動訴訟實務，頁 117–119，2020 年 9 月。

屬在先，雇主再提起的後訴如果是「確認僱傭關係不存在訴訟」，則顯然為同一事件（當事人相同、訴訟標的相同、聲明正相反），依民事訴訟法第 249 條第 1 項第 7 款規定，雇主所提訴訟必遭以「起訴違背第二百五十三條規定」為由裁定駁回❺。本件就屬此一情形，雇主明知所提訴訟必遭以不合法為由裁定駁回，乃刻意不繳裁判費，只單純寫一個起訴狀送進法院求一個駁回裁定來阻擋擬制的合意，法院也如其所願並未先命補繳裁判費，而是直接送給雇主一個駁回裁定，並於裁定書中指出：「本件訴訟違反民事訴訟法第 253 條規定之一事不再理原則，依前揭民事訴訟法之規定即應裁定駁回其訴，自不宜先裁定命原告補繳裁判費後再予以裁定駁回其訴。」臺北地院本則裁定書末段並以「附此敘明」（判決旁論）的形式提出其法律見解認為：「原告無法就系爭裁決決定之同一事件，提起合法之民事訴訟，係非因可歸責原告之事由所致，原告自無勞資爭議處理法第 48 條第 1 項所定視為達成合意之情形，附此敘明。」

二、不服裁決決定卻須提起一件不合法「後訴」

㈠類此不服裁決決定而需提起一件不合法「後訴」之情形，作者即曾以美光晶圓案的一審判決，即桃園地院 107 重勞訴 8 民事判決，指出勞工必須提起一件不合法的反訴來阻擋擬制的合意，等同要當事人「花錢買一個敗訴

---

❺ 假設雇主不提起「確認僱傭關係不存在訴訟」，而改提起確認被裁決決定書宣告「解僱無效」的該特定解僱行為「有效」之訴訟者，先不論訴訟實務上是否准許提起確認法律行為有效、無效訴訟，單以本案而論，勞工提起「確認僱傭關係存在訴訟」在先，雇主如提起確認「解僱無效」訴訟在後，解釋上仍應為同一事件。臺高院 109 勞抗 20 民事裁定指出：「本件系爭甲裁決確認系爭甲解僱行為無效，及命相對人回復抗告人系爭職務，相對人復自承對抗告人所提本案訴訟求為確認兩造間僱傭關係不存在，系爭甲裁決及本案訴訟之當事人相同，訴訟標的法律關係亦均為兩造間之同一僱傭契約，相對人並就甲裁決之同一訴訟標的求為相反之判決，依上說明，自屬勞動事件法第 46 條第 2 項規定之同一事件。」可資參照。

判決來阻擋合意❻」。臺北地院本則裁定非常體恤當事人的困境，並沒有先命補繳裁判費而是直接就裁定駁回。但另一件新竹地院的華冠案就沒這麼幸運了，同樣也是雇主因受不利裁決而須依法提起訴訟以避免擬制的合意，但因勞工也是先提起確認僱傭關係存在訴訟繫屬在先，雇主受不利裁決決定後，雖然依勞資爭議處理法第 48 條第 1 項規定於法定期間內依法起訴，但受限於同一事件考量，雇主也是選擇先不繳裁判費靜待法院處置。新竹地院的處理顯然不同於臺北地院，仍循一般優先程序審查作業模式，一發現雇主起訴未繳費即先下裁定命雇主補費（新竹地院 106 補 1047 民事裁定），待雇主補費後作較詳細的審查，發現並確認雇主所提後訴違反同一事件限制，乃依民事訴訟法第 249 條第 1 項第 7 款規定，以新竹地院 106 重勞訴 7 民事裁定駁回雇主之起訴。

　㈡在上開華冠案中雇主再提起抗告，臺高院 107 勞抗 22 民事裁定駁回雇主之抗告，但於裁定書中特別敘明：「是當事人有就裁決決定之同一事件提起民事訴訟，非因可歸責於己之事由致起訴不合法，且未撤回該訴訟，即不符合勞資爭議處理法第 48 條第 1 項所定視為達成合意之要件。……抗告人為免遭視同對裁決結果達成合意，而提起本件訴訟確認兩造間僱傭關係不存在，並繳納裁判費，且未撤回本件訴訟，即不符合勞資爭議處理法第 48 條第 1 項所定視為達成合意之要件。至於因相對人提起前案訴訟，致抗告人之本件訴訟違反民事訴訟法第 253 條規定之一事不再理原則，而無法提起合法之民事訴訟，既非可歸責抗告人所致，抗告人自無勞資爭議處理法第 48 條第 1 項所定視為達成合意之情形。」雖然是駁回雇主的抗告，但卻一再強調抗告人（雇主）「無法提起合法之民事訴訟非可歸責抗告人」。惟令人費解的是，法律制

---

❻ 拙著，勞動訴訟實務，頁 226（註 23），2020 年 9 月。按前述美光案涉及兩件裁決案，第一件裁決對勞工為有利認定，雇主因而提起民事訴訟。訴訟繫屬中，又有第二件裁決且此第二件裁決對勞工不利，勞工為避免被視為合意，乃於雇主所提訴訟（本訴）程序中提起反訴，以求阻擋第二件裁決的擬制合意。

度上竟設計出一套當事人必須提起不合法訴訟，才能繼續表達不服的救濟方式，法院裁判駁回該不合法訴訟時，還需再三強調這不是當事人的錯。

㈢新竹地院華冠案、桃園地院美光晶圓案、本則臺北地院神腦企工案幾乎都是一模一樣的劇情，其實就只是同一事件的阻礙。這是因為在裁決作成決定前，不論是勞工或雇主都有可能先提起民事訴訟，只不過民事訴訟應依勞資爭議處理法第 42 條第 1 項規定先停止訴訟程序而已。尤其勞動事件法施行後涉及工會法第 35 條的解僱案，勞工為了便於聲請假處分，除了申請裁決外，通常也會同步提起民事訴訟，以符合勞動事件法第 49 條第 1 項：「勞工提起確認僱傭關係存在之訴，法院認勞工有勝訴之望，且雇主繼續僱用非顯有重大困難者，得依勞工之聲請，為繼續僱用及給付工資之定暫時狀態處分。」必須先有「訴訟繫屬」之前提要件。如此一來待裁決決定書出爐後，受不利裁決之一方要依勞資爭議處理法第 48 條第 1 項規定提起訴訟尋求救濟，就都可能會遇到同一事件的障礙（不論是勞方或雇主皆然）。本文前述的「必須依法提起一件不合法後訴」的荒謬情形只會愈來愈多。

三、「不合法的後訴」與補繳裁判費

㈠既然當事人被迫必須提起不合法的後訴，而且鐵定會被裁定駁回，理性的當事人就會思量這樣還須先繳費嗎？此所以華冠案當事人、神腦企工案當事人起訴時都未先繳費的緣故。其後結局大不相同，華冠案法院先命補費待當事人補費後再裁定駁回，神腦企工案法院則表示「本件訴訟違反民事訴訟法第 253 條規定之一事不再理原則，依前揭民事訴訟法之規定即應裁定駁回其訴，自不宜先裁定命原告補繳裁判費後再予以裁定駁回其訴。」於茲可討論的是起訴或上訴如同時有複數不合法事由且包含未繳費情事時，補費應列在駁回事由中的哪一個次序。

㈡吳明軒庭長認為應把補費列在最後的駁回事由。其指出：「然當事人提起上訴後，法院必須查明並無前述第一至六順序所列不合法之情形，始得以

上訴人未預納裁判費為由裁定駁回其上訴，以維實質上之公平。蓋法院先命上訴人補繳裁判費，待補正後，再以其他不合法之事由，以裁定駁回其上訴，對於上訴人未免失之大酷，必將釀成民怨，且有損法院信譽，自非所宜❼。」

㈢張劍男庭長於論述第二審上訴程序中減縮「上訴聲明」的法律效果時提到：「當事人（上訴人）提起上訴後，就其上訴聲明，忽而減縮，而後又再擴張之，不久又再減縮復又擴張者，反反覆覆，使第二審程序審理之範圍變來變去、遲遲未能確定，徒增對造當事人（被上訴人）防禦及答辯上許多困擾。遇此情形，受命法官應於準備程序中予以闡明告知『減縮上訴聲明』所生法律效果，促使上訴人不再就已經『減縮』之上訴聲明部分，復又擴張（追加）上訴聲明；否則，非但應就再為擴張（追加）上訴聲明部分補繳裁判費外，亦恐將遭法院（合議庭）以其再擴張（追加）之訴不合法予以裁定駁回❽。」張庭長是認為在第二審上訴程序減縮「上訴聲明」者發生「撤回上訴」之效力，該撤回上訴部分，依民事訴訟法第 459 條第 3 項規定，已喪失上訴權，就該部分不得更行提起上訴❾。已減縮上訴部分既已敗訴確定不得再追加，故二審受命法官應於準備程序中闡明此一法律效果，促使當事人不再就已減縮上訴聲明部分再為追加。但當事人如果不肯聽勸，硬要追加此一不合法之「上訴」者，法院合議庭只好先命補費後再予以裁定駁回。可謂先以菩薩心腸苦口婆心勸誡，其不聽勸者則繼之施以霹靂手段。

㈣亦有論者對於類似問題提出相同看法，這是在簡易案件許可上訴第三審的情形。即對簡易案件之第二審裁判，其上訴利益逾民事訴訟法第 466 條

---

❼ 吳明軒，法院認第三審上訴為不合法以裁定駁回之順序，月旦法學雜誌，第 204 期，頁 119–128，2012 年 5 月。

❽ 張劍男，民事第二審程序若干問題，中華法學，第 15 期，頁 174，2013 年 11 月。網頁版：http://www.chineselawsociety.org.tw/GetFile.ashx?ID=34&Type=PP；最後瀏覽日期：2021.7.14。

❾ 同前註。惟此一見解與作者看法不同，詳拙著，勞動訴訟實務，頁 141–143，2020 年 9 月。

所定之額數者，當事人得以其適用法規顯有錯誤為理由，逕向最高法院提起上訴或抗告（民事訴訟法第 436 條之 2 第 1 項），但需先經原裁判法院之許可（民事訴訟法第 436 條之 3 第 1 項、最高法院 81 台抗 160 民事判例意旨參照）。實務上有些類此案件當事人提起第三審上訴未先繳裁判費，地院合議庭（簡易案件之第二審法院）先裁定命補費，待當事人補費後旋即認為「訴訟事件所涉及之法律見解並不具有原則上之重要性」為由，依民事訴訟法第 436 條之 3 第 3 項後段不予許可上訴並裁定駁回上訴，頗引起一些質疑。

㈤提出質疑的論者指出：「此部分實務上常見問題係『簡易事件上訴第三審應先繳納裁判費』，然當事人繳費後（含委任強制委任律師等），卻常遭二審『不許可』並以裁定『駁回』……準此，宜建議先就簡易事件之上訴第三審（尤其是『大額度之票據事件』），另行制定民事程序規定，以免當事人勞費及遭受程序上之突襲；申言之，倘二審法院認為『不應許可』，何苦命當事人繳交『上訴第三審之裁判費』？❿」等語。惟本文淺見以為提起上訴先預繳裁判費本為法定要件，現行制度對於不符要件者先命補正不予逕行駁回，已屬寬厚，但不能以此來博僥倖，否則對於乖乖先繳費但仍然一樣被裁定駁回者，豈非又是反向的不公平？起訴、上訴、抗告應按章繳費是必備程序要件，起訴、上訴的同時為完備程序要件同時繳費，法院都可以事後「不予許可」（否則只要繳完費就等於過第一關），反而一開始不繳費的人卻獲得先被審查是否許可上訴的利益，不許可上訴者不先命補費直接裁定駁回，原則上當事人無何損失（浪費一份書狀費用而已）。命補費則已確定過第一關（原審許可上訴這一關），則可想見敗訴的一造又符合得逕行向最高法院提起第三審上訴要件者，一定競相不繳費先提上訴，反正 "nothing to lose"，是則「許可上訴」的機制將瓦解矣！

---

❿ 楊岡儒，裁判選輯及評釋：民事，全國律師月刊，108 年 2 月號，頁 104–105，2019 年 2 月。網頁版：http://www.twba.org.tw/Manage/magz/UploadFile/5771_103-108裁判選輯及評釋：民事-楊岡儒.pdf；最後瀏覽日期：2021.7.14。

㈥故討論此一問題不能從是否先命補費著眼，也不能以不命補費直接裁定駁回者即認為「寬厚」，而先命補費後再予裁定駁回者即認「酷虐」。尤其目前有很多法院有審查庭之安排，案件先經初步審查是否符合一般程序要件後（例如有無繳費、有無逾越不變期間、強制代理案件有無委任代理人等等）才另分案到各承辦股實體審理。此一階段其實並不容易立即發現有同一事件問題，通常都是程序要件審查完竣進入實體審理階段後，因另一造當事人的抗辯，法院調查後才能確定是否構成同一事件，此時必已在當事人按章繳納裁判費完畢之後（無論起訴時同時繳或事後法院命補繳）。類如本件臺北地院109 勞訴413 民事裁定個案，法院沒有先命補費就立即先確認是同一事件者只能說幸運，但卻非通常之結果也。

四、解決問題之道不在補費與否而在修法

承上說明，所以問題的解決之道不在補費與否，而在根本不應存在這種矛盾的救濟機制，這顯然是救濟制度的積極衝突與碰撞，甲法律命當事人必須提起 A 訴訟，但乙法律卻認為當事人提起的 A 訴訟是不合法，此時惟一的解決之道是修法，而不是任由當事人到處碰撞試探尋求僥倖。

五、裁決二元制救濟制度下民事、行政訴訟之競合問題

㈠本則個案中雇主的後訴因不合法（違反禁止重複起訴規定）被裁定駁回後，假如勞工趁此機會又把前訴撤回（前訴因裁定停止訴訟程序，通常都尚未行言詞辯論程序，原告可以不經被告同意就任意撤回），原裁決決定書主文第3、4 項命復職、付薪的救濟命令效力是否會受到影響？假如雇主一開始只想到要提民事訴訟並未同步提起撤銷裁決的行政訴訟者，經此一番折騰後勞工突然把原來的前訴撤回（作者於此只是假設），此時通常早已超過勞資爭議處理法第51 條第4 項規定的兩個月提起撤銷裁決行政訴訟期間，雇主無從再提起行政訴訟。則於無民事訴訟繫屬情形下，原裁決命復職、付薪的救濟

命令何去何從？這就涉及目前二元制救濟制度下，民事、行政訴訟救濟制度的競合問題，作者前在本書第3篇「裁決命復職後二次解僱法律問題初探」一文最後對此曾略有介紹，本文以下僅以解僱案為例區分裁決結果對勞工有利或不利兩大類型分別再作進一步說明。

㈡所謂裁決結果對勞工有利，通常其主文有四項：1.確認解僱構成工會法第35條第1項第1、5款之不當勞動行為；2.確認解僱無效；3.命雇主應通知勞工復職；4.命雇主應繼續付薪。後兩項為依勞資爭議處理法第51條第2項規定令「當事人為一定之行為或不行為」之救濟命令。至於裁決結果對勞工不利，當然就是駁回勞工裁決之申請，主文通常只有一項即勞工裁決之申請駁回，但仔細觀察，駁回的項目也是有四部分，即勞工請求確認雇主之解僱構成工會法第35條第1項第1、5款之不當勞動行為、請求確認解僱無效、請求命雇主通知復職、請求命雇主付薪等四部分裁決之申請。

六、裁決結果對勞工有利

㈠裁決結果對勞工有利，雇主只提民事訴訟，未同步提起行政訴訟

1.雇主民事訴訟其後勝訴確定

⑴私法關係部分

雇主既已取得民事勝訴確定判決，其與勞工間勞雇關係已確認不存在，雇主自亦不須給付勞工薪資、也無需通知勞工復職服勞務。

⑵針對勞資爭議處理法第51條第2項命復職、付薪之救濟命令部分

此部分救濟命令性質上屬於行政處分，雖因雇主前未同步提起行政訴訟而告確定，但雇主後來透過民事勝訴確定判決，確認解僱行為合法有效。此時雇主得依行政程序法第128條第1項第1、3款規定：「行政處分於法定救濟期間經過後，具有下列各款情形之一者，相對人或利害關係人得向行政機

關申請撤銷、廢止或變更之。但相對人或利害關係人因重大過失而未能在行政程序或救濟程序中主張其事由者，不在此限：一、具有持續效力之行政處分所依據之事實事後發生有利於相對人或利害關係人之變更者。……。三、其他具有相當於行政訴訟法所定再審事由且足以影響行政處分者❶。」向勞動部不當勞動裁決委員會申請撤銷救濟命令（即原處分）。此一「撤銷救濟命令」之申請並非裁決申請程序，而係申請勞動部不當勞動行為裁決委員會本於行政機關立場，撤銷原作成之救濟命令（原處分），故僅適用行政程序法之相關規定，並不適用勞資爭議處理法第 4 章之裁決程序。

(3)針對工會法第 45 條第 1 項裁決成立之裁罰部分

首先就工會法第 45 條第 1 項之裁罰係以裁決成立為前提，今裁決決定所認定之違反工會法第 35 條等情，已經由民事法院確定判決而為不同認定，故如雇主先前未就裁罰部分提出爭訟，亦得依據前述行政程序法第 128 條第 1 項第 1、3 款規定辦理。

(4)針對工會法第 45 條第 3 項規定不遵救濟命令之連續罰部分

A.如就連續罰行政處分於原法定救濟期間內未提起訴願救濟者

則雇主於取得民事勝訴確定判決後，得依行政程序法第 128 條第 1 項第 1、3 款規定，申請勞動部撤銷依工會法第 45 條第 3 項規定所為連續罰之行政處分。

B.如就連續罰行政處分業已提訴願救濟，且仍在訴願程序審議繫屬中者

依據訴願法第 97 條第 1 項第 9 款規定：「九、為決定基礎之民事、刑事或行政訴訟判決或行政處分已變更者。」亦即對於確定之訴願決定，於為決定基礎之行政處分變更情形下，都可提再審救濟，則依舉重以明輕之法理，在對原處分不服且於法定期間內提起訴願救濟之訴願程序審議中，應亦得主張撤銷工會法第 45 條第 3 項規定之連續罰之行政處分。

---

❶ 關於前述第 3 款「其他具有相當於行政訴訟法所定再審事由」部分，應符合行政訴訟法第 273 條第 1 項第 13 款再審事由。

2.雇主民事訴訟其後敗訴確定

這時相對單純，私法關係已經確認解僱無效勞雇關係繼續存在。至於公法關係部分，雇主未提行政訴訟，所以原裁決決定中關於命復職、付薪之救濟命令，因當事人沒有不服而告確定，與民事訴訟確定判決無任何衝突牴觸，雇主必須按裁決救濟命令通知勞工復職、付薪，另勞動部如已依工會法第 45 條第 1、3 項對雇主裁處，該裁處亦屬合法，自不待言。

㈡裁決結果對勞工有利，雇主只提行政訴訟，未提民事訴訟

1.雇主行政訴訟部分其後勝訴確定

⑴私法關係部分

此時因雇主未於法定 30 日期間內提起民事訴訟，依勞資爭議處理法第 48 條第 1 項規定，雙方視為已依裁決決定書達成合意。裁決委員會依勞資爭議處理法第 48 條第 2 項規定，將裁決決定書送管轄之地方法院民事庭審核❷，民事法院核定後，關於確認解僱無效與命復職、付薪救濟命令之主文，依勞資爭議處理法第 49 條規定即產生與民事確定判決有同一效力❸。故就私法上權利義務關係（包括僱傭關係繼續存在、復職及給付薪資），均不因雇主嗣後提行政訴訟獲勝訴確定判決而受影響。

⑵針對勞資爭議處理法第 51 條第 2 項命復職、付薪之救濟命令部分

雇主行政訴訟勝訴確定後，就原裁決主文確認解僱構成工會法第 35 條第

❷ 裁決制度自 2011 年 5 月 1 日起施行到 2018 年 5 月 13 日這一段期間，核定之管轄法院為士林地院；自 2018 年 5 月 14 日起因勞動部搬遷到臺北市中正區館前路，裁決核定管轄法院改為臺北地院。

❸ 實務上民事法院核定時甚至連「確認解僱構成工會法第 35 條第 1 項第 1、5 款不當勞動行為」的主文也一併予以核定，但作者以為不妥。參見拙著，勞動訴訟實務，頁 113–114，2020 年 9 月。

1 項第 1、5 款不當勞動行為與命復職、付薪救濟命令部分，業經行政法院確定判決撤銷生既判力，雇主如不履行救濟命令，勞動部不能再依工會法第 45 條第 3 項規定裁罰。但如前述復職、付薪之主文也因民事法院核定後產生與民事確定判決同一效力，雇主如不遵守，勞工得據以聲請（民事）強制執行。

(3)針對工會法第 45 條第 1 項以及第 3 項規定之連續罰部分

因原裁決主文確認解僱構成工會法第 35 條第 1 項第 1、5 款不當勞動行為與命復職、付薪救濟命令部分，業經行政法院確定判決撤銷，勞動部後續即不得再依工會法第 45 條第 3 項規定對雇主不履行救濟命令而處連續罰。至於行政法院判決確定前，勞動部已依工會法第 45 條第 1 項規定以裁決成立而裁罰雇主，或已依工會法第 45 條第 3 項對雇主不遵救濟命令而裁罰者，因此項裁罰處分已失其附麗（原裁決決定已經行政法院判決撤銷確定），如雇主已繳納罰款，雇主得以行政法院確定判決撤銷原裁決決定為由，申請勞動部退還雇主已繳納之罰鍰。

2. 雇主行政訴訟部分其後敗訴確定

此時相對單純，私法關係上已經確認解僱無效、勞雇關係繼續存在。至於公法關係部分，雇主提行政訴訟敗訴確定，所以原裁決決定中關於命復職、付薪之救濟命令亦告確定，與民事訴訟確定判決無任何衝突牴觸，雇主必須按裁決救濟命令通知勞工復職、付薪，另如勞動部已依工會法第 45 條對雇主裁處，該裁處亦屬合法，自不待言。

(三)雇主同步提起民事訴訟及行政訴訟

1. 民事部分雇主勝訴確定，行政訴訟部分雇主敗訴確定

(1)私法關係部分

依民事確定判決辦理，亦即雇主解僱合法，勞雇間之僱傭關係無復存在，

雇主並無通知勞工復職及給付薪資之義務。

⑵針對勞資爭議處理法第 51 條第 2 項命復職、付薪救濟命令部分

因行政訴訟已敗訴確定（原行政訴訟審理範圍包括復職、付薪之救濟命令），則雇主於取得民事勝訴確定判決後，僅得依行政訴訟法第 273 條第 1 項第 11 款「為判決基礎之民事或刑事判決及其他裁判或行政處分，依其後之確定裁判或行政處分已變更。」規定，以民事確定裁判結果勝訴為由，針對行政法院確定判決，提起行政訴訟再審之訴尋求救濟❶。假如雇主沒有提起再審之訴救濟或再審之訴仍被駁回，不能排除勞動部依據救濟命令要求雇主必須履行通知勞工復職、付薪義務，否則就依工會法第 45 條第 3 項對雇主連續裁罰之可能。這是司法二元制底下不可避免的判決歧異之結果。

⑶針對工會法第 45 條第 1 項裁罰部分

就工會法第 45 條第 1 項部分，係以裁決成立為裁罰前提，故除非前述行政訴訟透過再審程序救濟成功，否則工會法第 45 條第 1 項裁罰部分將不受影響。

⑷工會法第 45 條第 3 項連續處罰部分

A.如就連續罰行政處分於原法定救濟期間內未提起訴願救濟者

雇主於取得民事勝訴確定判決後，得依行政程序法第 128 條第 1 項第 1、3 款規定，申請勞動部撤銷依工會法第 45 條第 3 項規定所為連續罰之行政處分。

B.如就連續罰行政處分業已提訴願救濟，且仍在訴願程序審議中

依據訴願法第 97 條第 1 項第 9 款規定：「九、為決定基礎之民事、刑事或行政訴訟判決或行政處分已變更者。」即對於確定訴願決定，於為決定基礎之行政處分已變更時，得依本條款提再審救濟，則依舉重以明輕之法理，在對原處分不服且已在法定期間內提起訴願救濟之訴願程序審議階段，應得

---

❶ 惟鑑於我國司法採二元制，公法與私法認定之歧異是否能成功提出再審，亦有不同見解。

主張撤銷依工會法第 45 條第 3 項規定所為連續罰。

2.行政訴訟部分雇主勝訴確定，民事部分雇主敗訴確定

(1)針對勞資爭議處理法第 51 條第 2 項命復職、付薪之救濟命令部分

雇主行政訴訟勝訴確定，就原裁決主文確認解僱構成工會法第 35 條第 1 項第 1、5 款不當勞動行為與命復職、付薪救濟命令部分，業經行政法院確定判決撤銷，已生既判力，雇主如不履行救濟命令，勞動部不能再依工會法第 45 條第 3 項規定裁罰。但因民事部分雇主敗訴確定，已確認勞雇關係繼續存在，如勞工並已取得給付薪資之執行名義並得據以執行❶，雇主允宜依民事判決主文意旨通知勞工復職、付薪為妥。

(2)針對工會法第 45 條第 1 項裁罰與第 3 項規定之連續罰部分

因原裁決主文確認解僱構成工會法第 35 條第 1 項第 1、5 款不當勞動行為與命復職、付薪救濟命令部分，業經行政法院確定判決撤銷，工會法第 45 條第 1 項裁罰即失其附麗，勞動部將退還此部分裁罰，同時勞動部後續即不得再依工會法第 45 條第 3 項規定對雇主處連續罰。至於行政法院判決確定前，勞動部已依工會法第 45 條第 3 項對雇主裁罰，而雇主已繳納之罰款，雇主得以行政法院確定判決撤銷原裁決決定為由，申請勞動部退還雇主已繳納之罰鍰。

(3)私法關係部分

---

❶ 在裁決對雇主不利之情形下，雇主因已遵期提起民事訴訟，所以不會有將裁決送核定之情事，勞工無從經由法院核定取得復職、付薪之執行名義。而雇主所提民事訴訟通常僅聲明：確認僱傭關係不存在、確認勞工薪資債權不存在，判決雇主敗訴確定僅生確認僱傭關係存在、薪資債權存在之既判力而已，勞工也無法聲請執行。所以勞工應該在雇主所提確認僱傭關係不存在、薪資債權不存在的本訴程序中提給付工資反訴，這樣勝訴確定才能就薪資債權部分予以執行。此時依司法院院字第 2350 號解釋意旨，勞工所提反訴之訴訟標的與本訴相同，依民事訴訟法第 77 條之 15 第 1 項規定，勞工反訴部分無庸繳納裁判費。

就確認解僱無效部分係屬私法上權利義務關係，雇主民事訴訟既已敗訴確定，則其與勞工間勞雇關係應繼續存在，雇主允宜通知勞工復職並給付工資，自不待言。

3.行政及民事訴訟，雇主均勝訴確定

⑴針對勞資爭議處理法第 51 條第 2 項命復職、付薪救濟命令部分

因行政訴訟判決勝訴確定，業已撤銷原裁決決定主文關於救濟命令之部分，雇主自無依救濟命令履行之義務。

⑵針對工會法第 45 條第 1 項以及第 3 項之連續罰部分

A.已繳罰款應予退還

因原裁決主文確認解僱構成工會法第 35 條第 1 項第 1、5 款不當勞動行為與命復職、付薪救濟命令部分，業經行政法院確定判決撤銷，勞動部後續即不得再依工會法第 45 條第 3 項規定對雇主處連續罰。至於行政法院判決確定前，勞動部已依工會法第 45 條第 1、3 項對雇主裁罰，而雇主已繳納之罰款，雇主得以行政法院確定判決撤銷原裁決決定為由，申請勞動部退還雇主已繳納之罰鍰。

B.救濟中案件應撤銷罰鍰處分

如就連續罰行政處分業已提訴願救濟，且仍在訴願程序審議繫屬中者，依據訴願法第 97 條第 1 項第 9 款規定：「九、為決定基礎之民事、刑事或行政訴訟判決或行政處分已變更者。」亦即對於確定訴願決定，於為決定基礎之行政處分變更情形下，都可提再審救濟，則依舉重以明輕之法理，在對原處分不服且於法定期間內提起訴願救濟之訴願程序審議中，應亦得主張撤銷工會法第 45 條第 3 項規定之連續罰之行政處分。

⑶私法關係部分

雇主已取得民事勝訴確定判決，其與勞工間勞雇關係已確認不存在，不須通知勞工復職並給付勞工薪資。

4.行政及民事訴訟，雇主均敗訴確定

裁決結果對勞工有利，雇主同步提起民事訴訟及行政訴訟，且兩訴訟雇主均敗訴確定。此時相對單純並無任何救濟結果衝突之情事，即雇主之解僱構成不當勞動行為，解僱無效，必須按裁決救濟命令通知勞工復職、付薪，另勞動部如已依工會法第 45 條第 1、3 項規定對雇主裁處，該裁處亦屬合法，自不待言。

七、裁決結果對勞工不利

㈠勞工僅提起行政訴訟，未同步提起民事訴訟

1.行政訴訟部分勞工勝訴確定

⑴此時勞工所提行政訴訟，參照最高行政法院 108 上 1050 判決意旨：「勞工依工會法第 35 條第 1 項規定所為之裁決申請，經裁決委員會作成不利之裁決決定，勞工自得提起課予義務訴訟以資救濟。」勞工所提起之行政訴訟應為課予義務訴訟，聲明求為行政法院判命被告勞動部應作成如勞工當初原申請裁決內容之行政處分（確認解僱無效部分除外⓰），此一聲明當然含命復職、付薪之救濟命令在內，另附屬聲明請求將訴願決定及原駁回裁決申請之裁決決定撤銷。行政法院判決勞工勝訴，得依行政訴訟法第 200 條第 3 款規定，判決被告勞動部必須作成勞工所申請內容之行政處分，此一判決勞工並得依法聲請強制執行（最高行政法院 106 年 1 月份第 1 次庭長法官聯席會議決議參照）。而上述行政法院判決主文中關於命被告勞動部應作成如勞工當初原申請裁決內容之行政處分，性質上屬不能由他人代為履行之行政處分，

⓰ 工會法第 35 條第 2 項「確認解僱無效」部分不在行政法院審理範圍內，可參最高行政法院 103 判 357 判決。

依據行政執行法第 30 條第 1 項規定，如被告勞動部怠於履行，按其情節輕重，得處新臺幣 5,000 元以上 30 萬元以下怠金。

⑵然因勞工未同步提起民事訴訟，依勞資爭議處理法第 48 條第 1 項規定，視為雙方已依裁決決定達成合意，且經送民事法院核定後，依勞資爭議處理法第 49 條規定並生與民事確定判決同一效力。但此一既判力範圍僅限於「解僱無涉不當勞動行為」，或者更精準的說「解僱不因違反工會法第 35 條第 1 項各款規定而無效」而已。勞工日後仍得再提民事訴訟主張確認僱傭關係存在，僅不能再主張解僱涉及不當勞動行為而無效這一點爾。

⑶承上，行政訴訟判決確定後，勞動部不當勞動行為裁決委員會應再作成：確認解僱構成不當勞動行為、命雇主復職、付薪的第二件裁決（或稱更裁裁決決定）。至於「確認解僱無效部分」，如前述已因第一件裁決送法院核定後產生「既判力」，已認定「解僱不因違反工會法第 35 條第 1 項各款規定而無效」，裁決委員會須受此「既判力」之拘束，且亦不在行政法院判決範圍內，自無再作成准駁確認解僱無效申請之裁決決定餘地。

⑷如勞動部不當勞動行為裁決委員會再作成：確認解僱構成不當勞動行為、命雇主復職、付薪的第二件裁決（或稱更裁裁決決定）。這時轉成前述「裁決結果對勞工有利」的狀態，換成雇主必須循不服裁決之程序為後續「行政」訴訟救濟措施。另因裁決委員會不能再作成「確認解僱無效」之裁決主文，故亦不產生裁決委員會應將裁決決定書送管轄之地方法院民事庭核定之問題。

2.行政訴訟部分勞工敗訴確定

⑴勞工未提民事訴訟，如前所述視為雙方已依裁決決定達成合意，送民事法院核定後並生與民事確定判決同一效力。但此一既判力範圍僅限於「解僱無涉不當勞動行為」，亦即「解僱不因違反工會法第 35 條第 1 項各款規定而無效」而已。

(2)勞工行政訴訟敗訴確定，所以不會有命復職、付薪的救濟命令，也無勞動部再作成第二件裁決之問題。

(3)但只要沒有權利失效情事，勞工仍可在其後提起民事訴訟，訴請確認僱傭關係存在。

(二)勞工僅提起民事訴訟，未同步提起行政訴訟

1.勞工民事訴訟勝訴確定

(1)此時勞僱雙方私法權利義務關係全依民事確定判決而定（原則上應為確認僱傭關係繼續存在、雇主應續付工資至准許勞工復職日止等）。

(2)不當勞動行為部分，因勞工對於駁回其裁決申請之裁決決定未依限起訴，原裁決認定解僱無涉不當勞動行為之行政處分已經確定，勞工對之無再爭執餘地。

2.勞工民事訴訟敗訴確定

此時勞僱雙方之勞動契約，業經民事確定判決確認不復存在，原裁決認定解僱無涉不當勞動行為之行政處分亦經確定，勞工已無其他爭訟空間。

(三)勞工同步提起民事及行政訴訟

1.勞工行政訴訟部分獲判勝訴確定，但民事訴訟部分敗訴確定

(1)行政法院判決勞工勝訴確定後，依據行政訴訟法第 200 條第 3 款規定，得判決被告勞動部必須作成勞工所申請內容之行政處分，後續勞動部必須依行政法院判決意旨辦理，再作成確認解僱構成不當勞動行為、命雇主復職、付薪的第二件裁決（確認解僱無效部分除外）。

(2)如勞動部不當勞動行為裁決委員會再作成：確認解僱構成不當勞動行

為、命雇主復職、付薪的第二件裁決。這時轉成前述「裁決結果對勞工有利」的狀態，換成雇主必須循不服裁決之程序為後續「行政」救濟措施。另因裁決委員會不能再作成「確認解僱無效」之裁決主文，故亦不產生裁決委員會應將裁決決定書送管轄之地方法院民事庭核定之問題。

⑶就私法關係部分，因勞工民事訴訟敗訴確定，私法上已確認勞雇關係不存在，雇主自不須通知勞工復職並給付勞工薪資。

2.勞工民事訴訟部分獲判勝訴確定，但行政訴訟部分敗訴確定

⑴此時勞雇雙方私法上權利義務關係，全依民事確定判決而定（原則上應為確認僱傭關係繼續存在、雇主應續付工資至准許勞工復職日止等）。

⑵不當勞動行為部分，因行政法院已判決勞工敗訴，故原裁決認定解僱無涉不當勞動行為之行政處分已經確定而生既判力。

3.勞工民事及行政訴訟兩件訴訟同勝確定

⑴行政法院判決勞工勝訴確定後，依據行政訴訟法第 200 條第 3 款規定，後續勞動部必須依行政法院判決意旨辦理，再作成確認解僱構成不當勞動行為、命雇主復職、付薪的第二件裁決（確認解僱無效部分除外）。

⑵如勞動部不當勞動行為裁決委員會再作成：確認解僱構成不當勞動行為、命雇主復職、付薪的第二件裁決，這時轉成前述「裁決結果對勞工有利」的狀態，換成雇主必須循不服裁決之程序為後續「行政」訴訟救濟措施。另因裁決委員會不能再作成「確認解僱無效」之裁決主文，故亦不產生裁決委員會應將裁決決定書送管轄之地方法院民事庭核定之問題。

⑶另就私法關係部分，因勞工民事訴訟勝訴確定，私法上已確認勞雇關係繼續存在，雇主應按月續付勞工至復職日止之薪資。

4.勞工民事及行政訴訟兩件訴訟同敗確定

此時私法上已確認勞雇關係不存在，原裁決認定解僱無涉不當勞動行為後續行政訴訟亦已確定，勞工已無其他爭訟空間。

伍、結　語

綜上說明，裁決後續救濟制度涉及行政、民事，且尚有同一事件的紛擾，如再加上勞動事件法施行後大量的定暫時狀態處分裁定及相關抗告，恐怕更讓人眼花撩亂、難分難解。回到本文所評釋裁定涉及的同一事件問題，若本則個案中雇主的後訴因不合法被裁定駁回後，勞工趁此機會又把前訴撤回，則此際勞工雖保有裁決決定，但民事私法關係仍未有確定判決。假如勞工已依據裁決決定聲請定暫時狀態處分，此時依勞動事件法第46條第3項前段規定反面解釋，裁決事件已經終結，又無任何訴訟存在，雇主得依民事訴訟法第529條第1項規定聲請法院命勞工於一定期間內起訴，否則即得依同條第4項規定聲請法院撤銷定暫時狀態處分。假如勞工並無聲請定暫時狀態處分者，並無適用民事訴訟法第529條第1項限期起訴之餘地，換言之，勞工保有一紙對己有利之裁決決定，但並無起訴必要。則於無民事訴訟繫屬情形下，原裁決命復職、付薪的救濟命令屬行政處分不待確定即可執行，雇主即使有提起行政訴訟但在尚未獲勝訴確定判決前，仍有遵裁決命復職、付薪救濟命令之義務，否則將遭依工會法第45條第3項規定連續裁罰。但此為公法上的處分與認定，私法關係仍待民事法院確認，雇主必要時應主動再第二次提起確認僱傭關係不存在訴訟（此時勞工的前訴已撤回並無同一事件阻礙問題），以求終局的解決私權爭執。裁決制度所涉民事、行政救濟固然複雜紛擾，但正如前言所述新制度的施行不可能一開始就完美無瑕，但發現問題理應即時處理修正，否則任由問題拖延不決就屬立法怠惰矣。

20 勞動智財事件之競合管轄

—— 最高法院 110 年度台抗字第 315 號民事裁定評釋

壹、前　言

勞動事件涉及智慧財產權者（例如競業禁止事件又同時涉及侵害雇主營業秘密），可簡稱為勞動智財事件（亦有稱之為：勞動智慧案件者），此時勞動法院及智財法院❶，對之均有管轄權（勞動事件審理細則第 4 條第 1 項）。

雇主向普通法院起訴時，勞工可以聲請移送到勞工住所、居所、現在或最後的勞務提供地法院，或智財法院。雇主向智財法院起訴時，勞工可以聲請移送勞工住所、居所、現在或最後的勞務提供地法院，由勞動專業法庭處理❷。

勞工為原告時，則可選擇雇主住居所、主營業所、主事務所所在地或勞工的勞務提供地法院，或智財法院（勞動事件審理細則第 4 條第 1 項、第 7 條第 1 項規定參照）。換言之，勞工有最終的法院選擇權❸。

但以上所述都是兩造分別為勞工與雇主無涉第三人的情形。至於勞動事件法第 2 條第 2 項所規定得與勞動事件合併起訴，或於其訴訟繫屬中為追加或提起反訴，當初立法設想應僅以「客觀訴之合併」為限。此參立法理由表示：「另雖非屬第一項所定之民事事件，然其訴訟標的與第一項所定事件之訴

---

❶ 智財法院自 2021 年 7 月 1 日起配合商業事件審理法之施行，合併商業法院改制為「智慧財產及商業法院」，但本文仍沿襲舊稱簡稱為：「智財法院」。

❷ 以上所述是指「本案起訴」之管轄，若為保全處分（例如聲請定暫時狀態處分）之管轄，並不適用勞動事件法之管轄特別規定。

❸ 智財法院 108 民著訴 126 民事裁定、109 民營抗 7 民事裁定等參照。

訟標的或攻擊、防禦方法相牽連，而事實證據資料得互為利用者，基於訴訟經濟，得合併起訴，或於第一項所定事件訴訟繫屬中，為追加或提起反訴，爰亦於第二項明定。」明白表示得合併起訴的其他民事事件須是其「訴訟標的」與勞動事件的「訴訟標的或攻防方法相牽連、事證得互為利用」，顯然是以「客觀合併」為規範對象。

但因勞動事件法第 2 條第 2 項規定的形式為「相牽連之民事事件，得與其合併起訴」，所謂合併起訴即訴之合併，解釋上不僅客觀合併而已，當然也會包含「主觀合併」之情形在內，此即本則最高法院 110 台抗 315 民事裁定所要處理之問題。

貳、案例事實

一、依第一審智財法院 109 民專訴 91 民事裁定所記載之事實，大略為：「原告（按指雇主）起訴主張被告丁○○（按指勞工）於 107 年 5 月 1 日至 108 年 7 月 18 日止，受原告聘僱擔任載板業務開發處員工，其職務內容包括研發、改良軟硬板及（微）發光二極體之相關技術並協助取得專利權，基於雙方簽署之聘僱契約書約定，被告丁○○任職期間之發明、新型等專利申請權、專利權均歸原告所有，被告丁○○於離職後亦簽署同意書，同意其與原告人員共同研發之已取得／申請中專利權、申請案、技術等應屬原告所有，然被告丁○○竟未得原告同意，於 107 年 11 月 13 日至 108 年 9 月 17 日另將其任職期間之創作，擅自以自己及配偶即被告己○○、被告諾沛半導體有限公司（下稱諾沛公司，由被告丁○○擔任負責人）及被告培英半導體有限公司（下稱培英公司，由被告己○○擔任負責人）之名義作為專利申請人，向經濟部智慧財產局（下稱智慧局）申請共計 17 大項專利，雙方曾進行協商但未達成合意，爰依聘僱契約書及專利法第 7 條第 1 項、民法第 227 條第 1、2 項、第 179 條前段、第 184 條、第 185 條、公司法第 23 條第 2 項等規定，訴請被告等移轉登記相關專利權／專利申請權及連帶負損害賠償責任，被告丁

○○因違反聘僱契約並應給付懲罰性違約金等語，有民事起訴狀在卷可稽，原告並提出聘僱契約書主張被告丁○○係其受僱人，可見被告丁○○乃勞動事件法第3條第1項第1款之勞工，則本件訴訟涉及被告丁○○因勞動關係所生之專利權歸屬及侵權損害賠償等爭議，依勞動事件法第2條第1項第1款及第3款規定，屬勞動事件，是本件核屬涉及智慧財產權之勞動事件，依智慧財產案件審理法第7條、智慧財產法院組織法第3條第1款之規定，本院有管轄權。」

二、即前雇主以離職勞工、勞工之配偶、並二人擔任負責人之兩家公司為共同被告，向智財法院提起移轉專利權、專利申請權、連帶負損害賠償責任，就離職勞工部分並另單獨訴請給付懲罰性違約金等之訴訟。此時就離職勞工部分固屬勞動事件，但其配偶及另兩家公司部分，顯然無勞雇關係，亦非勞動事件。此時不僅有客觀的訴之合併，涉及第三人部分則另有主觀的訴之合併。

三、本件被告勞工與非勞工之其他共同被告聲請移轉管轄到普通民事法院勞動法庭❹，智財法院109民專訴91民事裁定駁回聲請，理由為：「本院衡諸勞動事件法第6條第2項規定係基於『保障經濟弱勢當事人之權益，並便利勞工應訴』，始賦予勞工於勞動事件管轄競合時有聲請選定管轄權法院之權利，而本院既與新北地院相同坐落在新北市，僅分屬於板橋區與土城區，被告丁○○自住所新北市林口區前往本院應訴對其並無不便利，是由本院管轄本案，對被告丁○○而言並無違勞動事件法第6條第2項之立法目的，且本案涉及光學擋牆專利權歸屬之爭議，乃本院專業管轄之案件，更有助於紛爭解決，則被告丁○○聲請將本案移送到與本院同屬新北市之新北地院管轄，

---

❹ 一般刻板的印象會以為智財法院比較傾向保護雇主的利益，相對的，普通法院勞動法庭則可能比較保護勞工權益，因此雇主起訴時會傾向以智財法院為管轄法院，而勞工則通常喜歡聲請移轉到普通法院勞動法庭。但查這種刻板印象純只是自我想像與揣測，並無任何實據證實其說。

並無理由，應予駁回。至被告己○○、諾沛公司及培英公司聲請併與被告丁○○部分移送新北地院審理，亦無理由，併予駁回。」

四、案經抗告至智財法院合議庭，智財法院合議庭 109 民專抗 21 民事裁定駁回抗告，理由認為：「勞動事件之全部或一部涉及智慧財產權者，在普通法院（勞動法庭）及智慧財產法院二個專業法院發生管轄權競合時，應如何處理？並未見於該條之立法理由，足見勞動事件法第 6 條立法當時，並未考慮到普通法院（勞動法庭）及智慧財產法院發生管轄權競合（衝突）之問題。此外，勞動事件法施行細則亦無相關規定。……勞動事件法第 6 條規定之立法理由可知，勞工依勞動事件法第 6 條第 2 項行使選擇權，係為便利勞工起訴與應訴，並兼顧法院調查證據便捷之目的，自不能無視於上開立法目的，而在勞動事件法授權訂立之子法即勞動事件審理細則，擴大解釋為勞工就涉及智慧財產權之勞動事件，在不影響其應訴便利及調查證據便捷之情形下，勞工對於普通法院（勞動法庭）及智慧財產法院二個專業法院之管轄權競合時，當然具有選擇權。……勞動事件法第 6 條第 2 項規定之立法理由，係為處理勞動事件之土地管轄權競合而非專業法院管轄權競合之問題，已如前述，在不違反該條規定的立法目的之前提下，勞工必欲行使專業法院之選擇權，難謂合理。又勞動事件法第 1 條規定：『為迅速、妥適、專業、有效、平等處理勞動事件，保障勞資雙方權益及促進勞資關係和諧，進而謀求健全社會共同生活，特制定本法』，係為兼顧保障勞資雙方之權益，並非偏重任何一方，本件係涉及勞動關係中所生之專利權歸屬爭議，具有高度之技術性，與一般勞動事件之勞資糾紛之屬性尚有不同，由本院具有智慧財產專業之法官，在技術審查官之協助下，進行審理，較之普通法院勞動法庭法官，更能迅速掌握技術爭點及有效解決糾紛，對於勞資雙方權益之保障均屬有利……原審綜合考量勞動事件法第 6 條第 2 項規定之立法目的，及抗告人之住所位於新北市林口區，其聲請移轉管轄之新北地院及本院均位於新北市，且二者距離相近，抗告人丁○○前來本院應訴並無不便，本件為智慧財產權歸屬爭議事件，

由本院審理更有助於紛爭解決，且未違反勞動事件法第 6 條第 2 項之立法目的等情，認為抗告人丁○○聲請移轉管轄至新北地院，應予駁回，相對人己○○、諾沛公司及培英公司聲請併與丁○○部分移送新北地院，亦無理由。原裁定認事用法，並無違誤。」

被告等不服智財法院合議庭之抗告裁定乃再抗告至最高法院。

參、最高法院 110 台抗 315 民事裁定要旨

一、按勞動事件法第 2 條第 1 項所定之勞動事件，其爭議如涉及第三人，二者相牽連時，依同條第 2 項規定，雇主得與勞動事件合併起訴。關於此類主觀合併即共同訴訟之管轄，勞動事件法未有明文依該法第 15 條，即應適用民事訴訟法第 20 條規定。勞工與第三人為共同被告時，如依民事訴訟法第 4 條至第 19 條規定有共同管轄法院者，應由該法院管轄，原依勞動事件法第 6 條第 1 項後段規定有管轄權之法院，既已無管轄權，勞工即不得聲請移送於該法院。於無上述特別審判籍之情形，倘雇主向有管轄權之法院起訴，則因第三人與雇主不具勞動關係，無選定管轄法院之權利，則勞工得否將屬己部分之訴訟與原訴訟割裂，聲請移送於其選定之有管轄權之法院，應視原告主張之事實及請求而定。倘為訴訟標的之義務，為共同被告所共同，或本於同一之事實上及法律上原因時，基於訴訟經濟及避免裁判歧異之民事程序法原則，此際應限縮勞工之選擇權，認勞工不得將其與雇主間之訴訟，聲請移送其選定之法院。職是，勞動事件審理細則第 7 條第 1 項雖規定「勞動事件之全部或一部涉及智慧財產權，經雇主向智慧財產法院起訴者，勞工得依本法第六條第二項、第七條第一項後段規定，聲請將該訴訟事件移送於其所選定有管轄權之普通法院，由勞動法庭處理」，惟於勞工與第三人為共同被告之情形，仍應依上開原則辦理。

二、查關於丁○○與相對人間因勞動關係所生之專利權歸屬及侵權行為損害賠償等爭議，依勞動事件法第 2 條第 1 項第 1 款及第 3 款規定，係涉及

智慧財產權之勞動事件，依智慧財產案件審理法第 7 條、勞動事件審理細則第 4 條第 1 項規定，智慧財產法院及普通法院勞動法庭均有管轄權；另相對人主張己○○等 3 人與丁○○共同侵害其專利權，屬侵害智慧財產權損害賠償事件，依智慧財產案件審理法第 7 條規定，由智慧財產法院管轄，己○○等 3 人與相對人間既無勞動關係，自無勞動事件法第 6 條第 2 項、勞動事件審理細則第 7 條第 1 項前段所定之選擇權。而丁○○與相對人間雖屬勞動事件，但相對人主張丁○○與己○○等 3 人為共同侵權行為，應負連帶責任，依其主張之事實及請求，其訴訟標的之義務，為共同被告所共同，依上說明，丁○○不得將其與相對人間之訴訟，聲請移送於新北地院，由勞動法庭處理。原法院維持第一審裁定，駁回再抗告人之抗告，所持理由雖有不同，結論則無二致，仍應予以維持。

肆、本文評釋

一、勞動事件法立法目的之一在減少勞工訴訟障礙

㈠按勞動事件法主要立法目的之一即在減少勞工訴訟障礙，其中「合理調整程序規定」部分即包括增訂便利勞工管轄條款，勞動事件法第 5–7 條即為具體化的條文。但事理萬端法律條文有時而窮，立法之初不可能將所有可能情形均考慮進去而事先律定，此時即須靠著合理解釋條文而使死的條文成為活的法律。

㈡如前言所述，勞動事件法第 2 條第 2 項的合併起訴從立法理由以觀，似僅規範到「客觀的訴之合併」，但條文即已明定「合併起訴」，解釋上當然也應包含「主觀的訴之合併」即共同訴訟在內。本則最高法院裁定意旨開宗明義即指出「按勞動事件法第 2 條第 1 項所定之勞動事件，其爭議如涉及第三人，二者相牽連時，依同條第 2 項規定，雇主得與勞動事件合併起訴。」雖僅提及「雇主起訴」之情形，但於勞工為原告將雇主及第三人列為共同被

告起訴案件，亦有其適用，自不待言。

二、共同訴訟仍有勞動事件法第 6 條之適用

㈠於茲有疑義的是依勞動事件法第 2 條第 2 項合併起訴事件，是否仍有勞動事件法第 5-7 條管轄特別規定之適用？在客觀的訴之合併，因只有訴訟標的之合併，當事人方面仍只是單純的勞資兩造，解釋上仍有勞動事件法第 5-7 條管轄特別規定之適用，應無疑義。但於「主觀的訴之合併」即共同訴訟之場合，是否即排除勞動事件法第 5-7 條管轄特別規定之適用？本則最高法院 110 台抗 315 裁定認為：「勞動事件法第 2 條第 1 項所定之勞動事件，其爭議如涉及第三人，二者相牽連時，依同條第 2 項規定，雇主得與勞動事件合併起訴。關於此類主觀合併即共同訴訟之管轄，勞動事件法未有明文依該法第 15 條，即應適用民事訴訟法第 20 條規定。」換言之，認為勞動事件法並無特別規定，所以應依該法第 15 條規定，回歸適用民事訴訟法第 20 條之規定。

㈡上述見解是目前司法實務上一致之看法。在勞工為原告起訴事件，此於職災事件頗為常見，蓋勞工可能把相關的事業單位、定作人（業主）、前手承攬人、中間承攬人等均一起列為共同被告。共同訴訟之被告數人，其住所不在一法院管轄區域內者，各該住所地之法院俱有管轄權。但依第 4 條至前條規定有共同管轄法院者，由該法院管轄，民事訴訟法第 15 條第 1 項及第 20 條亦有分別規定。勞工如向非職災發生地（侵權行為發生地）之法院起訴者，法院即會依勞動事件法第 15 條及民事訴訟法第 20 條但書之規定，將案件移轉至職災發生地（侵權行為發生地）之共同管轄法院管轄❺。

㈢相對的，雇主把勞工與第三人列為共同被告起訴案件，依本則最高法院 110 台抗 315 民事裁定見解，直接認為「關於此類主觀合併即共同訴訟之

---

❺ 桃園地院 109 勞專調 101 民事裁定；臺北地院 109 勞專調 96 民事裁定、109 勞專調 9 民事裁定、109 勞專調 228 民事裁定、109 勞訴 259 民事裁定等均同旨。

管轄，勞動事件法未有明文依該法第 15 條，即應適用民事訴訟法第 20 條規定。勞工與第三人為共同被告時，如依民事訴訟法第 4 條至第 19 條規定有共同管轄法院者，應由該法院管轄，原依勞動事件法第 6 條第 1 項後段規定有管轄權之法院，既已無管轄權，勞工即不得聲請移送於該法院。」換言之，民事訴訟法第 20 條但書優先於勞動事件法第 6 條第 1 項之規定。

㈣如此一來，等同只要是「共同訴訟」，即可能因民事訴訟法第 20 條但書特別審判籍之規定，會剝奪掉原來勞動事件法所賦予勞工的管轄便利，本文淺見對此結論不敢認同。

㈤按如前所述，勞動事件法主要立法目的之一即在減少勞工訴訟障礙，其中「合理調整程序規定」部分即包括增訂便利勞工管轄條款，此一目的於共同訴訟中並無特別排除之必要。換言之，於共同訴訟中（無論勞工是原告或被告）便利勞工管轄條款仍是本次勞動事件法立法目的之一，並無改變。且解釋上，勞動事件法第 15 條已明文規定：「有關勞動事件之處理，依本法之規定；本法未規定者，適用民事訴訟法及強制執行法之規定。」是勞動事件法相關管轄規定應優先於民事訴訟法之規定而適用，於此解釋前提下，勞動事件法第 6 條業已規定事項應優先於民事訴訟法第 20 條但書之規定，不能反過頭來以民事訴訟法第 20 條但書來凌駕在勞動事件法第 6 條規定之上。

㈥據上說明，本文認為只要是「勞動事件」，即仍有勞動事件法第 6 條規定之適用，不因是「共同訴訟」而受影響。故在職災補償、賠償案例中，勞工一訴對多數被告起訴，只要仍是「勞動事件」，勞工即仍得適用勞動事件法第 6 條相關的管轄規定，前述目前司法實務動輒援用民事訴訟法第 20 條但書之規定，將該類案件移轉至職災發生地（侵權行為發生地）法院管轄之舉，本文以為不妥。

三、共同被告中的勞工仍得主張勞動事件法第 6 條第 2 項之移轉管轄

㈠回到本則最高法院 110 台抗 315 民事裁定個案，雇主將勞工與第三人列為共同被告，其中對勞工起訴部分固然是「勞動事件」，但對第三人起訴部分則顯然並非勞動事件，此時是勞動事件與相牽連非勞動事件的合併起訴。就第三人而言,其固無主張適用勞動事件法對勞工管轄便利規定之適用餘地，換言之,非勞工之第三人被告不能主張勞動事件法第 6 條第 2 項本文的移轉。

㈡但勞工被告部分是否也因此就被剝奪勞動事件法第 6 條第 2 項本文的聲請移轉權利，最高法院裁定意旨認為:「基於訴訟經濟及避免裁判歧異之民事程序法原則,此際應限縮勞工之選擇權,認勞工不得將其與雇主間之訴訟,聲請移送其選定之法院。」本文對此有不同看法,本於勞動事件法立法時即已設定勞工管轄便利優先之立法旨趣,在此前提下,勞工之聲請移轉管轄權不應受影響,因此所造成的一案分成數案、產生對雇主原告的不便、增加法院訟累、可能的判決歧異等,均屬為保障勞工應訴便利立法目的下不得不接受的可能不利益❻。

四、勞動智財事件不能合意約定排除普通法院之管轄權

㈠於此並可一起討論的是勞動智財事件的競合管轄，可否由當事人事先合意約定管轄法院？實務上曾見有雇主片面擬定的勞動契約書，約定勞動智財事件應由智財法院管轄，意即排除普通（民事）法院勞動法庭之管轄者。關於普通法院（勞動法庭）與智財法院間就勞動智財事件之管轄合意約定，有司法實務裁判認為有效,智財法院 109 民營抗 5 民事裁定指出:「勞動事件之全部或一部涉及智慧財產權者，普通法院勞動法庭及智慧財產法院均有管轄權，惟由雇主起訴者，不論雇主係向普通法院或智慧財產法院起訴，勞工

❻ 拙著，勞動訴訟實務，頁 14，2020 年 9 月。

均有選擇管轄法院之權利，得聲請將訴訟移至智慧財產法院或普通法院。惟在兩造有約定合意管轄時，除合意管轄有顯失公平之情形外，兩造仍受合意管轄之拘束，雇主得請求移送於合意之第一審管轄法院❼。」

㈡本文淺見以為參照司法院院字第 882 號解釋意旨：「民事訴訟法僅有土地管轄之區別。而無事物（務）管轄之區別。」故民事訴訟法所規範之合意管轄應僅限於「土地管轄」，而不及於事務管轄。事務管轄乃屬法律明定範疇（司法院大法官釋字第 466、第 540 號解釋文及第 533 號解釋理由書參照），最高行政法院 109 大 2 大法庭裁定意旨指出：「行政機關之管轄權，有事務管轄、土地管轄之分。事務管轄乃指依行政事務之種類為標準所定之權限劃分，通常係依各機關之組織法或專業性之實體法規定之；土地管轄則指於事務管轄所及之地域範圍內，依地域之界限劃分行政機關之權限，亦即行政機關可以行使事務管轄之地域範圍❽。」即指應先有事務管轄權後在事務管轄所及之地域範圍內，再依地域之界限劃分土地管轄。

㈢故（一般）民事事件、勞動事件、家事事件、智財事件、商業事件等之劃分，應屬事務管轄範疇，無涉土地管轄❾。而民事訴訟法之合意管轄僅以「土地管轄」為限不及於事務管轄已如上述❿，故勞動智財事件關於普通

❼ 本則案例勞雇間約定之合意管轄法院為普通法院並非智財法院，剛好與本文所舉例相反，但其認定管轄合意約定有效之法律見解，解釋上當然一體適用於合意約定以智財法院為第一審管轄法院之情形。

❽ 本則最高行政法院大法庭裁定意旨雖係針對「行政機關」之事務管轄與土地管轄爭議而發，但本文淺見認為於法院之管轄認定亦有援用參考價值。

❾ 最高法院 101 年 6 月 26 日 101 年度第 5 次民事庭會議甲說理由第三點指出：「關於法院之管轄，有土地管轄與事務管轄之分。……在事務管轄，應依事務之性質定法院之管轄，如民事事件應由民事法院管轄、家事事件應由家事法院管轄。」亦認為民事事件與家事事件之管轄劃分屬「事務管轄」而非「土地管轄」，可資參照。

❿ 民事訴訟法第 182 條之 1 第 1 項但書係屬法律明文之特別規定（最高法院 104 台抗624 民事裁定、最高行政法院 105 裁 1576 裁定要旨等並參），但尚不能以此即推斷稱事務管轄亦均得由當事人以合意方式為特別之約定，臺高院 105 重上 591 民事裁

法院（勞動法庭）與智財法院間之管轄競合，不應適用當事人間合意管轄約定，而應完全依勞動事件法、民事訴訟法、智慧財產案件審理法、智慧財產及商業法院組織法等法律之規定定之。假如勞雇間之勞動智財事件有事務管轄部分之合意管轄約定者，其約定無效，勞雇雙方均不受拘束。勞動智財事件事先約定以「智財法院」為合意管轄法院者，因智財法院國內僅有一所，非如普通法院設有多處❶，故此時可逕認該合意管轄約款是排除普通法院（勞動法庭）管轄的事務管轄合意管轄約定，其約定無效；但勞雇間之勞動契約如具體指定某一地方法院為第一審管轄法院者，解釋上則應認為是土地管轄之合意約定而非事務管轄之合意約定，此時，該（土地管轄）合意管轄約款並非無效而是適用勞動事件法第 7 條規定處理，自不待言。

五、勞動智財事件之第二審非智財法院實質專屬管轄

㈠勞動智財事件是勞動事件也是智財事件，勞動事件法施行前有法院裁判認為智財事件的第二審應「實質專屬」智財法院管轄，即使第一審是由普通法院系統之地方法院管轄審判者，亦無不同❷。最高法院 108 台抗 381 裁定亦支持此說，而判認：「按智慧財產案件之審理，依智慧財產案件審理法之規定；本法未規定者，分別依民事、刑事或行政訴訟程序應適用之法律，同法第 1 條定有明文。該法第 19 條於 103 年 6 月 4 日修正為：『對於智慧財產事件之第一審裁判不服而上訴或抗告者，向管轄之智慧財產法院為之』，揆其立法理由，揭明『目前智慧財產第一審民事事件並非由智慧財產法院專屬管轄，倘由普通法院管轄，亦係由各地方法院之智慧財產專股受理，為統一法律見解，其上訴或抗告自「應」由專業之智慧財產法院受理。惟現行條文第

定可資參照。

❶ 目前國內共設有 22 個地方法院，https://www.judicial.gov.tw/tw/cp-50-16-82d30-1.html；最後瀏覽日期：2021.7.26。

❷ 臺高院 106 重上 55、108 重勞上 27 裁定，高雄高分院 108 重上 37 裁定等參照。

2 項對於普通法院所為智慧財產第一審民事裁判之上訴或抗告管轄法院，未臻明確，爰酌修第 2 項之文字，以杜爭議』等語。可知該條法文雖無『專屬』之用語，仍足認智慧財產事件之第一審民事裁判經提起上訴或抗告之管轄法院，僅智慧財產法院實質上有專屬管轄之權，俾達統一法律見解之功。此參稽智慧財產案件審理法施行細則第 5 條第 1 項關於『智慧財產案件審理法施行前已繫屬於最高法院之智慧財產民事訴訟事件，或本法施行後不服高等法院裁判之智慧財產民事訴訟事件，經最高法院廢棄者，除由終審法院自為裁判者外，「應」發交智慧財產法院』之規定尤明。是以此項第二審專屬管轄法院，即無合意或應訴管轄之適用。」

㈡本文淺見以為上揭最高法院裁定見解，於勞動事件法施行後應限縮解釋為不適用於勞動智財事件，若為「勞動智財」事件，而已經普通法院系統之地方法院行第一審管轄者，其第二審管轄仍應在普通法院系統之高等法院或其分院，不能裁定移送至智財法院。勞動事件審理細則第 4 條第 3 項規定：「勞動法庭處理第一項事件，不適用智慧財產案件審理法第六條、第七條、第十九條、第二十一條第二項、第二十二條規定。」明文排除智慧財產案件審理法第 19 條規定之適用，即足資參照。

伍、結　語

勞動事件法重要立法目的之一即在減少勞工訴訟障礙，其中增設便利勞工管轄條款，即屬為達此一立法目的下所採的「合理調整程序規定」手段。解釋相關規定時，應受此立法目的拘束，才不致以文害義逸脫了立法目的範圍。

勞動智財事件涉及普通民事法院勞動法庭與智財法院間的管轄競合問題，勞動事件法並無明文規定，至於「勞動事件審理細則」則法規位階不足，有些法院裁判認為尚不受其拘束❸，因此於具體個案適用法律時，宜隨時掌

---

❸ 例如本案之二審裁定即智財法院 109 民專抗 21 民事裁定即認為：「由母法即勞動事

握立法目的，盡可能作成合目的性解釋。

　　本文淺見以為勞動事件法第 6 條第 1、2 項賦予勞工最終的管轄法院選擇權，無論是勞動智財事件抑或共同訴訟事件，均應適用此一原則而無不同，更不能以民事訴訟法第 20 條但書或智慧財產案件審理法第 7 條規定，凌駕在勞動事件法第 6 條第 1、2 項規定之上。從法律適用原則解釋，勞動事件法是民事訴訟法與智慧財產案件審理法的特別法，再依勞動事件法第 15 條前段「有關勞動事件之處理，依本法之規定」之優先適用規定，勞動事件法第 6 條第 1、2 項規定，均應優先於民事訴訟法第 20 條但書與智慧財產案件審理法第 7 條規定而優先適用。

件法第 6 條規定之立法理由可知，勞工依勞動事件法第 6 條第 2 項行使選擇權，係為便利勞工起訴與應訴，並兼顧法院調查證據便捷之目的，自不能無視於上開立法目的，而在勞動事件法授權訂立之子法即勞動事件審理細則，擴大解釋為勞工就涉及智慧財產權之勞動事件，在不影響其應訴便利及調查證據便捷之情形下，勞工對於普通法院（勞動法庭）及智慧財產法院二個專業法院之管轄權競合時，當然具有選擇權。」認為法院於具體個案並不受勞動事件審理細則之拘束。

21 違法解僱訴訟起訴期間限制

—— 最高法院 110 年度台上字第 551 號民事判決評釋

壹、前　言

　　一、勞工主張雇主違法解僱而尋求司法救濟者，一般均以提起確認僱傭關係存在訴訟並請求給付工資為主要的訴訟型態。給付工資部分為給付訴訟，需有請求權基礎，而請求權必有消滅時效期間，以工資請求權來說，請求權消滅時效期間依民法第 126 條規定為 5 年❶。確認僱傭關係存在訴訟部分為確認訴訟，並無請求權基礎問題，重在須有確認利益與確認必要，而確認之標的依民事訴訟法第 247 條第 1 項規定為「法律關係」即僱傭關係。

　　二、有關確認僱傭關係訴訟之提起，法律上並無規定應於多久時間內起訴，而按法律行為無效者，乃自始、絕對、當然、確定的不生效力❷。以故，解僱如確係違法無效者，該無效之狀態及事實不會因勞工事後有無起訴而受影響，既然法律上並未規定勞工應於多久期間內起訴，則只要仍有確認之必要及利益，似乎無論事隔多久，勞工均得提起確認僱傭關係繼續存在訴訟以尋求救濟。但若勞工遭解僱多年後才起訴提告，雇主或許早已合理期待應再無爭議，此時勞工之起訴是否公允？

　　三、此外，假如雇主是以資遣方式終止勞動契約，而資遣事由為勞動基

---

❶ 最高法院 97 台上 2178 民事判決：「按民法第一百二十六條所稱之『其他一年或不及一年之定期給付債權』者，係指基於同一債權原因所生一切規則而反覆之定期給付而言，諸如年金、薪資之類，均應包括在內。」明白指出薪資（工資）債權適用民法第 126 條 5 年短期時效規定。

❷ 最高法院 41 台上 1050 民事判決、73 台上 712 民事判決、85 台上 2901 民事判決等可資參照。

準法第 11 條第 1 至 4 款，且一次資遣人數眾多，則因該資遣原因有共通性，若部分勞工於遭資遣後即提起訴訟，歷經數載終告勝訴確定，此時多年來本無爭議之其他勞工常有想要「搭便車」援用該判決結果另起新訴之意願❸。若資遣原因為勞動基準法第 11 條第 5 款之勞工不能勝任工作，鑑於每個人是否勝任工作情形各異欠缺共通性，不至於有多年後想要援引他人訴訟成果起訴之情形。勞動基準法第 12 條之懲戒解僱也較少有援引他人訴訟結果搭便車可能（除非同一懲戒原因同時解僱多人）。

四、故實務上確實會有解僱多年後再起訴爭執解僱效力之案例，於此值得探討的是此際勞工之起訴是否有權利失效原則之適用❹？

貳、案例事實

一、本件勞工主張：其自民國 100 年 6 月 1 日起受僱於雇主，擔任生技工程部工業工程師，月薪新臺幣（下同）3 萬 8,000 元。雇主於 101 年 12 月 14 日向勞工預告依勞基法第 11 條第 5 款規定，自 102 年 1 月 6 日起終止系爭契約，勞工隨即於 102 年 1 月 2 日辦理離職交接手續並簽署資遣同意書，受領雇主給付之資遣費。勞工於 102 年 1 月 4 日申請勞資爭議調解，但於同年月 30 日調解不成立；隨後勞工於 102 年 1 月 6 日、102 年 12 月 26 日兩次

---

❸ 類此事後起訴之勞工援用其他人前案判決結果「搭便車」之情形，涉及確定判決對第三人之效力問題。於公害訴訟、消費訴訟，較常見有類此眾多受害者中有人先起訴先判決確定，其他人援用勝訴確定判決之認定再行起訴之例，有學者稱此為判決的「波及效」，我國司法實務似尚無明白肯認「波及效」之判決前例。本文淺見認為他人前案確定判決對後起訴個案並無既判力，頂多只有「事實上」之影響力而已。有關判決之「波及效」，請參陳計男，民事訴訟法論（下），頁 91–92，2017 年 8 月修訂六版。

❹ 學說、實務上均認此時應以「權利失效」原則來規制勞工起訴之權利。請參，洪瑩容，權利失效──最高法院 102 年度台上字第 1766 號判決，載：個別勞動法精選判決評釋，頁 243–254，2018 年 7 月。

寄發存證信函，向雇主表示其係遭脅迫簽署資遣同意書及撤銷其簽署資遣同意書之意思表示，雇主亦分別於 102 年 1 月 17 日、103 年 1 月 10 日兩度以存證信函回覆系爭契約已經終止之意旨。其後勞工即未再向雇主為任何主張或請求，亦未為任何準備提供勞務之通知，直至 106 年 12 月 29 日提起本件訴訟。

二、 雇主在訴訟中則抗辯縱認系爭契約未經合法終止，但勞工於收受 103 年 1 月 10 日雇主寄發之存證信函後，直至 106 年 12 月 29 日始提起訴訟，顯係長久不行使權利，足使雇主有正當信任，以為勞工已不欲行使其權利，構成權利失效。

參、最高法院 110 台上 551 民事判決要旨

查上訴人於 102 年 1 月 2 日簽署資遣同意書，即有契約已終止之外觀，雖上訴人於同年 12 月 26 日為撤銷其簽署資遣同意書之意思表示，但被上訴人隨即於 103 年 1 月 10 日以存證信函回復系爭契約業經合法終止後，直至上訴人於 106 年 12 月 29 日提起本件訴訟時止，上訴人未曾對被上訴人為任何主張、請求或通知；兩造間僱傭關係之存否不宜長期處於不確定狀態，上訴人就法律扶助之審查決定尋求行政救濟復非被上訴人所得知悉，則其前後長達近 4 年未行使權利，依一般社會通念，足使被上訴人正當信賴其已不欲行使其權利，甚至以此信賴作為自己行為之基礎，應認上訴人行使權利有違誠信原則，構成權利失效。

肆、本文評釋

一、最早的實務見解

最早提及違法解僱訴訟應有起訴期間限制問題意識者，應為臺中高分院 86 勞上 2 民事判決。其指出：「況上訴人（按指勞工）自 81 年 2 月 8 日解

僱，於同月 10 日離職後，雖曾向被上訴人（按指雇主）提出申覆，經被上訴人於 81 年 2 月 26 日考成會議決議維持原議後，即未再向被上訴人主張僱傭關係存在，上訴人雖謂曾請託民意代表關切；但無何舉證證明自難遽信。則時隔四年有餘，迄 85 年 10 月 22 日始行訴請確認僱傭關係存在，其時隔四年有餘，以被上訴人每日運輸之需，亦不可能任留空缺虛位以待，自易認為上訴人無意行使其權利，被上訴人指上訴人此項行使權利有違誠信原則，自亦屬可採❺。」

二、他山之石──比較法的參考

㈠德國立法例

德國終止保護法第 4 條明文規定：「勞工主張終止不具社會正當性或因其他事由而無效者，應於終止書面送達後三週內，向勞動法院起訴確認勞動關係不因終止而消滅。」明定起訴期間僅短短 3 週。該法第 5 條更明文規定，縱勞工有提出訴訟確認之遲誤而聲請回復原狀，最遲亦不得超過 6 個月❻。

㈡大陸法制

大陸勞資爭議處理程序俗稱「先裁後審」、「一裁二審」制，進入訴訟前，必先經仲裁程序。大陸「中華人民共和國勞動法」（2018 年 12 月 29 日最新

---

❺ 至於相關學術文獻上最早討論此一起訴期間限制議題者，或許是作者於 2006 年 3 月登載於「全國律師月刊」的一篇短文。請參拙著，勞動契約終止若干爭議問題（伍、二「勞工提起解僱無效訴訟，有無起訴期間之限制？」此一子題部分之討論），全國律師月刊，2006 年 3 月號，頁 43–56（伍、二子題在第 55–56 頁），2006 年 3 月。作者當時即認為應有起訴期間限制，期間以一年為宜。

❻ 德國終止保護法條文中譯引自陳威志，大量解僱勞工保護法之研究，附錄九，國立政治大學勞工研究所碩士論文，2005 年；https://nccur.lib.nccu.edu.tw/bitstream/140.119/34454/20/62010120.pdf；最後瀏覽日期：2021.8.3。

修正）第 79 條最後一句規定：「對仲裁裁決不服的，可以向人民法院提起訴訟。」大陸「中華人民共和國勞動爭議調解仲裁法」（自 2008 年 5 月 1 日起施行）第 48 條規定：「勞動者對本法第四十七條規定的仲裁裁決不服的，可以自收到仲裁裁決書之日起十五日內向人民法院提起訴訟。」同法第 50 條規定：「當事人對本法第四十七條規定以外的其他勞動爭議案的仲裁裁決不服的，可以自收到仲裁裁決書之日起十五日內向人民法院提起訴訟；期滿不起訴的，裁決書發生法律效力。」因起訴之前必經仲裁，所以規範「申請仲裁期間」即等同規範了起訴期間之限制。大陸「中華人民共和國勞動法」第 82 條前段規定：「提出仲裁要求的一方應當自勞動爭議發生之日起 60 日內向勞動爭議仲裁委員會提出書面申請。」限制申請仲裁期間為勞動爭議發生之日起 60 日內。然之後施行的大陸「中華人民共和國勞動爭議調解仲裁法」第 27 條第 1 項因應各方反映期間太短，乃調整修正規定為：「勞動爭議申請仲裁的時效期間為一年。仲裁時效期間從當事人知道或者應當知道其權利被侵害之日起計算。」放寬提起仲裁之期間為 1 年。解釋上可以理解為等同限制提起爭議救濟（含仲裁後之起訴）之期間為 1 年。

(三)日本法制

不同於上述的德國或中國大陸，日本與我國相同，並無法律明文規範起訴期間限制。但司法實務上則以誠信原則處理一些比較極端的事例。

1.全電通長崎県支部事件❼

日本長崎地方法院判決指出：「綜上，在沒有特別之合理理由的情況下，從本件解僱以後，歷經 12 年 8 月餘，從全電通使該『撤回鬥爭』完全終結起，亦已經過 5 年 4 月之時間。就被告而言，其認為已完全終結與原告間之關係，而形成企業秩序後，原告即使現實上連重回職場之意思都沒有，卻提

---

❼ 長崎地判昭和 60 年 2 月 27 日公刊物未登載（昭和 48 年（ワ）380 号）。

起本件解僱無效之訴，欲一舉推翻被告所形成之企業秩序，則即便本件之解僱存在原告所主張之瑕疵，作為『亟需早期解決紛爭之法安定性』的勞動關係上之權利，原告之權利行使乃屬恣意、背叛被告之信賴，故有違誠信原則。」

2. 八幡製鉄解雇無効確認請求上告事件❽

日本最高法院判決認為：「對於解僱通知，上訴人因沒有在所定期間內提出退職書，於期間之最終日即昭和 25 年 11 月 5 日屆滿之同時發生解僱效力，對於公司方以此為前提之退職金等提存，上訴人雖未放棄爭執當時解僱之效力，亦沒有提出退職之申請，也沒有領取退職金，但鑑於其後連工會也承認解僱、和公司方之抗爭無法受到工會之支持等諸般情事，放棄爭執解僱之效力，如此，上訴人們最遲至昭和 26 年 1 月 9 日為止，皆未停止異議而受領退職金等，並且在之後提起本訴之時（昭和 28 年 6 月 3 日）為止約兩年數個月之間並未表示任何爭執解僱效力的態度，在這樣的事實認定下，鑑於從以上事實中顯示之雙方當事人的態度，當事人間就解僱效力應認有不表示異議之默示合意成立，縱非如此，在此種情形下主張解僱無效，亦應認為是違反誠信原則。」

3. 日本著名勞動法學者菅野和夫先生對此問題指出，此應屬「立法要處理的議題❾。」蓋個案的決定欠缺可預期性，期間要多久，如何的情狀始得謂有失誠信等，均缺乏一致性也。

---

❽ 最一小判昭和 36 年 4 月 27 日民集 15 卷 4 号 974 頁。

❾ 菅野和夫，勞働法，頁 802–803，2019 年 11 月十二版。

三、我國司法實務見解

㈠認無權利失效原則適用之判決

1.臺高院 93 勞上 53 民事判決:「被上訴人(按指勞工)於 88 年 12 月 1 日遭上訴人免職後,旋申請台北市政府勞工局協調,兩造於 89 年 1 月 11 日協調未果。嗣上訴人(按指雇主)對被上訴人提起刑事告訴及民事訴訟,被上訴人於台灣台北地方法院認其非領用保險證之人,無給付保險費義務;亦無違背職務或侵權行為,而於 91 年 8 月 27 日以 90 年重訴字第 743 號判決其勝訴後,即於 91 年 12 月 6 日具狀提起本件訴訟,並未怠於行使權利。上訴人認其有違誠信而應有權利失效之法律效果,尚無可採。」本件勞工 88 年 12 月 1 日被解僱、91 年 12 月 6 日起訴,時隔 3 年又 5 日,雇主為權利失效抗辯,法院不採。

2.臺北地院 103 重勞訴 9 民事判決:「原告(按指勞工)對被告(按指雇主)拒絕受領勞務之行為並非從未表示異議。雖其未於調解不成立後立刻提起本件訴訟,然提起民事訴訟所需耗費之時間、金錢、精力、是否有足夠之證據可以獲得勝訴判決,本需仔細思量,是原告主張遭違法解僱後,全家經濟頓失所依,需先找到工作,蒐集相當證據,研析訴訟成本後,始決定提起本件訴訟以捍衛權利等語,非無可採,難認其有怠於提起訴訟或攀附他人訴訟成果之情形。參以原告僅約 3 年未行使權利,核與被告所舉之最高法院 102 年度台上字第 1932 號、1766 號判決,係長達 9 年未行使權利之情況有別,亦實難認本件有權利失效之適用。」本件勞工於 99 年 12 月 17 日被解僱、103 年 1 月 23 日起訴,時隔 3 年 1 個月又 6 天,雇主同樣為權利失效抗辯,但法院仍不採。

(二)認應有權利失效原則適用之判決

1.新北地院 99 勞訴 43 民事判決指出:「又判斷勞工起訴請求確認僱傭關係存在有無故意延宕請求之期間而有違背誠信原則之情事,除參酌上開情事外,另參照民法第 129 條所規定者為私法上權利之請求權消滅時效之中斷事由之規定情形,及民法第 130 條規定之時效因請求而中斷者,若於請求後 6 個月內不起訴,視為不中斷之意旨,本院認為勞工得以訴訟請求確認僱傭關係存在之時限,雖毋須完全比照勞動基準法第 12 條第 2 項及第 14 條第 2 項有關應於知悉有上開法條所規定之事由後之 30 日短時間內應採取終止勞動契約之行為,但本院認為至遲應於發生解僱之爭議事由之事實發生後,於不逾 6 個月內為爭執意思之提出,例如直接向雇主為爭執之表示,或向勞工行政機關申訴或申請勞資爭議調解、協調,方可認為勞工無故意延宕其請求之情事存在,且參照上開民法關於請求權消滅時效中斷之規定,勞工於提出爭執之意思後,亦應於向雇主提出爭執後或於勞工行政機關調解或協調不成立後之 6 個月內起訴,方可認為其無故意延宕使雙方間僱傭關係明確化之意圖,而無違反誠信原則之情形存在❿。」

本則判決認為勞工應至遲於「解僱爭議發生後 6 個月內」為爭執意思之提出,如先經勞資爭議調解程序,也應於調解不成立後 6 個月內起訴,6 個月加 6 個月等於 1 年,與前述大陸法制約略相同,可資參照。

2.臺北地院 95 重勞訴 21 民事判決:「原告於經解僱後,迄其提起本件訴訟之 95 年 4 月 18 日止,均未再返回被告公司上班,亦未有何通知被告準備給付勞務情事,為原告所不爭執,則原告之行為已足以引起被告正當信任,認為原告不欲再主張其與被告間契約上權利,而被告公司人事幾經更迭,亦不可能任留空缺,長期虛位以待原告提起訴訟,原告於近 7 年後始提起本件訴訟,顯有違誠信原則,被告既為此抗辯,原告依與被告間契約所得行使之

❿ 同院 99 勞訴 28 民事判決意旨同。

權利應歸於消滅。……原告在被告公司任職期間,與被告間為委任契約關係,且原告於遭解僱後,未曾對其與被告間契約關係存在乙節為爭執,事隔多年再起訴主張解僱無效,應有權利失效原則之適用。」本則判決事實上認定兩造為委任關係並非僱傭關係,但其一併論述終止契約後將近 7 年才起訴應有權利失效原則之適用。

3.臺南高分院 103 重勞上 1 民事判決:「上訴人(按指勞工)於 95 年 8 月調解未果後,迄至 102 年 6 月 26 日提起本件訴訟,已歷時近 7 年,期間均未向法院提起訴訟,或向被上訴人(按指雇主)表示願提供勞務,請求被上訴人受領且上訴人甚至已向多家公司求職並短期工作,上開事實足以讓被上訴人相信,上訴人就兩造勞動契約終止乙節,已不再爭執或行使其權利,上訴人遽然提起本件訴訟,令被上訴人突遭訴訟,按諸前說明,已違背誠信原則,而有權利失效原則之適用,其權利自應受到限制而不得再為行使。」本件勞工於 95 年 4 月 13 日被解僱、102 年 6 月 26 日提起本件訴訟,時隔 7 年 2 個月又 13 天,法院認有權利失效原則之適用。

4.臺高院 107 重勞上 27 民事判決:「渠等(按指勞工)自 98 年 10 月 31 日或 11 月 30 日離職後,迄至 104 年 9 月 11 日始提起本件訴訟,間隔已近 6 年,期間陳○○等 3 人復陸續在他處服勞務等情,被上訴人(按指雇主)抗辯:渠等之行為外觀,使其信賴渠等已不欲爭執兩造間勞動契約為定期契約,及兩造間勞動契約於約定之期間屆滿後合法終止等語,洵屬有據。……上訴人(按指勞工)訴請確認僱傭關係存在,被上訴人抗辯上訴人長期不行使權利忽而行使,使其陷於窘境,有違事件之公平及個案之正義,顯非依誠實及信用方法行使權利,而與民法第 148 條第 2 項規定相違等語堪屬有據,則上訴人請求確認兩造間僱傭關係存在,為無理由,應予以駁回。」本件勞工等約於 98 年底被雇主通知終止定期勞動契約、104 年 9 月 11 日提起訴訟爭執,時隔近 6 年,法院認有權利失效原則之適用。

5.臺高院 106 重勞上 12 民事判決:「中華工程公司於 103 年 3 月 25 日口

頭告知潘○○將於 103 年 4 月 20 日終止兩造間僱傭關係，……參酌潘○○非不知其權利，惟其於 103 年 5 月 2 日勞資爭議調解不成立後，已受領中華工程公司給付之資遣費，且未曾向中華工程公司主張或請求回復原職、繼續工作、給付薪資等，亦未對中華工程公司為任何準備提供勞務之通知，嗣並於 103 年 6 月 12 日至日佑公司任職，復陸續與啟元工程行等公司締結僱傭契約，迄至其提起本件訴訟時止，其間已近 2 年等情，足認潘○○自 103 年 6 月 12 日起已無與中華工程公司繼續僱傭關係之意思，且其於近 2 年後始提起本件訴訟兩造間僱傭契約仍繼續存在，客觀上已有長期間不行使權利，足以引起中華工程公司正當信任以為其已不欲行使權利，顯悖於誠信原則，而有權利失效原則之適用。」本件勞工於 103 年 4 月 20 日被通知終止僱傭契約，時隔近兩年後於 105 年 4 月 19 日提起本件訴訟，法院參酌勞工於期間曾另就他職❶，認有權利失效原則之適用。

㈢長榮航空資遣案

1. 前　因

對此一問題影響最深遠的應該是長榮航空資遣案。2001 年 911 事件造成民航業大蕭條，國內長榮航空公司（下稱：長榮航空）自 2001 年 10 月起陸續資遣空服員 633 人，其中有 71 人於 2002 年 1 月起訴請求給付工資（以資遣無效勞雇關係繼續存在為理由），歷經 8 年多纏訟，經最高法院判決長榮航空資遣無效（有部分勞工係於最高法院判決發回後臺高院更一審程序中達成和解）。資遣已經 9 年多之後，有當時並未起訴的部分空服員援用前案判決結

---

❶ 按勞工另就他職僅生雇主得依民法第 487 條但書規定扣除中間收入之法律效果，不得以此即認勞工不欲爭執其與原雇主間勞雇關係之存續。請參，洪瑩容，權利失效——最高法院 102 年度台上字第 1766 號判決，載：個別勞動法精選判決評釋，頁 252，2018 年 7 月。

果，再次起訴。

2.臺高院三則判決見解有利於勞工

臺高院三則判決都肯認勞工事隔 9 年多後再起訴，並無權利失效原則之適用。臺高院 100 重勞上 38 民事判決指出：「又上訴人（按指長榮航空）自承於 90 年所資遣 633 人中，於 91 年 1 月起即有 71 人先後提起訴訟，訴訟期間長達 8 年，上訴人如何確信當時遭資遣之其他空服員均不欲提起訴訟；且上訴人並未舉證證明被上訴人曾有放棄行使其權利之意思表示，而使上訴人確信被上訴人將來不行使該權利，而違反上訴人之信賴；況被上訴人多年未向上訴人提出訴訟救濟之原因容有多種可能，或許被上訴人不知有此權利，或許被上訴人欲待他案訴訟結果再決定是否提起本訴，或許被上訴人另有舉證難易之考量，凡此皆屬被上訴人作為訴訟主體之體現，是被上訴人在處分權主義之許可範圍內行使其權利，自難謂其提起訴訟有違行使權利應依誠實信用原則之規範意旨[12]。」

3.最高法院罕見的開言詞辯論庭

本案經上訴第三審後，最高法院對上開爭議頗為重視，罕見的於民國 102 年 9 月 4 日就此案開言詞辯論庭[13]，嗣後於民國 102 年 9 月 18 日以 102 台上 1766 民事判決採對雇主有利之見解：「按不定期勞動契約屬繼續履行之契約關係，首重安定性及明確性。其契約之存否，除涉及工資之給付、勞務之提供外，尚關係勞工工作年資計算、退休金之提撥、企業內部組織人力安排、工作調度等，對勞雇雙方權益影響甚鉅，一旦發生爭議，應有儘速確定

---

[12] 臺高院 100 重勞上 44 民事判決、101 重勞上 17 民事判決均同旨。

[13] 最高法院 102 年 8 月 27 日新聞稿：https://tinyurl.com/v684unre。最高法院 102 年 8 月 27 日公告：http://jirs.judicial.gov.tw/GNNWS/download.asp?sdMsgId=31818；最後瀏覽日期：2021.8.3。

之必要。參酌德國勞動契約終止保護法 (Kundigungsschutzgesetz) 就勞工對解雇合法性之爭訟明定有一定期間之限制，益徵勞動關係不宜久懸未定。……則上訴人（按指雇主）抗辯被上訴人（按指勞方）於近九年後始為爭執，有違誠信原則，應屬權利失效等語，似非全屬無據。原審遽以被上訴人或不知其權利，或欲待他案確定始行起訴，且工資請求權時效期間僅有五年，已足平衡兩造權益，即認本件無權利失效情事，自有可議。」

4. 最高法院誤認回職為復職

最高法院同一天 (102.9.18) 的另一則 102 台上 1732 民事判決則認為：「本件長榮公司於事實審一再抗辯：伊於資遣李○○後，於 91 年 3 月 29 日發函通知遭資遣之空服員，伊空服人力有增加員額之需求，自即日起依『客艙員回職辦法』接受空服員回職申請。而李○○於遭資遣即將所簽領之資遣費支票兌現使用，歷九年餘皆無異議，亦未退回資遣費或要求回復工作權，伊勞務提供之客觀環境如服勤之機型、作業程序及李○○已就他業、育嬰等發生變化等語，似為李○○所不爭執。果爾，則李○○於 90 年 10 月 5 日被資遣後，先於 91 年間未依長榮公司發布之『客艙員回職辦法』申請回職，嗣復長期間不行使權利，其行為是否未造成足以引起長榮公司正當信任，以為李○○已不行使權利之特殊情況?迨其於 100 年 2 月 24 日竟忽而起訴主張長榮公司之資遣為不合法，是否不足以令長榮公司陷入窘境？再衡酌兩造於李○○資遣九年餘後主客觀因素之變化，依上說明，李○○請求確認其與長榮公司間之僱傭關係存在，是否無背於誠信原則而無權利失效原則之適用？即非無再行研酌之餘地。」

5. 復職與回職大不同

上揭長榮資遣案有一個很大的爭點即「回職」。最高法院認為勞工未依長榮公司發布之「客艙員回職辦法」申請回職，即屬有不行使權利之情事云云。

然查最高法院顯然對違法解僱訴訟中的「復職」與本案爭訟的「回職」有重大誤解。上述長榮航空所抗辯「客艙員回職辦法」，經細究後可知並非解僱爭議案件中一般勞雇雙方所理解的「復職」，而是對於已離職人員重新招募之通知，空服員依該辦法「回職」仍須與一般新進人員相同經過考選程序，考選未過一樣無法被錄用任職。

本案經最高法院廢棄發回後，臺高院 102 重勞上更一 4 民事判決改判雇主勝訴，判決即指出：「惟被上訴人自 92 年間經上訴人公司面試未予通過而無法回職❹。」由此段敘述即可得知勞工在 92 年間還經長榮公司面試未通過而無法回職，可知「回職」非真「復職」。復職假如還須經面試通過，與新進員工之招募即無何不同，其法律定性就是招募與應徵的求職、求才程序，不應使用類此「回職」容易讓人誤以為是通知被解僱勞工復職的名稱。

除此而外，對於有可能準備將來起訴爭執原解僱效力之勞工言，實不可期待其會去申請「回職」。蓋勞工要的是「無條件復職」，回職則是以「離職員工」身分去求職、申請再就職，勞工可能擔心一旦去申請「回職」，就會被雇主（甚或未來的法院）認定為已接受（或不爭執）解僱之效力，否則怎可能以離職員工身分再去求職？此一舉動不利未來權利之行使也。而且雇主在訴訟上也極可能抓住申請回職這一點，在未來可能的訴訟上主張勞工顯然已不爭執原解僱之效力，否則豈會自居於「離職員工」的立場再來應徵求職？

更重要者，本例勞工被解僱後還真的去申請回職、去求職，只不過結果是「經公司面試未予通過無法回職」。可以想見該勞工對工作權的企求，其非僅沒有「消極」的放任權利不行使，相反的，她還積極的甚至願意「屈居」以離職員工身分跟新人去競逐工作職位。如此積極尋求工作權之情況下，竟還被法院認為是「長期間不行使權利，其行為足以引起長榮公司正當信任，以為李〇〇已不行使權利」，作者百思不得其解，完全無法認同法院判決此一部分認定❺。

---

❹ 本判決其後為最高法院 103 台上 1700 民事裁定維持。

四、本文淺見認為違法解僱訴訟應有起訴期間限制

㈠回到本文評釋個案，勞工於 102 年 1 月 2 日簽署資遣同意書，但於一年除斥期間屆滿前之同年 12 月 26 日發函撤銷其簽署資遣同意書之意思表示，但雇主收文後也隨即於 103 年 1 月 10 日回函表示勞動契約業經合法終止，然後直至勞工於 106 年 12 月 29 日提起本件訴訟時止，將近 4 年的期間勞工未曾對雇主為任何主張、請求或通知。兩造間僱傭關係之存否長期處於不確定狀態，而勞動契約首重其安定性，雇主並無可能經年懸位以待，空等勞工是否提出確認僱傭關係存在訴訟。如勞工遲未提起確認訴訟救濟，延宕數載，雇主自無可能空職以待，此際可認為勞工怠於行使權利，應有權利失效原則之適用。

且勞雇關係之存在與否，不僅涉及雇主經濟力之生產與安排，同時更攸關勞工生活經濟之來源，其明顯迥異於一般買賣等債之關係，殆有迅速追求勞雇關係穩定、確定性之必要。此得揆諸我國勞動基準法第 12 條、第 14 條第 2 項規定勞、雇雙方終止契約之除斥期間僅短短 30 日爾❶，而其立法目的即在追求勞雇關係穩定性以及訴訟資料、證據保全之公允性❶。無論係雇主

❶ 有關長榮航空案判決之評釋及權利失效原則於勞動關係適用的進一步討論，請參陳忠五，權利失效在勞動關係上的適用——最高法院 102 年度台上字第 1732、1766、1932 號判決評釋，台灣法學雜誌，第 255 期，頁 39–50，2014 年 9 月。

❶ 我國法制中除斥期間較短者例如消費者保護法第 19 條第 1 項本文的 7 日無條件解約權。另民法第 426 條之 2 第 2 項後段的 10 日優先承買權行使期間，因優先承買權性質上為「形成權」（最高法院 67 年 5 月 23 日 67 年度第 5 次民事庭庭推總會議決議（一）參照），規範形成權行使期間者應為除斥期間。以上二例為較勞動基準法終止權 30 日行使期間還短的除斥期間。拙著，勞動契約終止若干爭議問題，全國律師月刊，2006 年 3 月號，2006 年 3 月，該文最末最後一個註解（註 22），作者當時誤認勞基法 30 天除斥期間應已是我國法制中的最短者，實屬誤認，於茲聲明更正並向讀者致歉。

❶ 按勞動訴訟中雇主通常須負擔較重之舉證責任，尤其勞動事件法施行後本於對證據

懲戒解僱抑或勞工被迫辭職，法律皆要求須於 30 日期間內決定要否行使終止權，以免勞動關係懸而未定，或避免解僱或終止勞動契約之證據與資料因時間延宕而滅失的窘境，此與「起訴」期間限制的道理相同。

(二)倘應有起訴期間限制，期間多長較為妥適？參照工會幹部（或會員）因雇主不當勞動行為解僱為例，被違法解僱之工會會員勞工必須自知悉被解僱日（解僱意思表示必須送達至勞工才生效，故知悉被解僱日通常也就是解僱的生效日）起 90 日內申請裁決，另再加計裁決期間（最長）134 日[18]，加不服裁決者應於 30 日起訴，合計自解僱生效日起至遲「254 日」（約 8 個半月）應提起訴訟。

(三)參酌上揭 8 個半月期間再考量應讓勞工有較為充裕之準備時間，本文淺見認應以爭議發生後 1 年內作為應起訴之期間限制，較為妥適（與前引新北地院見解同）。

惟須特別敘明者，時間只是權利失效原則適用的一個要素，另應參酌勞工是否另有其他足使雇主信賴其不再起訴爭執解僱效力之狀況要素存在[19]，假如勞工甚至還有去努力尋求工作權保護之舉動 （例如前述向原雇主求新職），實不宜逕認僅因時間因素即有權利失效原則之適用。最高法院 110 台上 39 民事判決指出：「再按權利人在相當期間內未行使其權利，除有特殊情事足使義務人正當信賴權利人已不欲行使其權利外，尚難僅因權利人久未行使其權利，即認其嗣後行使權利違反誠信原則而權利失效。所謂特殊情事，必

偏在之矯正，更多把舉證責任轉至雇主身上。然事實上殆無可能期待雇主經年累月、事事防範隨時作每位離職勞工將於相當期間後再回頭訴訟之準備，並為此「超前部署」因應隨時作訴訟資料之準備與證據之保全。

[18] 勞動部不當勞動行為裁決委員會於「不當勞動行為裁決流程」圖中估算裁決期間短者 84 天、長者 134 天。勞動部不當勞動行為裁決委員會網站，https://uflb.mol.gov.tw/UFLBWeb/wfIntro05.aspx；最後瀏覽日期：2021.8.3。

[19] 洪瑩容，權利失效——最高法院 102 年度台上字第 1766 號判決，載：個別勞動法精選判決評釋，頁 243–254，2018 年 7 月。

須權利人之具體作為或不作為（例如經相對人催告行使權利，仍消極未有回應），或積極從事與行使權利相互矛盾之行為等，始足當之。」可資參照。

伍、結　語

謹按法律行為無效是自始、絕對、當然、確定的不生效力，此為初習法者即耳熟能詳的基本概念，而無效的狀態也不會因過了一段時間就突然變成有效。因此，只要仍有確認的必要與確認利益，勞工都應能再提起確認僱傭關係存在訴訟無疑。

相對於上述的法律概念解釋，職場上雇主卻不可能空留職位靜待勞工事後來起訴提告，尤其勞工是否會起訴繫於完全不確定的勞工個人主觀因素，勞工極有可能一輩子都不會來起訴提告，那雇主如果空留職位，豈不是白白浪費了[20]？

因此討論此一問題不能單從法律概念出發，必須契合職場實務需求，從而本文前述認同應有起訴期間限制必要。但對於多久期間不起訴才能認定有權利失效情事，作者淺見認同日本學者菅野和夫先生所述「此應屬立法問題」：「この問題は、本来に解雇無効確認の訴えの出訴期間として、立法的に解決されるべきものである[21]。」（此問題根本上是確認解僱無效之訴的起訴期間（限制），應以立法方式解決）。蓋個案的認定因法官個人而異，有法院判決認為時隔近兩年就應有權利失效原則的適用[22]，但也有認為時隔三年猶未太晚者[23]，欠缺可預期性，對勞雇雙方都形同一場賭博。尤其勞動事件法施行後，勞工起訴成本大為降低，再加上各地方政府普遍都有勞工訴訟扶

---

[20] 或謂雇主只要自認解僱合法有效，即無須擔心勞工未來會來提告，當然就不必空留職缺。問題是「解僱」合法有效與否不是雇主自己決定，繫乎未來有無勞工會起訴，以及法院的判決結果而定，事實上無從預料。

[21] 菅野和夫，劳働法，頁 802-803，2019 年 11 月十二版。

[22] 例如前述臺高院 106 重勞上 12 民事判決。

[23] 例如前述臺高院 93 勞上 53 民事判決。

助措施，勞工被解僱後時隔一段時間想要再起訴者，「成本」不高，但假如勝訴非僅可以復原職，更重要的還可以獲得訴訟期間工資加法定遲延利息，獲利甚豐。相對的，雇主如果勝訴也只不過回到原來解僱有效勞工離職之狀態而已，並無所獲，但一旦敗訴非僅有復原職後的管理等問題，立即的損失就是訴訟期間工資加法定遲延利息負擔，可謂風險相當高。因此不宜讓勞雇關係長期處於觀望、不確定的狀態，實宜以立法方式明定勞工起訴期限，讓勞雇雙方都有一個可遵循的預期期限。

22 勞動職場上的長假制度

——最高法院 109 年度台上字第 1753 號民事判決評釋

壹、前　言

很多人都很羨慕在大學教書的教授們，每七年就有一年的長假：Sabbatical Leave，有些人稱長假為：離修年、或稱大休，教育大辭書則譯為「教授休假❶」。叫什麼名詞不重要，重要的是大學教授可以在該離修年獲得一個較長、完整的休假，此一福利在我國私人職場似乎並不常見，但在國外則已有不少企業採行❷。

勞動基準法第 43 條規定：「勞工因婚、喪、疾病或其他正當事由得請假；請假應給之假期及事假以外期間內工資給付之最低標準，由中央主管機關定之。」中央主管機關因之另訂有「勞工請假規則」，但這些「請假」都針對臨時性、短期性的急須，請假日數非常有限。

此外，勞工如果要稍微有長一點的暫離職場時間，就只有「留職停薪」。法定留職停薪現制底下約僅有以下四種：

一、兵役留職停薪

兵役法第 44 條第 1 項第 1 款規定：「國民為國服兵役時，享有下列權利：

❶ 張芳全，教育大辭書，2012 年 10 月，https://terms.naer.edu.tw/detail/1453860/；最後瀏覽日期：2021.8.4。

❷ 中央社 2021/1/26 報導：「日本全日空 (ANA) 4 月起將實施『長期休假』(Sabbatical Leave) 制度，即員工最長可申請 2 年長期休假，且不過問理由，期間仍為員工支付保險，申請 1 年以上還有補助金。」https://www.cna.com.tw/news/aopl/202101260258.aspx；最後瀏覽日期：2021.8.4。

一、在營服役或接受常備兵役軍事訓練期間，學生保留學籍，職工保留底缺年資。」所謂職工保留底缺年資即是「留職停薪❸」，役期期滿退伍歸鄉後職工可以要求回到職場，雇主不得拒絕❹。替代役實施條例第 20 條第 1 項第 1 款規定：「替代役役男除本條例另有規定者外，享有下列權利：一、學生保留學籍，職工保留底缺年資。」與兵役法規定意旨相同。

二、職災留職停薪

職業災害勞工保護法第 29 條規定：「職業災害未認定前，勞工得依勞工請假規則第四條規定，先請普通傷病假，普通傷病假期滿，雇主應予留職停薪，如認定結果為職業災害，再以公傷病假處理。」此即是所謂的職災留職停薪，雇主沒有拒絕權利❺。

三、育嬰留職停薪

性別工作平等法第 16 條第 1 項規定：「受僱者任職滿六個月後，於每一子女滿三歲前，得申請育嬰留職停薪，期間至該子女滿三歲止，但不得逾二年。同時撫育子女二人以上者，其育嬰留職停薪期間應合併計算，最長以最幼子女受撫育二年為限。」此即大家最熟悉的育嬰留職停薪，主管機關另定

❸ 行政院勞工委員會 89 年 5 月 1 日 (89) 台勞資二字第 0016094 號函示：「有關對應召入伍役男底缺之保留，應視為留職停薪。」可資參照。本則函示雖然依據行政院勞工委員會 97 年 1 月 8 日勞資一字第 0960126596 號令不再援引適用，但其所闡釋的「職工保留底缺」之法律性質為「留職停薪」仍有參考價值。

❹ 有學者認為勞工因重病或「徵召入伍」，其勞動契約縱定有期限，仍得於期限屆滿前終止之，屬於民法第 489 條第 1 項之重大事由終止。請參，林誠二，民法債編各論（中），頁 41，2002 年 3 月。惟此一見解似乎與兵役法第 44 條第 1 項第 1 款之規定不符。

❺ 本條職災留職停薪規定自 2022 年 5 月 1 日起將由自該日起施行之「勞工職業災害保險及保護法」第 88 條取代，條文內容大致相同，新法只是把留職停薪的發動權交給勞工決定。

有「育嬰留職停薪實施辦法」規範之。

四、傷病留職停薪

　　勞工請假規則第 5 條規定：「勞工普通傷病假超過前條第一項規定之期限，經以事假或特別休假抵充後仍未痊癒者，得予留職停薪。但留職停薪期間以一年為限❻。」此稱為「傷病留職停薪」。

　　以上四種法定留職停薪，除最後一項的「傷病留職停薪」於勞工申請時雇主有准駁權外❼，其他三類的法定留職停薪，勞工均有留職停薪權、雇主無准駁權。惟無論如何，此類法定的留職停薪一旦留職停薪期滿，勞工有權要求復職，雇主原則上不得拒絕，雇主可拒絕勞工復職者僅在特殊極例外情況下有之，例如性別工作平等法第 17 條第 1 項所規定的四種狀況❽。另在傷病留職停薪場合，留職停薪期滿勞工申請復職時假如勞工傷病未癒，客觀上無法服勞務者，雇主應得拒絕勞工復職之請求❾。除以上這些特殊例外情事外，法定留職停薪期滿勞工均可要求復職。尤其性別工作平等法第 3 條第 9 款明定復職是要回復「受僱者申請育嬰留職停薪時之原有工作。」更進一步限縮了雇主在復職時調整職務的可能性。

---

❻ 另參勞工保險條例第 9 條第 3 款規定：「被保險人有左列情形之一者，得繼續參加勞工保險：三、因傷病請假致留職停薪，普通傷病未超過一年，職業災害未超過二年者。」

❼ 行政院勞工委員會 76 年 12 月 11 日 (76) 台勞動字第 9409 號函「勞工依勞工請假規則第五條規定申請留職停薪，雇主得否拒絕，可由事業單位於工作規則訂定，或由勞資雙方於勞動契約、團體協約中預先訂定；若對該項未明文規定者，則於勞工提出申請時，由勞資雙方自行協商。」

❽ 性別工作平等法第 17 條第 1 項所規定經主管機關同意後得拒絕育嬰留停勞工復職之四種情形為：「一、歇業、虧損或業務緊縮者。二、雇主依法變更組織、解散或轉讓者。三、不可抗力暫停工作在一個月以上者。四、業務性質變更，有減少受僱者之必要，又無適當工作可供安置者。」

❾ 臺高院 94 勞上易 9 民事判決意旨參照。

法定留職停薪原因如上所述極其有限：兵役、職災、育嬰、傷病。除此而外，勞工因個人或家庭的因素有暫離職場需求者，例如勞工想出國作中長期旅遊❿、想在國內外進修、或家中有親人生病急需照料陪伴，又或者就只是單純想休息不工作耍廢一陣子等等，種種原因不一而足，現行法制底下似乎並無可以滿足勞工需求的措施。

因應於此，有一些企業即引進類似前述 Sabbatical Leave 長假的概念，讓勞工也可以因個人或家庭的原因暫離職場一段時間。但私人職場畢竟不同於大學殿堂，勞動職場上的長假類似留職停薪的概念，休假期間並無薪資，且通常附上休假期滿不保證復職的條件，本文要討論的就是這個「休假期滿不保證復職」條件的合法性。

貳、案例事實

一、依一審臺北地院 106 重勞訴 28 民事判決記載：「被告抗辯其為協助員工進行工作與生活之整合，使員工便於為人生之安排、規劃，乃設置留職停薪制度，於員工因家庭照顧、教育、短期工作或其他個人需求而無法提供勞務之情況下，由員工依系爭留職停薪辦法提出申請、經公司主管同意後，得予留職停薪，惟公司為能持續營運，相關職務不能因此空缺無人處理，乃於系爭留職停薪辦法明定，申請留職停薪員工之原工作職位不予保留，員工有責任在留職停薪到期前找尋復職之職位，若於留職停薪期間屆滿時未尋得適當職位，將以員工自願離職辦理等語，業據提出與其所述相符之系爭留職停薪辦法為證，觀之系爭留職停薪辦法內容，已將留職停薪區分家庭照顧、教育、短期工作及個人需求四種類型，並針對員工如因育嬰、服役、職業災害等需求定為法定留職停薪之情況，另設有不同之處理方式，此觀系爭留職停薪辦法第 7 頁之家庭照顧類型部分規定：『因個人家庭照顧及收養子女（不

---

❿ 網路上常有流傳勞工的辭職書寫著「世界那麼大，我想出去走走。」等，想讓自己放一段長假來一趟中長期旅遊之事例。

符合育嬰留職停薪條件者）提供不給薪休假』、第 9 頁規定：『若因服役、政府核定之公傷或其他法定應予留職停薪者，職位將會被保留。』等語自明，系爭留職停薪辦法主要既係針對員工因法定事由以外之個人因素無法提供勞務時，給予員工得以留職停薪之方式因應，自難認其內容有何顯失公平、或規避勞基法規定之情事可言。參之系爭留職停薪辦法已實行多年，其復職規定第 2、3 點清楚載明：『員工有責任在留職停薪到期前找尋復職之職位，公司亦會提供合理協助。』、『若在留職停薪到期時，員工拒絕接受 IBM 所提供的職位，公司將會以自願離職處理，離職日為留職停薪終止日，且無資遣費。』等語，而申請留職停薪之文件上亦記載：『留職停薪結束時，公司不保證提供工作機會，若無適當職缺將視為自願離職並配合規定辦理離職程序』明確，是擬行申請之員工本應自行斟酌工作狀況、家庭或其他個人需求、復職可能等各項因素自為判斷取捨，以決是否提出申請。」

二、由上之引述，可知本案例所規範的就是前言所述的「長假」制度，員工可以請長假的原因有四種：家庭照顧、教育、短期工作及個人需求等四種類型，這四種類型的長假期滿不保證復職。相對的，法定的留職停薪「若因服役、政府核定之公傷或其他法定應予留職停薪者，職位將會被保留」，顯見長假與法定留職停薪在本件案例雖然都稱為「留職停薪」，但其實質內容及規範則大不同。系爭個案勞工是因個人因素申請長假（在本案稱留職停薪），期滿因無職缺可復，公司將之視為自請辭職，離職日為留職停薪終止日。

三、員工不服提起本件訴訟，一審判決勞工敗訴，認為長假制度「期滿不保證復職」之留職停薪辦法，主要既係針對員工因法定事由以外之個人因素無法提供勞務時，給予員工得以留職停薪之方式因應，自難認其內容有何顯失公平、或規避勞基法規定之情事可言。二審逆轉改判勞工勝訴，雇主上訴第三審。

參、最高法院 109 台上 1753 民事判決要旨

按勞動契約上之「留職停薪」，係指在契約存續中，勞工暫時免除提供勞務，雇主暫時中止給付工資，勞動關係之主給付義務暫時中止之謂。勞動契約之主給付義務雖暫時中止，但勞動契約既未消滅，勞雇雙方仍應本於誠信原則，履行其他契約義務，於勞工申請復職時，雇主非有正當理由，自不得任意拒絕；且雇主掌握企業內部職缺之資訊，自負有將資訊告知勞工，供其選擇及決定是否復職之義務。查上開留職停薪辦法、留職停薪文件約定被上訴人須自行覓得職位始能復職，原審認上開約定，係減輕上訴人於勞動契約下所負之義務，及加重被上訴人所負之責任，且其結果係被上訴人留職停薪期滿前未覓得適當職位以復職，即以自願離職處理，自顯失公平，依民法第247 條之 1 第 1、2 款規定，應為無效。

肆、本文評釋

一、法定留職停薪原因在現行制度下非常有限

前已詳述現行法制下，法定留職停薪的原因非常有限：兵役、職災、育嬰、傷病。勞工要因個人或家庭的緣故暫離職場一段時間，幾乎不可能。為此，有些企業即引進 Sabbatical Leave 長假的概念，讓勞工在無需法定原因前提下也可以放一段長假。只是這一段長假本於「無工作、無報酬」(no work no pay) 原則，雇主不會給薪，等同是「無薪假」(unpaid leave, leave without pay)，更類似「留職停薪」的概念。問題於焉產生，假如將之定性為「留職停薪」，則如前述，留職停薪期滿勞工原應復職，似乎不應允許有所謂「休假期滿不保證復職」的約定。

二、勞工休長假企業營運不受影響的可能原因分析

但從雇主的面向觀察，勞工休長假，企業營運要能不受影響，不外：

㈠休假勞工其實可有可無，多他一個少他一個對企業營運都沒影響。這種情況下，勞工早晚會面臨被資遣的命運。

㈡休假勞工的工作短期間內先由其他在職同事分擔，但相當期間後雇主可能就必須招募新勞工來替代❶。在此種狀況下，休假勞工期滿復職，假如事業單位內還有其他空缺，復職當然沒問題。但設如事業單位內已無其他空缺，原來的職缺又已被新人取代，雇主這時的抉擇就只有讓舊人復職、新人走人❷，或者新人工作權保障優先，休假期滿員工就當作自請辭職這兩種。

三、勞工希望多一個選項，雇主則要保留彈性

㈠長假制度的設置其實就是讓勞工在有暫離職場需求情形下，在立即自請辭職，或犧牲自己休假需求戮力從公這兩個選項之外，多一個選項。蓋勞工因個人或家庭需求須暫離職場一段期間，但法律上又不符合法定留職停薪要件，勞工可以做的就是自請辭職先離開職場一段期間，又或者壓抑自己或家庭的需求，仍然每天上班戮力從公。長假制度就是針對這個需求設計出來的第三個選項。

㈡長假制度讓勞工不必「馬上」自請辭職，但仍可獲得暫離職場之利益。而且長假期間因保留員工身分，仍享有一些基本的福利 （例如員工團保

---

❶ 中時新聞網 2021 年 9 月 18 日報導：「南投縣稅務局蔣姓女稅務員從 2017 年開始接連請產假、育嬰假、年休假等，4 年來共請假 701 天，沒上班卻領各種補助津貼共約 105 萬元，引發議論。」報導中同時指出：「稅務局為補實該蔣姓女稅務員請假期間為民眾服務的工作需求，另聘用 1 名約雇人員，每月薪資約 3 萬 5,000 元。」正足說明勞工休長假一段期間後雇主必須招募新員工來替代。https://www.chinatimes.com/newspapers/20210918000416–260106?chdtv；最後瀏覽日期：2021.10.10。

❷ 但此時要讓新人離職是否符合勞動基準法第 11 條的法定終止事由，尚非無疑。

等❸）。雇主方面要的則是保留彈性，蓋勞工休長假期間短則兩三個月、半年，長則一年到兩年，漫長的長假期間雇主不可能空留職缺，坐等勞工回來復職。最重要的是「復職」是勞工的權利不是其義務，長假期滿勞工不想再回到原職場者，所在多有，雇主也不可能強迫勞工非復職不可❹。則在此情形下，雇主設計一套「長假期滿不保證復職」的制度，實有其合理性。

四、長假期滿不保證復職制度的合理性

從上簡要之說明，吾人可以得知，長假期滿不保證復職制度的合理性，至少有以下五項：

㈠長假期間，雇主仍有營運需求不可能空留閒缺，極有可能該職缺會找新人取代。

㈡長假期滿，勞工未必會申請復職，復職是勞工的權利不是其義務。在不確定勞工會復職情形下，要求雇主必須保留一個職缺來滿足勞工不確定會有的復職需求，實期待不可能，也根本沒必要。

㈢不保證復職是為了因應長假期滿「時」可能的變數，但勞工仍保有「復職」的可能性，而不是自請辭職後再來重新求職。一旦復職成功，年資併計、勞動條件照舊，與自請辭職後再重新求職者，年資重新起算，勞動條件也可

---

❸ 長假留停期間勞工能享有的福利措施端視事業單位的規定而有不同。至於勞保部分依勞工保險條例第 9 條第 3 款反面解釋，應先辦理退保；勞退部分依勞工退休金條例第 20 條第 1 項規定，應停止提繳退休金；健保部分經徵得原投保單位同意者，可以繼續在原投保單位投保，原投保單位不同意者，只能辦理退保，另以其他身分投保。參見健保署有關留職停薪之相關規定說明，https://www.nhi.gov.tw/Content_List.aspx?n=E0A2482F7550C035&topn=5FE8C9FEAE863B46；最後瀏覽日期：2021.8.7。

❹ 勞動基準法第 5 條規定：「雇主不得以強暴、脅迫、拘禁或其他非法之方法，強制勞工從事勞動。」此稱之為「強迫勞動禁止原則」。本此原則，雇主不可能強要休長假期滿的勞工非回來辦理復職不可。即使約定不辦理復職即須給付違約金或損害賠償額者，作者以為該約定涉有違反強迫勞動禁止規定疑慮，亦屬無效之約定。

能重新議定者不同。

㈣即使勞工因事業單位無職缺而無法復職，但這本來就是當初要暫離職場時「惟一」的方式，即自請辭職下的相同結果（假如沒有長假制度的話），毋寧說這純粹只是自請辭職的延後生效而已。

㈤最重要的，這一切取決於勞工的主動權，勞工無法承受不保證復職風險者，大可不要申請休長假，雇主不能強迫勞工休假。當然，相對應的，勞工也無法暫離職場，這是在不符合「法定留職停薪」條件下必然的結果。勞工不能一方面要享休長假暫離職場利益，又不肯接受可能的風險，孟子曰：「魚與熊掌不可得兼」，世人不能幻想只要享盡一切利益，都不負擔成本。

五、小 結

㈠長假制度其實是給勞工暫離職場方式的多一個選項，不必「馬上」自請辭職。而長假期滿不保證復職也有它設計上的合理性，即使勞工因此冒有可能無法復職的風險，但請不要忘記，假如沒有長假制度，勞工連復職的可能性都沒有。

㈡回到本文評釋的最高法院判決，其保護勞工權利的良善用心，吾人可以理解。但正如海耶克的名言：「通往地獄之路鋪滿了善意」，最高法院沒有清楚區分長假制度與法定留職停薪的差別，望文生義，以為既然是留職停薪焉有留職停薪期滿不保證復職的道理！本則判決出爐之後固然保護了個案的勞工，但相對的，很多有此長假制度的企業在得悉最高法院本則判決見解後，紛紛考慮要取消此一制度，因為在最高法院此一見解下，長假制度無異只是徒增自己的麻煩。以後勞工有暫離職場需求者，只能忍痛選擇先自請辭職離開職場一陣子，待可以回到職場時再來重新求職，成為所謂職場的遊牧族，這樣有比原長假制度的「長假期滿不保證復職」更有利於勞工嗎？

伍、結　語

　　勞動契約固然因從屬性關係，需要國家法令給予「矯枉過正」式的保護，以勞動保護法規形式課以雇主作為或不作為義務而達保護勞工權益之目的。但本質上勞動契約仍然也是「契約」的一種，只要不違背法律的強制禁止規定，在一定程度內容許勞雇雙方發揮創意，訂定一些有利勞資關係的約款，應為法之所許。本文所述的長假制度就是此類發揮創意設計出來的制度，蓋法定留職停薪原因極其有限，顯然不敷勞工需求，非法定的留職停薪於焉因應而生。但吾人不宜望文生義，看到「留職停薪」這四個字，就立即聯想到諸如育嬰留職停薪之類的法定留職停薪，然後把法定留職停薪的那一套規範硬套在非法定的留職停薪制度上。

　　也因此為了避免混淆，本文寧可把非法定的留職停薪稱為「長假」制度，不再使用「留職停薪」的名詞，希望以後司法判決也能清楚的區隔法定留職停薪與長假制度的差別，進而賦予「長假」這個新制度有能在本土滋生成長的機會。

　　最高法院 109 台上 1753 民事判決固然否定了長假制度「休假期滿不保證復職」核心條款的合法性，但作者相信只要未來企業在設計此套制度時，盡量不要使用類如 「留職停薪」 這種已有固定概念意涵的名詞，而改稱 「長假⑮」之類的假別名稱，或許長假制度仍有在我國起死回生的可能。

---

⑮　臺北地院 103 重勞訴 24 民事判決個案之事業單位， 即直接將 "Sabbatical Leave" 稱為長假，法院也認可該長假制度中「長假期滿不保證復職」條款的合法性，可資參照。

23 勞工自主加班、自己加薪？

——臺北高等行政法院 108 年度訴更二字第 85 號判決評釋

壹、前 言

勞動基準法第 32 條第 1 項規定：「雇主有使勞工在正常工作時間以外工作之必要者，雇主經工會同意，如事業單位無工會者，經勞資會議同意後，得將工作時間延長之。」此為勞工加班（延長工時）的基本要件。

加班涉及加班費給付，應由勞雇雙方合意後再執行，庶幾無爭議。但職場勞動關係並非如此單純，尤其勞工屈居從屬性地位，有時囿於公司文化，或者自認工作能力不足，寧可自願加班而不敢（或不願）向雇主申請加班費者，所在多有。類此情事如因勞檢或職場內有人檢舉等而事後發現，雇主常以加班未經雇主同意，不符合加班申請要件等為由拒絕發給加班費。此種未經雇主同意的勞工自主加班，是否仍產生加班費的法律效果，此即本文要討論的重點。

貳、案例事實

原告為經營資料處理、網站代管及相關服務業之事業單位，為適用勞動基準法之行業。經被告臺北市政府勞動局於 105 年 11 月 2 日及同年月 8 日派員實施勞動檢查，發現有勞工洪○○於 105 年 8 月 4 日延長工作時間 2.5 小時，原告應給付延長工時工資新臺幣（下同）500 元；勞工黃○○於 105 年 8 月 1 日延長工作時間 2.5 小時，原告應給付延長工時工資 452 元，惟均未為給付。被告審認原告有未給付勞工延長工時工資，違反行為時勞動基準法第 24 條規定情事，且係第 2 次違規，乃依同法第 79 條第 1 項第 1 款、第 80 條

之 1 第 1 項及裁處時臺北市政府處理違反勞基法事件統一裁罰基準第 3 點第 13 項等規定，以 106 年 1 月 5 日北市勞動字第 10542819200 號裁處書裁罰 5 萬元，並公布原告名稱及負責人姓名。

原告不服，提起訴願，經臺北市政府駁回其訴願後，原告仍未甘服，遂提起行政訴訟，主張稱：勞工洪○○及黃○○未依「工作規則」及「加班管理辦法」向原告事前申請並經核准，事後亦未補辦加班申請，其所執行之作業未受原告之指揮監督；雙方未就延長工時達成合意，原告自無給付延長工時工資之必要；本件尤無「雇主延長勞工工作時間」之情形，原告更無違反行為。且本件勞工洪○○及黃○○若有在正常工作時間以外工作之必要，應事先上電子公文系統申請，填載加班申請單，呈請權責主管核准，並於次月 10 日前送至人資中心作業。然而，兩位勞工既未於事前向原告申請，亦未於事後補辦申請，且兩人之前亦曾申請過加班，並非不知申請加班之相關規定及方式。換言之，勞工洪○○及黃○○本件延長工作時間並非原告本於指揮監督地位促其所為，該兩人亦未有申請加班時數之意思表示，故雙方未就延長工時達成合意，本件並無「雇主延長勞工工作時間」之情事。揆諸前揭規定及說明，原告自無依行為時勞基法第 24 條規定給付延長工作時間工資之義務，並無未給付該項工資而違反該條規定之問題。

參、北高行 108 訴更二 85 行政判決要旨

一、工作場所係置於雇主或其管理人員實力支配之下，自可得期待其能為合理、完善之人事管理，是勞工於正常上班時間以外之時間仍留在工作場所，不僅可合理推認勞工乃係在提供勞務（本件已證明勞工洪○○、黃○○於各該延長工作時間，確係提供勞務，詳如前述），且雇主若對於勞工加班採取不鼓勵的立場甚或反對勞工加班，亦得事先或隨時採取必要之防止措施（例如下班時間屆至，立即關燈、斷電、強制關閉電腦或令其立即離去工作場所等），以避免勞工加班，而非消極容任勞工滯留工作場所提供勞務，卻又拒絕

給付加班費，而平白受領勞工提供勞務之利益。

二、原告對於未依其所定工作規則等規定申請加班，而仍延長工作時間提供勞務之勞工，並未有何積極作為，事先或隨時採取必要之制止措施，以避免勞工加班，其消極容任勞工於延長工作時間在工作場所提供勞務，並受領其勞務之提供，自屬依客觀情事足以間接推知其效果意思之默示意思表示，雙方顯已就勞工加班並應由雇主給付加班費等契約必要之點意思表示合致，已符合行為時勞動基準法第 24 條第 1 項本文所規定「雇主延長勞工工作時間者」之要件。

三、勞工常屬弱勢之一方，或有時囿於組織文化、氛圍或潛規則，難以期待其得以立於平等地位與雇主協商，且雇主對於勞工在其管領下的工作場所提供勞務，具有指揮監督的權利及可能，故勞工在正常工作時間外，延長工作時間，無論是基於雇主明示的意思而為雇主提供勞務，或雇主明知或可得而知勞工在其指揮監督下的工作場所延長工作時間提供勞務，卻未制止或為反對的意思而予以受領，則應認勞動契約雙方當事人已就延長工時達成合致的意思表示，該等提供勞務時間即屬延長工作時間，雇主負有本於勞動契約及勞動基準法規定給付延長工作時間工資的義務。

四、加班費乃人事成本之支出，對於營利事業單位係以創造最高利潤為宗旨之組織而言，降低成本乃是追求更高利潤不可或缺之一環，而我國企業利用延長員工工時，卻拒付加班費之違法手段壓低人事成本，以獲取更高利潤之情事，時有所聞，非屬罕見，勞政機關前揭函釋早於 20 多年前即已發布，坊間卻仍充斥勞工領不到加班費之情事，莫怪乎民間有所謂「慣老闆」（無明確定義，但一般是指遭政府慣壞之資方；或指那些對員工要求多又不願意提高薪水的老闆；或指對員工苛刻、自我感覺良好、而且對員工的反感和憤怒毫無警覺的老闆）之戲謔語詞出現。發回判決意旨所載：「因勞工常屬弱勢之一方，或有時囿於組織文化、氛圍或潛規則，難以期待其得以立於平等地位與雇主協商，且雇主對於勞工在其管領下的工作場所提供勞務，具有

指揮監督的權利及可能，故勞工在正常工作時間外，延長工作時間，無論是基於雇主明示的意思而為雇主提供勞務，或雇主明知或可得而知勞工在其指揮監督下的工作場所延長工作時間提供勞務，卻未制止或為反對的意思而予以受領，則應認勞動契約雙方當事人已就延長工時達成合致的意思表示，該等提供勞務時間即屬延長工作時間，雇主負有本於勞動契約及勞動基準法規定給付延長工作時間工資的義務，此不因雇主採取加班申請制而有所不同。」其意乃在強調雇主負有本於勞動契約及勞動基準法規定給付延長工作時間工資的義務，並不因雇主採取加班申請制而有所不同，以免勞工在不符合資方所訂加班申請制度之要件，然仍在雇主指揮監督下的工作場所延長工作時間提供勞務之情形，因囿於「組織文化、氛圍或潛規則」，而不敢向雇主提出給付加班費之要求。

肆、本文評釋

一、事業單位加班決定權

按職場上如有工作未能在正常工時內完成者（本文在此稱為：超量工作），一般的處理模式約有以下幾種方式：

(一)由勞工加班來完成。

(二)由勞工於次一工作日再完成。

(三)其他同事協助分擔。

(四)另招募新人。

(五)外包。

(六)其他：例如優化工作流程、更新生產設備、員工再教育訓練、調職等❶。

---

❶ 大致而言，第一至第三種方式主要在處理短期、臨時、偶發的超量工作，第四種以下則用來處理長期、經常性的超量工作。

以上各種處理模式，勞工均得向雇主提出反映建議，但最終決定權仍在雇主身上，是屬雇主經營決定權的一環。故有超量工作未能在正常工時內完成者，是否一定由原勞工以加班的方式來完成，則屬未必，仍由雇主作最後的決定。勞動基準法第 32 條第 1 項第 1 句因此規定：「雇主有使勞工在正常工作時間以外工作之必要者」，即申明斯旨❷。

二、加班管制的合理性基礎

㈠加班涉及加班費給付

加班費屬於雇主未預期的支出給付，如果雇主並未預期會有該項支出，或尚無能力（預算）負擔此項支出者，其即可能採取加班以外的處理模式，例如請勞工第二天上班再來完成工作等是。

㈡加班還會涉及離退支出

加班費屬勞務給付對價，實務上對於加班費應計入「平均工資」並無疑義。則假如有適用勞動基準法（舊制）退休金之勞工在臨退休前有加班費收入，計算平均工資時須將加班費計入，因基數關係會產生倍數加成效果。舉一實例言，某國航正機師（適用勞退舊制）年資極深早已符合「自請退休」要件，但離 65 歲強制退休年齡則還有相當距離。其於決定自請退休前 6 個月拼命飛加班機或與同事調班多飛，每個月飛足、飛滿到民航法規飛時上限❸，每個月除正常月薪外約多增加了近 20 萬元加班費，於計算退休金時單就此一加班費就一舉又多拿了近 900 萬元退休金！($45 \times 200{,}000 = 9{,}000{,}000$) 事實上

---

❷ 但勞工如有正當理由，則得拒絕加班。勞動基準法第 42 條規定：「勞工因健康或其他正當理由，不能接受正常工作時間以外之工作者，雇主不得強制其工作。」

❸ 依「航空器飛航作業管理規則」第 282 條第 1 項第 4 款規定：「飛航組員飛航時間限度：四、連續三十日內，總飛航時間不得超過一百小時。」

離退前 6 個月內的每一筆加班費，會帶來最多達 7.5 倍的退休金加成效果 $(1/6 \times 45 = 7.5)$，對雇主而言可能是極沈重的財務負擔，其即有管制加班的經濟效益❹。此外，加班費也同時會涉及雇主是否要調整勞健保投保薪資及新制勞退月提繳工資等之問題。

㈢管制加班可以避免過勞

加班管制除以上兩項經濟效益外，另員工過勞較容易產生職業災害❺，除員工身心受損外，雇主亦須多承擔職災補償責任甚至民事損賠責任。此外，超過法定上限的延長工時也會有被裁處行政罰鍰及公布負責人姓名等不利益❻。就此而言，雇主實亦有管制加班的利益存焉。

三、常見加班管制方式

㈠加班費內含

也稱薪資統包制，這是類似朝三暮四與朝四暮三選擇的問題❼。關於其合法性問題，實務向來有肯否兩說。

1.肯定說

最高法院 108 台上 1540 民事判決：「兩造間已另行議定上訴人例休假日及平日延長工時工資加給之計算方式，所約定之給付並未低於勞動基準法規定之基本工資，無違勞動基準法之規定，上訴人應受該約定之拘束，被上訴

---

❹ 即便是適用勞退新制勞工，也仍有按平均工資計算資遣費、職災補償金等問題。

❺ 參勞動部「職業促發腦血管及心臟疾病（外傷導致者除外）之認定參考指引」。

❻ 勞動基準法第 32 條第 2 項、第 79 條第 1 項第 1 款、第 80 條之 1 第 1 項等規定參照。

❼ 支持統包制合法性的論者常強調，最後的結果同樣都是七顆栗子，為何早上三顆、晚上四顆不可以，但改成早上四顆、晚上三顆就可以？

人實際給付予上訴人之工資遠高於依基本工資為基準計算出之例休假工資、平日延長工時工資等之總和，因而為上訴人不利之判決，經核於法洵無違誤[8]。」

2. 否定說

最高法院 107 台上 575 民事判決：「按勞動基準法為勞動條件最低標準之規定，故於勞工延長工作時間、休假及例假日照常工作者，雇主應依勞動基準法第 24 條規定標準發給延長工作時間之工資，乃屬強制規定，除非有法律明文規定，如勞動基準法第 84 條之 1 規定之情形，並經中央主管機關核定公告之勞工外，勞雇雙方均應遵守。勞雇雙方所簽訂之薪資給與辦法違反上開規定，自屬無效[9]。」

3. 小　結

前述肯、否兩說的爭論存在已久，探究何以如此？個人淺見以為在加班費議題上，我國未有類似美國白領豁免規定，面臨高薪勞工或超級業務員請求加班費案例，兩相權衡下可能發展出前述的肯定說。但司法實務也絕無可能毫無限制的採肯定說，否則等同宣告勞動基準法第 24 條的加班費規範形同

---

[8] 加班費內含雖有利於雇主之職場工時管理，但不利勞工課稅。依所得稅法第 14 條第 1 項第 3 類第 4 款但書規定，加班費不超過標準者（即不超過每月 46 小時部分），不計入薪資所得屬免稅所得。但得享免稅優惠之加班費，必須以加班紀錄憑以認定，其未提供加班紀錄或超出勞動基準法第 32 條所訂定之標準部分，仍應按薪資支出列帳，並應依規定合併各該員工之薪資所得扣繳稅款（營利事業所得稅查核準則第 71 條第 13 款、財政部 69 年 6 月 12 日台財稅第 34657 號函釋、最高行政法院 100 判 1033 判決意旨等參照）。故事業單位採加班費內含制者，雖事業單位仍得就其「支出」認列為費用，但勞工「受領」部分則不得列為免稅加班費所得。

[9] 臺灣高等法院暨所屬法院 99 年法律座談會民事類提案第 15 號討論表決結果，實到 61 人採肯定說 41 票，採否定說 11 票，支持肯定說者較多數。但迄今仍無一致之見解。

具文。故預期此議題之爭議，未來還是只能個案解決而難期有一致性見解。

(二)加班申請制（或稱：事前核准制）

1.行政院勞工委員會 96 年 3 月 2 日勞動二字第 0960062674 號函：「本案事業單位如於工作規則內規定勞工要求延長工時應事先申請，經同意後其工作時間始准延長，該工作規則如無其他違反禁止規定等情事，應無不可。」

2.臺中高等行政法院 93 簡 208 判決要旨：「雇主為減少不必要之加班，採預防措施，於工作規則中規定延長工時應事先申請經同意後始准，於法並無不合。」

3.臺高院 101 勞上易 6 民事判決要旨：「受僱人於正常上班時間無法完成工作致需延長工作時間者，雇主為管理需求，自非不得以工作規則規定員工延長工時應事先申請，經同意後始予准許，以避免員工無延長工時之需求，仍故意將工作拖延，或為請領加班費而逾時留滯之情形❿。」

類似前所述國航機師案例，事實上國內較有規模企業對於業已符合自請退休要件員工，常會實施加班管制盡量避免該等資深員工加班，否則一有加班費給付，假如該資深員工又在短期間內提出自請退休申請，雇主恐有多增加退休金負擔之財務風險。

(三)事後補休制

事後補休制或稱「加班（費）換補休」，這是雇主為了避免額外多支出加班費的一種管制方式⓫。自從勞動基準法第 32 條之 1 修訂後，幾乎再已無雇

---

❿ 但亦有不少持否定見解者。例如高雄高分院 98 勞上 4 民事判決認為「依被上訴人所制定之工作規則第 6.1 條規定：『……員工應事先取得主管的書面核准，始得延長工作時間』。又依兩造所簽訂之僱傭合約書第 8 條 b 項規定：『……員工加班應係為履行職務並應事先取得之公司之許可。』……惟此書面規定有違勞動基準法第 24 條之強制規定，應屬無效。準此，上訴人如確有加班之事實，不因其未事先取得主管之書面核准而喪失申領加班費之權利。」

主可完全控管的空間，且按補休未行使完畢仍須回歸加班費給付，更進一步壓縮了避免加班費支出的控管可能，加上與本文主題無涉，於茲從略。

四、勞工自主加班

加班決定權法律明定由雇主作最後決定，前已詳述，那為何還會有勞工自主加班議題出現？

最早是行政院勞工委員會民國 81 年 4 月 6 日 (81) 台勞動二字第 09906 號書函指出：「勞工於工作場所超過正常工作時間自動提供勞務，雇主如未為反對之意思表示或防止之措施者，其提供勞務之時間仍屬工作時間，並依勞動基準法計給工資。」開啟了勞工自主加班的大門。勞工自主加班本質上當然會與前述的加班事前申請制相抵觸，於事業單位明定加班事前申請制，但勞工又自主加班的場合，是否肯認此一自主加班仍能合法產生加班費請求權，司法實務上亦有肯否兩說。

㈠肯定說

最高行政法院 107 判 211 判決：「審酌勞動契約乃雙務契約，勞工係在約定之正常工作時間內為雇主提供勞務，雇主則以工資為對待給付，勞動基準法第 24 條雖規定雇主對於延長工作時間之勞工負有給付延長工作時間工資之義務，惟依同法第 32 條第 1 項規定，雇主倘有使勞工在正常工作時間以外工作之必要者，須經勞雇雙方同意，雇主並應給付延長工作時間之工資。又

---

❶ 有關「補休」的法律定性，可參徐婉寧，代物清償？新債清償？──論休息日工作「補休」之法律性質及相關爭議，載：民事法的學思歷程與革新取徑：吳啟賓前院長八秩華誕祝壽論文集，頁 171–186，2017 年 12 月；陳金泉，加班換補休法律定性有幾個可能的解釋途徑（發言紀錄），民法與勞動法之對話系列（一）民法與勞動法之交錯適用 II 研討會，台灣法學雜誌，第 361 期，頁 82–87，2019 年 2 月 14 日；周兆昱，加班補休與特休遞延法律與實務問題之研究，世新法學，第 12 卷 2 期，頁 247–281，2019 年 6 月。

因勞工常屬弱勢之一方，難以期待其得以立於平等地位與雇主協商，且雇主對於勞工在其管領下之工作場所提供勞務，具有指揮監督之權利及可能，是勞工在正常工作時間外，延長工作時間，無論係基於雇主明示或可得推知之意思而為雇主提供勞務，或雇主明知或可得而知勞工在其指揮監督下之工作場所延長工作時間提供勞務，卻未制止或為反對之意思而予以受領，則應認勞動契約之雙方當事人業就延長工時達成合致之意思表示，該等提供勞務時間即屬延長工作時間，雇主負有本於勞動契約及勞動基準法規定給付延長工作時間工資之義務，此不因雇主採取加班申請制而有所不同。」

(二)否定說

最高法院 108 台上 890 民事判決：「雇主如為管理需要而有延長工時必要，並經勞方同意，即得要求勞工加班。且為遵循上開加班規定及人事管理必要，規定勞工加班應按一定程序申請，於法即無不合。反之，勞工未經雙方同意，片面延長工時，既與加班規定不合，自不得向雇主請求給付加班費。」另臺高院 108 重勞上 28 民事判決意旨：「⋯⋯且觀諸前揭規定內容，亦可知勞工無論平日延長工作時間，或休假日工作，其加班費之計給，均以雇主同意勞工加班為要件，此由各該條文使用『「雇主延長」勞工工作時間』、『「雇主徵得勞工同意」或「使勞工於休息日工作」』等用詞即明。易言之，勞工如未經雇主同意而自行延長工作時間，尚不得請求雇主給付加班費。」

(三)小　結

前述肯、否兩說的差異，多出現在行政法院與民事法院間。較多的行政法院判決見解認為加班申請制僅係輔助工具，不能以勞工未事先提出加班申請即認為雇主無給付加班費法律義務。民事法院則較容易接受勞工未事先提出申請，等同未經雇主同意而加班的主張，進而否准勞工加班費之請求。

勞工自主加班後再向雇主請求加班費，等同片面替自己加薪，邏輯上已

違反勞動基準法第 21 條第 1 項本文：「工資由勞雇雙方議定之。」之規定，故原則上須勞雇雙方先有加班之「合意」，然後勞工加班後才能取得加班費請求權。但從另一方面來說，雇主默許勞工自主加班、先享有勞工正常工時以外提供勞務之利益，其後再以所謂的「加班事前申請制」為由否准勞工加班費請求，套一句臺灣俗話說，實在是「吃人夠夠」！

解釋上無論是明示、默示，只要雇主未反對、未制止勞工自主加班，事後又已受領勞工正常工時外之勞務給付者，均應解釋為勞雇雙方已就加班達成合意。實務上常見有事業主臨下班前交代勞工一堆任務，要求勞工第二天晨會就要報告，此時已不僅是默示，應認為已屬明白要求勞工徹夜加班完成工作的意思表示無疑。勞雇關係上勞工常屬弱勢之一方，或礙於情面、或礙於職場潛規矩等，不敢提出加班申請者所在多有，不能一概以勞工不符合加班申請制為由即全盤否准勞工之加班費請求權。

五、勞動事件法第 38 條之推定

㈠勞動事件法第 38 條規定：「出勤紀錄內記載之勞工出勤時間，推定勞工於該時間內經雇主同意而執行職務。」立法理由指出：「勞工與雇主間關於工作時間之爭執，明定出勤紀錄內記載之勞工出勤時間，推定勞工於該時間內經雇主同意而執行職務；雇主如主張該時間內有休息時間或勞工係未經雇主同意而自行於該期間內執行職務等情形，不應列入工作時間計算者，亦得提出勞動契約、工作規則或其他管理資料作為反對之證據，而推翻上述推定，以合理調整勞工所負舉證責任，謀求勞工與雇主間訴訟上之實質平等。」其中所謂「推定勞工於該時間內經雇主同意而執行職務」，即在合理調整雇主主張勞工全然是自主加班的舉證責任，只要是在出勤時間內，勞工即受到兩種有利的推定：其一、業已有提供勞務，其二、該勞務的提供係經雇主同意。雇主如欲反對此一事實的推定，必須舉出有力的證據來推翻，此一立法在矯正過往證據偏在雇主對勞工造成的不利益，也符合職場現狀，自值得肯定。

㈡惟實際調整時，對於雇主舉證的強度應該至何程度始能獲法院確信來推翻勞動事件法第 38 條的推定，淺見以為應區分雇主的經濟地位大小強弱而有所區別，不宜一概適用同一套標準。我國事業單位規模，如以受僱員工人數來作區分，經常性僱用 200 人以上者可稱為大企業，僱用 199 人以下事業單位則為中小企業⑫。但在勞動法上宜再考量僱用員工未滿 30 人之小型事業單位，蓋此等小型事業，依勞動基準法第 70 條規定，甚至不必制定工作規則報請核備，其管理能力相當有限，多半是老闆娘兼人資兼財務兼總務，在工時爭訟案例中，其實此等雇主之經濟地位不會比勞工強勢多少。

㈢依勞工保險局 109 年底就業保險納保人數統計資料⑬，截至 109 年底全國總受僱勞工人數為：7,064,084 人，其中受僱於 29 人以下事業單位者為：2,669,476 人，佔全體總受僱人數的百分之三十七點七九 (37.79%)，約佔全體勞工的三分之一強⑭。這些為數多達兩百多萬、約為全體受僱勞工總數近四成的勞工，其事業單位連工作規則都沒有（依法不必制定公告並報核備），幾乎不存在有所謂的「加班事前申請制⑮」。該等事業單位其實並無能力設計規

---

⑫ 依中小企業發展條例第 2 條第 1 項規定發布的「中小企業認定標準」（民國 109 年 6 月 24 日經濟部經企字第 10904602890 號令修正發布）第 2 條規定：「本標準所稱中小企業，指依法辦理公司登記或商業登記，實收資本額在新臺幣一億元以下，或經常僱用員工數未滿二百人之事業。」

⑬ 本文選擇採用就業保險納保人數統計資料來作說明，是因依就業保險法規定，只要有一個以上的受僱員工就是強制投保單位，較諸勞工保險會來得更精準。

⑭ 如列入受僱於 49 人以下事業單位，則為 3,205,046 人，佔全體總受僱人數的百分之四十五點三七 (45.37%)。如按經濟部「中小企業認定標準」以僱用員工 199 人以下之中小企業統計，則受僱於 199 人以下事業單位者為：4,394,529 人，佔全體總受僱人數的百分之六十二點二一 (62.21%)。資料來源：勞保局。查詢路徑：勞保局／公告資訊／統計資訊／統計年報／109 年／就業保險／納保統計／045 就業保險投保單位及人數（直達網頁：https://events.bli.gov.tw/report/reportY.aspx?y=109&f=h450）；最後瀏覽日期：2021.10.9。

⑮ 揆諸實際案例，雇主主張事業單位有實施「加班事前申請制」，多以工作規則之明文

劃並實施所謂的反對或防制加班措施，比起較具規模的中大型企業言，加班控管能力完全不可以道里計⑯，訴訟實務上不宜一率採用同一套標準來檢視、來要求。

淺見以為，對於僱用 200 人以上的大企業，要反對勞動事件法第 38 條之推定，雇主必須提出嚴格、強而有力、不容置疑的證據始足以推翻該條的「推定」。至於僱用規模在 30 人以上、未滿 200 人的中小企業，則舉出的證據達一般人可確信的程度即可；至若僱用未滿 30 人的小型事業單位，允宜其提出大致可信的證明，即可考慮認為足以推翻勞動事件法第 38 條之推定。

伍、結　語

勞資雙方先天的經濟地位不平等，雖然勞動事件法在舉證責任上做了調整，但無論再如何調整，並無法全部仰賴司法一次到位、全部校準。以加班費給付爭議言，司法可介入或要介入到何種程度？法院有無可能逐一去探究哪一天勞工在表定下班時間後做了什麼事、是不是在加班等等，這些都是可以再思考、討論的議題，無論是加班申請制或勞動事件法第 38 條的規範，目前實務處理上仍不失為是一個比較妥適與衡平的解決方式。

就加班申請制而言，在勞動事件法第 38 條施行前，某種程度可處理是否經雇主同意的問題，如經申請獲准即等同雇主同意，若未申請加班而逕請求加班費，此時也不全然因未事先申請即完全剝奪勞工請求加班費的可能，但舉證責任會落在勞工身上，勞工必須證明確有加班之必要及加班的事實。及

規定證明之。

⑯ 整體而言，以作者個人經驗所知，大型企業不僅多設有加班事前申請制，甚至在出勤管理上有更精準的控管系統。例如昨日出勤紀錄記載的下班時間晚於表定下班時間者，勞工今日上班時，一打開電腦，螢幕立即就會先出現「異常」警告視窗，要求勞工必須優先確認並處理。系統可能出現一些選項讓勞工點選，例如晚於表定時間離開的原因有：加班、私人事務滯留等各項目，勞工若點選「加班」即進入到加班系統去進一步處理。

至今日勞動事件法第38條規定施行後，原則上出勤紀錄所載時間已推定「勞工已提供勞務」以及「該勞務的提供係經雇主同意」，在事業單位明定實施加班申請制的場合，得否作為雇主推翻前述推定的舉證？個人淺見以為若是真正能運作且有運作，甚至勞工過往曾有申請過加班之前例等，則有限度地認可雇主得以「加班申請制」作為推翻推定之舉證，仍不失為可行之道。

就此，或有論者認為如此一來，豈非加班申請制成為萬靈丹、透過加班申請制即得免除雇主給付加班費義務？但查司法終有其極限，例如極端一點的例子，勞工抗辯中午午休都沒有休息都在工作，而現在職場上也可能不會午休時先刷退、下午上班時再刷卡（公務單位可能這樣處理，但民間單位可能沒有分上下午打卡，就只有上午上班打卡、下午下班刷退，午休時間包含在打卡時間內），要求雇主舉證證明休息時間非工時，如何舉證？雇主不可能把勞工每天中午用餐休息的狀態都錄影存證，然後保存5年！所以在這種情形下，勞動事件法第38條的立法理由已說明工作規則、勞動契約或其他管理資料可以作為反對證據。以此思考，不難理解何以勞動事件法施行後，司法實務見解仍會有認為得從加班申請制來作為雇主提出反對證據的緣由。

但就未來展望，過度依賴與適用加班申請制，是否會讓雇主不再有動機去確認與處理勞工的超時出勤？也就是未來我們可以思考的是，如何讓雇主可以更積極、更主動、更及時的去處理勞工超時出勤的狀況。例如前面所舉大企業管控的例子，超時出勤的隔日，就與勞工先確認到底是不是因加班或其他私人原因滯留職場，當然這樣也有可能會被抨擊雇主找勞工確認、勞工當下當然不敢承認是加班！但很多爭議當下不處理，數年後再上法院，事實真相只會更難辨明❶⑦。

---

❶⑦ 本文是作者參加司法院2021年4月19日於法官學院主辦「勞動事件法施行週年研討會」，第二場「從舉證責任調整看勞動事件法的公平正義——以加班費給付爭議為中心」，書面與談稿改寫而成。

——臺灣宜蘭地方法院 110 年度勞簡專調字第 4 號民事裁定評釋

壹、前　言

一般而言，勞動訴訟中提起確認僱傭關係存在訴訟事件，絕大部分場合都是違法解僱事件中，勞工不服雇主之解僱，主張雇主解僱無效勞雇關係續存，因此對雇主提起的訴訟救濟類型。但除此之外，也有非勞工提起確認僱傭關係存在訴訟者，此類非由勞工提起的確認僱傭關係存在訴訟，實務上有哪些重要類型，此為本文所要探討的第一個問題。

其次，非由勞工提起的確認僱傭關係存在訴訟，如何情況下始得認為原告有確認利益？又在第三人起訴情況下，是否須以勞雇雙方為共同被告當事人始為適格，又或者僅需以否認原告主張的一方當事人為被告起訴即可？此為本文要探討的第二、三個議題。

最後，此類訴訟是否均為勞動事件法所稱的勞動事件？是否適合進行勞動調解程序，透過法官與勞動調解委員的勸喻，及當事人間互相讓步來達息訟止爭之目的，則為本文所關注的第四、五個議題。

貳、案例事實

勞工謝○○積欠債權銀行現金卡債務，債權銀行進行催收程序。其後債權銀行調查發現勞工謝○○任職於網元有限公司，債權銀行於是聲請強制執行勞工謝○○對網元有限公司之薪資債權。惟網元有限公司卻聲明異議稱謝○○非其公司員工，致執行程序終結。債權銀行主張勞工謝○○確實仍任職於網元有限公司，網元有限公司之聲明異議與事實不合，債權銀行有確認勞

工謝○○與網元有限公司間僱傭關係存在之必要，乃依勞動事件法之勞動調解程序，以勞工謝○○及網元有限公司為相對人，向法院聲請勞動調解。

參、宜蘭地院 110 勞簡專調 4 民事裁定要旨

一、本件聲請人聲請調解，請求確認相對人間之僱傭關係存在，核其性質屬確認之訴。惟確認之訴須以訴訟形式為之，經法院以確認判決確認當事人間之法律關係，始能發生確認之效力，無從由當事人以相互讓步之調解或和解之方式代之。且聲請人並非該法律關係之權利義務歸屬主體，亦無從就該法律關係拋棄權利並與相對人合意成立調解，是本件調解之聲請，依法律關係性質應認不能調解。

二、而勞動事件法第 22 條第 3 項雖明文，勞動法庭之法官不得逕以不能調解或顯無調解必要或調解顯無成立之望，或已經其他法定調解機關調解未成立為理由，裁定駁回調解之聲請。然勞動事件法第 1 條明揭其立法目的，係為迅速、妥適、專業、有效、平等處理勞動事件，保障勞資雙方權益及促進勞資關係和諧，進而謀求健全社會共同生活，特制定本法。而同法第 22 條第 3 項之立法理由亦謂：「為使當事人得儘量利用勞動調解程序為紛爭自主解決，在未進行調解程序前，勞動法庭之法官不得以不能調解、顯無調解必要或調解顯無成立之望，或已經其他法定調解機關調解未成立為理由，逕為裁定駁回調解之聲請，民事訴訟法第 406 條第 1 項第 1 款、第 2 款之適用應予以限制」。本件聲請人並非系爭僱傭關係之當事人，於本件調解無從達到前揭立法意旨及立法理由所規範之使勞資雙方當事人利用勞動調解程序為紛爭自主解決之目的，亦無助於保障勞資雙方權益及促進勞資關係和諧。

三、據此，本件之情形應將勞動事件法第 22 條第 3 項之規定做目的性限縮，認本件並無限制適用民事訴訟法第 406 條第 1 項第 1 款之必要。本件調解之聲請，依法律關係性質應認不能調解，揆諸首揭規定，應予駁回。

肆、本文評釋

一、非由勞工提起的確認僱傭關係存在訴訟類型

本文前言已說明確認僱傭關係存在訴訟，亦有非由勞工提起者，實務上大別之可區分為雇主起訴與第三人起訴兩大類。

㈠雇主起訴

此類由雇主起訴訴請確認與被告勞工間僱傭關係存在訴訟，與實務上較常見的由雇主提起「確認僱傭關係不存在訴訟」者不同。雇主提起確認僱傭關係不存在訴訟，仍是「解僱」訴訟類型之一，只是換由雇主方面提起消極確認之訴而已。而本文此處所稱雇主提起「確認僱傭關係存在」訴訟，則是因雇主主張勞工之離職（自請辭職）不合法，勞雇關係不因勞工之主動離職而消滅，雇主認為勞雇關係「法律上」仍然繼續存在，因此以「事實上」業已離開職場之勞工為被告，提起「確認僱傭關係存在」訴訟。

實際案例如臺中高分院88勞抗1民事裁定案，就有關興農職業棒球事業股份有限公司與球員（勞工）張○○間確認僱傭關係存在訴訟管轄權爭議案件，即係雇主（球團）認為球員之離職不合法❶，主張球員與球團間之僱傭關係仍然繼續存在，因此對球員提起「確認僱傭關係存在」訴訟。此為雇主主動對員工提起確認僱傭關係存在的少數案例，雖為「確認僱傭關係存在訴訟」，但與「違法解僱」無關，而係針對員工主動離職效力之爭執❷。

---

❶ 球員會主動離職，多半想加入其他球團，而原球團則不想放人，因此引發爭訟。

❷ 此亦類似時下藝人與經紀公司間經紀合約糾紛，藝人想單飛或加入其他經紀公司旗下，而原經紀公司不願意放人，因此提起確認經紀合約關係存在訴訟。

(二)第三人起訴

第三人提起的確認僱傭關係存在訴訟，得以第三人（原告）之身分再細分為三個小類。

1.工會起訴

所謂工會起訴，即勞資爭議處理法第 57 條所規定：「勞工或工會提起確認僱傭關係或給付工資之訴，暫免徵收依民事訴訟法所定裁判費之二分之一。」之情形。本條條文規定起訴的主體有勞工與工會二者，起訴的客體有確認僱傭關係與給付工資兩類訴訟，排列組合之下，工會有提起確認僱傭關係存在訴訟與提起給付工資訴訟的權利。本條條文在勞動事件法施行後已由勞動事件法第 12 條第 1 項規定所取代，而勞動事件法第 12 條第 1 項規定較諸原勞資爭議處理法第 57 條規定，除暫免徵收裁判費之額度自二分之一提高到三分之二外，訴訟類型再增加給付退休金與給付資遣費這兩類金錢給付訴訟類型，但起訴主體則無更動，所以解釋上工會提起確認僱傭關係存在訴訟之權能，在勞動事件法施行後並無改變。有關工會起訴的確認利益及當事人適格問題，容下文詳述❸。

2.前雇主起訴

前雇主起訴案例與前述「雇主起訴」不同，因此時「前雇主」對勞工之離職效力並無爭執，故稱「前雇主」。前雇主因與離職勞工有簽署「離職後競

❸ 至若法條文義解釋上雖然可以得出工會可（對雇主）提起給付工資、給付退休金、給付資遣費等金錢給付訴訟一節，但本文淺見以為工會並非受僱勞工，工會如以當事人自居對雇主提起上項給付工資、退休金、資遣費等金錢給付訴訟者，顯然當事人不適格。假如工會是以工資、退休金、資遣費金錢債權之受讓人身分，或受讓勞工之訴訟實施權對雇主起訴者，則又有違反信託法第 5 條第 3 款禁止訴訟信託之疑慮。另參拙著，勞動訴訟實務，頁 43，2020 年 9 月。

業禁止約定」，前雇主主張勞工離職後違反該約定另受僱於與前雇主有競業關係之新雇主，但離職勞工（或其新雇主）則否認有僱傭關係存在之事實，前雇主為了證明其主張正確，乃對離職員工（及／或其新雇主）提起「確認僱傭關係存在」訴訟。但前雇主訴請確認的不是自己與勞工的僱傭關係，而是離職員工與新雇主間的僱傭關係，目的在證明離職員工違反了離職後競業禁止約定，實際案例如臺北地院 92 勞訴 60 民事判決案例。

3.債權人起訴

本文以下所稱「債權人」均指勞工的債權人。勞工因對外負債（例如本則宜蘭地院 110 勞簡專調 4 民事裁定所指的積欠銀行現金卡債務)尚未償還，債權人聲請強制執行勞工（執行債務人）對其雇主（第三人）之薪資債權。雇主（第三人）依強制執行法第 119 條規定聲明異議，聲稱勞工（執行債務人）業已離職（或從未任職等），勞雇關係不存在，無薪資債權可扣押等語。而債權人則認為雇主（第三人）的聲明異議不實在，執行債務人（勞工）確實仍在雇主（第三人）處任職，仍有薪資債權可供扣押，乃依強制執行法第 120 條第 2 項:「債權人對於第三人之聲明異議認為不實時，得於收受前項通知後十日內向管轄法院提起訴訟，並應向執行法院為起訴之證明及將訴訟告知債務人。」之規定，提起確認勞工（執行債務人）與第三人（雇主）間僱傭關係存在訴訟。

二、確認利益

實務上較重要非由勞工提起的確認僱傭關係存在訴訟類型已如上述，但是否每一訴訟類型均有確認利益，則不可一概而定，仍應分項逐一詳為檢視。

㈠雇主起訴

雇主認為勞工自請辭職主動離職不合法，因此主張勞雇關係仍然繼續存

在，但勞工否認之，此時雇主自有提起「確認僱傭關係存在」之確認利益存焉，並無疑義。但雇主有起訴的確認利益，不代表實體法上即有理由，以本文淺見而論，這種綁約條款只生違約金賠償問題，本於勞動基準法第 5 條禁止強迫勞動原則，雇主事實上不能禁止勞工離開職場，空留有該名存實亡的「僱傭關係」並無意義。故解釋上勞工即使違約提前離職仍生終止勞動契約之效力，只產生是否違約而應負給付違約金或損害賠償等金錢賠償責任問題而已❹。

㈡第三人起訴

1.工會起訴

工會提起確認僱傭關係存在訴訟，當然不是確認工會自己與雇主有什麼僱傭關係，而是要確認工會的會員與該會員之雇主間的勞雇關係❺。按工會會員之勞工被解僱，除該勞工本人得提起訴訟外，勞工所屬工會亦得提起訴訟，尤其當該勞工不願（或不便）提起訴訟時，工會更應有主動起訴之權利。

至若工會提起確認其所屬會員與該會員之雇主間僱傭關係存在訴訟，應認有起訴之確認利益。理由有二：其一、依 103 年 10 月 6 日修正工會法施行細則第 18 條第 2 項第 3 款規定：「工會理事、監事、會員代表或會員於其勞動契約經雇主終止時，工會得於章程中規定有下列情形之一者，得保留其資格：……三、向法院提起確認僱傭關係存在之訴訟，或請求繼續給付原勞動契約所約定工資之訴訟，於訴訟判決確定前。」換言之，必也先提起確認僱

---

❹ 此與勞工違反最低服務年限約款違約提前離職之效力並無不同。請參拙著，勞動訴訟實務，頁 397–399，2020 年 9 月。

❺ 另按工會與其所僱用工會會務人員間，亦可能發生解僱爭議而有確認僱傭關係存在（或不存在）訴訟之可能，但此時工會是本於自己的「雇主」身分涉訟，與本文所討論的工會為維護其「會員」勞工勞動權益而涉訟者不同，應予以區辨。

傭關係存在或給付工資訴訟者，才能依上揭條文規定保留工會會員或工會幹部資格。假如被解僱勞工不願（或不便）提起訴訟，則非工會提起確認僱傭關係存在訴訟，顯然無法滿足法條所規定「訴訟判決確定前」一定先要有訴訟繫屬之要件，足見工會有提起確認訴訟之必要與利益。其二、另工會會員如遭雇主解僱者，一則工會將減少關於該會員勞工之會費收入，再者，如被解僱會員身兼工會幹部勢必影響工會之組織與運作。以故，主張會員勞工與其雇主間仍繼續存在僱傭關係，對工會有法律上之利益。據此，工會自有提起確認其所屬會員與該會員之雇主間僱傭關係存在訴訟之確認利益。

2. 前雇主起訴

前雇主主張離職勞工違約另受僱於與前雇主有競業關係之新雇主，但此一僱傭事實為離職勞工或其新雇主所否認，則因此一新僱傭關係之有無，涉及離職勞工是否違反其與前雇主間離職後競業禁止約定之認定，應認前雇主有提起確認僱傭關係存在訴訟之確認利益。

3. 債權人起訴

勞工之債權人扣押勞工薪資債權，但「雇主」（第三人）聲明異議主張與勞工間並無僱傭關係，假如勞工之債權人認為該雇主聲明異議不實者，須依強制執行法第 120 條第 2 項規定提起訴訟❻。一般而言，債權人重在能執行到債務人勞工之薪資債權，故原則上應提起「確認薪資債權存在訴訟」，但假如有債權人提起「確認僱傭關係存在訴訟」者，此一確認僱傭關係存在訴訟，是否有起訴之確認利益，則非無疑。

有實務見解認為債權人提起此類「確認僱傭關係存在訴訟」有確認利益者，新北地院 103 勞訴 111 民事判決認為：「原告（按指債權人）主張其聲請

---

❻ 在扣押命令聲明異議階段，此時債權人僅能提起確認訴訟。張登科，強制執行法，頁 485，2019 年 8 月修訂版。

執行法院執行債務人即被告許○○（按指債務人勞工）對被告集鑛行即曾○○（按指第三人雇主）之薪資債權，經執行法院於 103 年 8 月 27 日核發新北院清 103 司執梅字第 92761 號扣押命令，被告集鑛行即曾○○收受後，於 103 年 9 月 15 日具狀聲明異議，否認被告許○○對其有何薪資債權存在，經執行法院轉知原告，原告於 103 年 9 月 30 日提起本件訴訟等情，業據本院調取本院 103 年度司執字第 92761 號執行卷宗查閱屬實，被告集鑛行即曾○○既否認被告許○○對之有何薪資債權存在，則兩造間是否有僱傭關係存在，即陷於不明確之狀態，致原告得否就被告許○○對被告集鑛行即曾○○之薪資債權予以強制執行之法律上地位有不安之狀態存在，所求確認者雖為他人間之法律關係，核仍有確認利益存在，合先敘明。」

本則宜蘭地院 110 勞簡專調 4 民事裁定，債權人聲請勞動調解之聲請事項亦係「請求確認相對人間之僱傭關係存在」，因法院直接裁定駁回調解之聲請，尚未進入訴訟程序，當然也尚未處理到債權人是否有提起確認僱傭關係存在訴訟之確認利益問題。

本文淺見則認為債權人為利繼續執行債務人勞工之薪資債權，而依強制執行法第 120 條第 2 項規定提起訴訟者，應僅限於提起「確認薪資債權存在訴訟」，尚不包括「確認僱傭關係存在訴訟」。理由為債權人起訴之目的僅在就債務人勞工之薪資債權予以執行取償，對於債務人勞工僱傭關係之存否並無確認利益，蓋債務人勞工僱傭關係即使存在，但有可能因留職停薪、放無薪假、休長假等緣故，「僱傭關係」雖存，但並無薪資債權可供扣押，此時債權人提起之訴訟即使勝訴確定，對其亦無利益。相對的，債務人勞工僱傭關係即使不存在，但不能排除是因前雇主積欠勞工薪資，勞工依勞動基準法第 14 條第 1 項第 5 款「雇主不依勞動契約給付工作報酬」之規定行使被迫辭職權終止僱傭關係，僱傭關係才告消滅，則此時雖無僱傭關係存在，反而勞工對其前雇主有薪資債權及資遣費債權可供債權人扣押執行❼。

---

❼ 資遣費請求權並無如退休金債權般，法律明定禁止扣押（勞動基準法第 58 條第 2

是就結論言，僱傭關係之存否對債權人並無利益，有無薪資債權可供扣押執行才是重點。因此本文淺見認為債權人依強制執行法第 120 條第 2 項規定提起之訴訟，應僅限於提起「確認薪資債權存在訴訟」，假如債權人竟提起「確認僱傭關係存在訴訟」者，應認債權人原告並無確認利益，法院應行使闡明權令其更正（補正）為適當之聲明。必也經闡明後原告仍不肯更正聲明者，法院始得依民事訴訟法第 249 條第 2 項第 1 款規定以判決駁回原告之訴。

三、當事人適格問題

㈠當事人適格問題主要出現在第三人起訴類型，至若雇主為原告對勞工起訴請求確認僱傭關係存在，並無當事人適格疑義。在第三人起訴類型中，無論是工會、前雇主抑或勞工之債權人起訴，有爭議的是須否將勞雇雙方均列為共同被告一同起訴，當事人始為適格？抑或僅須將「否認」原告主張的一方當事人列為被告即可？例如工會提起確認其所屬會員與該會員之雇主間僱傭關係存在訴訟，勞工通常會站在與工會同一立場，即同樣主張解僱無效勞雇關係續存，此時，勞工並不爭執（反而是認同）原告工會之主張，工會有必要將勞工拉進來當共同被告嗎？尤其如前文所述，工會會提起訴訟就是因勞工不願（或不便）起訴，假如工會起訴又把勞工當被告之一捲入訟爭，勞工會認為那倒不如當初自己直接起訴當原告更能主導訴訟程序之進行❽！

㈡按確認他人間法律關係訴訟，是否應以該他人間法律關係主體全部為被告，當事人始為適格之爭議。學說實務見解不一，有認為應以法律關係主

項），實務上認為資遣費債權仍可扣押。臺高院 91 抗 3574 民事裁定指出：「勞工對於事業單位所得申領之資遣費債權，並非禁止扣押轉讓之債權。」可資參照。

❽ 假設下列狀況，工會如果以勞雇雙方為共同被告提起確認僱傭關係存在訴訟，一審判決原告之訴駁回，即認定勞雇關係已不復存在，此時設若工會已與雇主和好不願再提起上訴，勞工身為被告「表面上」是勝訴的一方，依形式不服說無上訴權，勞工豈非眼睜睜看著自己的權利飛掉卻無計可施？勞工此時一定寧可自己當初就當原告才可主導訴訟的進行。

體「全部」(即雇主及勞工)為被告,當事人之適格始無欠缺者❾,亦有認為僅須以否認之當事人(雇主)為被告即為已足者❿。在債權人依強制執行法第 120 條第 2 項規定起訴類型,學者有認為:「確認之訴之原告為執行債權人,……被告為聲明異議之第三人,如債務人亦否認對第三人有『權利』存在時,得以之為共同被告提起之,此時,共同訴訟裁制(判)之結果,在理論上應為一致,但亦非必須合一確定之訴訟⓫。」

㈢實務判決見解則相當歧異,最高法院 82 年 4 月 20 日 82 年度第 2 次民事庭會議(二)曾提出討論,但結論為「依具體個案之類型,按其性質決定之。」迄今亦無統一之見解。

1.採肯定說者

例如最高法院 77 台上 1418 民事判決:「按第三人起訴請求確認他人間之某法律關係存在或不存在,必須以該法律關係之雙方當事人為共同被告一同起訴,若僅以其中一方當事人為被告起訴者,即非適格之當事人。」最高法院 93 台上 117 民事判決:「起訴請求確認他人之某法律關係存在或不存在,須以該法律關係之雙方當事人為共同被告一同起訴,始為當事人適格。若僅以其中一方當事人為被告,即非適格之當事人。倘該法律關係之雙方當事人受敗訴之判決,而僅其中一方當事人提起上訴,因該法律關係之存否對該雙方當事人必須合一確定,不得歧異,故其上訴之效力及於另一當事人。」

---

❾ 學者楊淑文以判決對法律關係雙方必須合一確定為由認為應列為共同被告。楊淑文,固有必要共同訴訟與類似必要共同訴訟,月旦法學教室,第 126 期,頁 20,2013 年 4 月。

❿ 呂太郎,確認他人間法律關係之訴,法學叢刊,第 135 期,頁 88-90,1989 年 7 月;黃國昌,確認他人法律關係存否之訴之當事人適格,月旦法學教室,第 39 期,頁 19,2006 年 1 月。

⓫ 陳計男,強制執行法釋論,頁 489-490,2012 年 2 月。

2.採否定說者

例如最高法院 93 台上 1987 民事判決:「按確認法律關係成立或不成立之訴,如有即受確認判決之法律上利益,縱其所求確認者為他人間之法律關係,不論為積極或消極確認之訴,固均非不得提起,且第三人(原告)否認當事人間之法律關係存在而提起消極確認之訴,如當事人中有一方同時否認該法律關係存在者,亦祇須以主張法律關係存在之他方為被告為已足,無以該法律關係之雙方當事人為共同被告之必要。」

㈣但在類如本件債權人如係依強制執行法第 120 條第 2 項規定提起之確認訴訟,依最高法院 95 台上 1295 民事判決見解:「查強制執行法第一百十九條第一項之『法院命令』包括執行法院依同法第一百十五條第一項規定對第三人所發之扣押命令在內(辦理強制執行事件應行注意事項第六十四項),故第三人對執行法院之扣押命令聲明異議,債權人認為不實而依同法第一百二十條第二項規定所提起之訴訟,因依同項後段之規定,須將訴訟告知債務人,自得僅以第三人為被告,而非必須以債務人為共同被告,債權人依此規定所提起之訴訟,無論係請求確認債務人對第三人之債權存在之確認之訴,或請求第三人向債權人為給付之給付之訴,均非必須以債務人為共同被告,此為強制執行法之特別規定。乃原審見未及此,竟認為債權人依強制執行法第一百二十條第二項所提起之確認之訴,須以第三人及債務人為共同被告,當事人始為適格,並以此為由,認上訴人僅對被上訴人提起確認之訴,其當事人並非適格,而為上訴人敗訴之判決,於法不無違誤。」學者有認為最高法院此一見解係建立在第三人提起確認他人間法律關係存否訴訟,須以該法律關係兩造當事人為共同被告,乃固有必要共同訴訟,因立於此一前提,方始會將強制執行法第 120 條第 2 項解釋為是「特別規定❷」。

惟細繹最高法院 95 台上 1295 民事判決,其是就「確認債務人對第三人

---

❷ 許士宦,強制執行法,頁 255–256,2021 年 2 月三版。

之債權存在之確認之訴，或請求第三人向債權人為給付之給付之訴」這兩種訴訟而為之法律見解。其中「確認債務人對第三人之債權存在之確認之訴」，與確認他人間法律關係存否之確認訴訟並非相同意義之訴訟，前於確認利益部分已說明執行債權人如提起「確認勞工（執行債務人）對第三人（雇主）薪資債權存在訴訟」可認有確認利益，而如提起「確認勞工（執行債務人）與第三人（雇主）間僱傭關係存在訴訟」者則應認無確認利益，足見確認（薪資）債權存在訴訟與確認（僱傭）法律關係存在訴訟不同，不宜等同視之。按所謂法律關係，係指由法所規範，以權利義務為其內容之私法關係[13]，依此定義，「權利」僅是「法律關係」內容之一部分[14]，不等同法律關係。故最高法院 95 台上 1295 民事判決固提到強制執行法第 120 條第 2 項是「特別規定」，但其並未對第三人提起確認他人間法律關係存否訴訟，是否須以該法律關係兩造當事人為共同被告一節正面表示其法律見解[15]。

㈤本文淺見以為在實務見解尚有重大歧異之前提下，第三人起訴之情形宜以勞雇雙方為共同被告起訴，以確保當事人適格問題不會被挑戰。在此情形下，勞雇雙方形式上為同一造的共同訴訟人（共同被告），但利害關係相反、主張各異，為學說上所稱之「對立的共同訴訟人」，訴訟程序上應保障勞雇雙方均各有完整的獨立訴訟實施權，避免來自不同利益他共同訴訟人之干

---

[13] 王澤鑑，民法總則，頁 109，2020 年 9 月增訂新版。

[14] 最高法院 52 台上 1922 民事判例要旨：「兩造系爭之債權金額，既為構成法律關係之重要內容，如不訴請確認，則上訴人主張之權利是否存在，無法明確，且其聲請拍賣抵押物之裁定，亦將無法執行，不得謂上訴人在私法上之地位無受侵害之危險。」亦認為債權（權利）是構成法律關係之「重要內容」而已，並非等同法律關係。

[15] 經查最高法院 95 台上 1295 民事判決案之一審桃園地院 93 訴 27 判決，記載原告當事人（執行債權人）是以聲明異議之第三人為被告提起「確認竣得工程股份有限公司（執行債務人）對被告（第三人）有新臺幣三百八十六萬元之工程款債權存在。」顯然並非提起「確認（執行債務人）與被告（第三人）間工程承攬契約關係存在。」之確認他人間法律關係存在訴訟。

涉、牽制❶。

四、勞動事件之認定

㈠上文提到的四種非勞工提起確認僱傭關係存在訴訟類型（雇主、前雇主、工會、債權人），就訴訟標的言，均以僱傭關係為其訴訟標的，則依勞動事件法第 2 條第 1 項第 1 款規定：「本法所稱勞動事件，係指下列事件：一、基於……勞動契約……所生民事上權利義務之爭議。」文義解釋上均屬勞動事件，應適用勞動事件法之特別民事訴訟程序，並無疑義。此在雇主、前雇主、工會起訴案件，因本質上均屬「勞雇間」之爭議，適用勞動事件法並無爭議。然比較有疑義的是在「債權人」起訴類型，其訴訟的本質並非「勞雇間」爭議，而是金錢債權強制執行引發的訴訟爭議，是否適合適用勞動事件法之特別民事訴訟程序，要非無疑。

㈡按勞動事件法之立法是鑑於勞工多為經濟上之弱勢，勞資爭議事件需迅速解決，且有賴於當事人自主合意解決及勞資雙方代表參與程序。為使勞動事件之處理合於專業性，迅速、妥適解決勞資糾紛，並符合實質公平，實有於現行民事訴訟法之外，另定專法之必要，方始擬具「勞動事件法」❶。

勞動事件法草案總說明更指出「勞資爭議事件除影響勞工個人權益外，更影響其家庭生計，且勞工在訴訟程序中通常居於弱勢，相關證據偏在於資方，不利勞工舉證；又勞資事務具有專業性及特殊性，有賴當事人自主合意解決及勞資雙方代表參與程序，故針對勞資爭議事件上述特性，需制定易為勞工使用的民事特別程序，以迅速、妥適解決糾紛，並符合實質公平。」

㈢在上揭立法目的之下，雖然「確認僱傭關係存在」訴訟，如前述係因

---

❶ 呂太郎，對立的共同訴訟人，載：民事訴訟法之研討（十四），頁 217-295，2007 年 6 月。

❶ 參民國 107 年 6 月 21 日行政院第 3605 次院會討論事項（一），司法院函送「勞動事件法」草案請會銜送請立法院審議之說明。

勞動契約所生之民事上權利義務爭議事件，但在債權人起訴案件類型，其訴訟本質為勞工之債權人行使債權催收程序，並無必要使之適用「易為勞工使用的民事特別程序」。

㈣目前實務不區分起訴的原告是否為「債權人」，訴訟本質是否為催收訴訟，只要是確認僱傭關係存在訴訟（例如本件宜蘭地院 110 勞簡專調 4 民事裁定案），或確認薪資債權存在訴訟（例如臺南地院 110 南勞簡專調 6 民事裁定案），一律分案歸類為勞動事件使之適用勞動事件法，把勞動事件法的特別程序變相成為金融機構（或應收債權管理公司）討債程序的一環，並非妥適。

㈤本文淺見以為應將勞動事件法第 2 條第 1 項第 1 款所稱的勞動事件，作立法目的性限縮解釋，把債權人提起的確認僱傭關係存在訴訟、確認薪資債權存在訴訟等排除於「勞動事件」定義之外，庶免國家有限的資源被不當的利用，讓真正有需使用到該「易為勞工使用的民事特別程序」之案件受到排擠。

五、和解處分權

㈠最後討論和解處分權問題。本則宜蘭地院 110 勞簡專調 4 民事裁定駁回債權人勞動調解聲請之理由為：「確認之訴須以訴訟形式為之，經法院以確認判決確認當事人間之法律關係，始能發生確認之效力，無從由當事人以相互讓步之調解或和解之方式代之。且聲請人並非該法律關係之權利義務歸屬主體，亦無從就該法律關係拋棄權利並與相對人合意成立調解，是本件調解之聲請，依法律關係性質應認不能調解。」

㈡細繹上揭裁定駁回勞動調解聲請之理由其實有兩項，其一為：「確認之訴須以訴訟形式為之，經法院以確認判決確認當事人間之法律關係，始能發生確認之效力，無從由當事人以相互讓步之調解或和解之方式代之。」易言之，依此裁定理由，只要是「確認之訴」均必須透過法院以「確認判決」的方式來確認當事人間之法律關係，無從由當事人以相互讓步之調解或和解之

方式來代之。若依此說，勞動訴訟中最重要的違法解僱訴訟，勞工絕大部分都是提起 「確認僱傭關係存在訴訟❶」，即不能行勞動事件法之勞動調解程序，則勞動事件法立法美意恐將折損大半矣！

㈢事實上，目前司法實務於違法解僱訴訟，勞工所提起之「確認僱傭關係存在訴訟」，仍然適用勞動事件法之勞動調解程序，而且成效良好，調解成功率不低❶。即使已進入訴訟程序，不管是移調或法官自調，成立訴訟上和解者，亦所在多有，並非如本則裁定所述的「無從調解或和解。」

㈣上揭裁定的第二項理由 ：「聲請人並非該法律關係之權利義務歸屬主體，亦無從就該法律關係拋棄權利並與相對人合意成立調解。」本文以為這才是重點。債權人並非僱傭關係之主體，無從處分該法律關係，就該法律關係之定性❷、內容❷、消滅❷等，均無權擅作主張予以讓步、處分，是在此一

---

❶ 拙著，勞動訴訟實務，頁 123-126，2020 年 9 月。

❶ 依司法院「勞動事件收結情形重點統計表」（資料年月：109 年 1 月至 110 年 6 月）顯示，自勞動事件法 109 年 1 月 1 日起施行迄至 110 年 6 月止，地方法院勞動調解事件新收 4,639 件，已終結 3,876 件，其中調解成立者 1,484 件、調解不成立者 1346 件，因調解成立或不成立以外的事由終結者（例如：撤回）1,046 件，調解成立件數多於不成立件數，可說調解成效良好。上揭統計資料並未再細分案件類型，故本文無法得知其中有多少件是「確認僱傭關係存在」案件成立調解者。查詢路徑：司法院首頁／業務綜覽／司法統計／公務統計／勞動事件統計／110 年／全部 ；最後瀏覽日期：2021.8.27。

❷ 按契約之定性除非當事人間之約定違反法律之強制禁止規定而無效外，否則本於私法自治原則，法院允宜尊重當事人間對契約之定性，最高法院 92 台上 2374 民事判決意旨參照。最高法院 103 台上 560 民事判決則認為：「契約之定性及法規適用之選擇，乃對於契約本身之性質在法律上之評價，屬於法院之職責，與契約之解釋係就契約客體（契約內容所記載之文字或當事人口頭所使用之語言）及解釋上所參考之資料（如交易或商業習慣）之探究，以闡明契約內容之真正意涵，並不相同，自可不受當事人所陳述法律意見之拘束。」（最高法院 106 台上 2037 民事判決意旨同）。本文淺見以為當事人如對契約之定性已有明白之約定，而其約定並無違反法律之強制或禁止規定者，允宜尊重當事人間關於契約定性之約定。

前提下，本文贊同本則宜蘭地院 110 勞簡專調 4 民事裁定提出的法律見解，即在第三人提起確認僱傭關係存在訴訟類型，第三人並無和解之處分權，不宜遂行勞動調解程序。

㈤本件尚可附帶討論的是債權人聲請勞動調解，是否符合強制執行法第 120 條第 2 項規定要件。按強制執行法第 120 條第 2 項規定：「債權人對於第三人之聲明異議認為不實時，得於收受前項通知後十日內向管轄法院提起訴訟，並應向執行法院為起訴之證明及將訴訟告知債務人。」法律規定債權人須於收受執行法院轉知第三人聲明異議之通知後「十日內❷❸」起訴，然則聲請勞動調解是否等同起訴？

㈥按勞動事件法第 16 條第 2 項規定，勞動事件當事人逕向法院起訴者，視為調解之聲請。既然起訴視為調解之聲請❷❹，當事人逕行聲請調解似乎更符合立法旨意。惟查，勞動事件法第 29 條第 4 項最後一句規定「以起訴視為調解者，仍自起訴時發生訴訟繫屬之效力。」故假如債權人是直接提起訴訟但依勞動事件法第 16 條第 2 項規定視為是調解之聲請者，因法律明定仍自起訴時發生訴訟繫屬之效力，自已符合強制執行法第 120 條第 2 項規定要件，並無疑義。

㈦然若類如本件債權人並未起訴而是直接聲請勞動調解者，因勞動調解不成立後並不一定當然直接進入訴訟程序，聲請勞動調解的一方得依勞動事

---

❷❶ 解僱訴訟中，法院常會徵得當事人合意確定薪資數額等契約之內容。

❷❷ 勞動調解中常以「合意終止」之方式終止勞動契約，消滅勞雇關係。

❷❸ 此 10 日起訴期間為通常法定期間，並非不變期間，債權人即使稍有遲誤，但在第三人聲請執行法院撤銷扣押（執行）命令之前業已起訴並向執行法院陳報起訴之證明者，執行法院即不得再行撤銷扣押命令。臺灣高等法院暨所屬法院 92 年 11 月 26 日 92 年法律座談會民事執行類提案第 27 號決議、臺高院 104 重上 367 民事判決等參照。

❷❹ 以此之故，勞動事件直接起訴而未繳裁判費者，法院均先依調解收費標準裁定先命補繳調解聲請費而非裁判費。

件法第 29 條第 4 項前段規定，於 10 日不變期間內向法院為反對續行訴訟程序之意思而終結整個勞動調解程序。僅於其未主動向法院為反對續行訴訟程序之意思時才進入訴訟程序，此時依勞動事件法第 29 條第 4 項前段的後一句規定：「並視為自調解聲請時，已經起訴。」由以上規定可知，勞動事件不先起訴而逕行聲請勞動調解者，於勞動調解期間並還沒有訴訟繫屬，必也待調解不成立後，因聲請調解之一方當事人未主動向法院為反對續行訴訟程序之意思，而於 10 日不變期間期滿時當然「進入訴訟程序後」，始溯及既往的發生「視為自調解聲請時已經起訴」之效力。故解釋上債權人不先起訴而直接聲請勞動調解者，因尚未發生訴訟繫屬之效力，並不符合強制執行法第 120 條第 2 項規定應於 10 日內起訴之要件。

伍、結　語

　　勞動事件法立法之初即設定立法目的是為了要制定「易為勞工使用的民事特別程序」，解釋上在類如本則宜蘭地院 110 勞簡專調 4 民事裁定案，由債權人起訴案件類型，是否適宜使之適用勞動事件法的特別程序並非無疑，本文淺見認為宜予以排除，否則在國家資源有限的情形下，難免會排擠到真正有需求案件的適用量能。

　　此外，本文認為違法解僱訴訟中勞工多半提起「確認僱傭關係存在訴訟」，此類訴訟並非不能和解，實務上解僱訴訟在勞動調解程序中達成調解而終局解決紛爭者，並非少見。但假如是由第三人提起的確認僱傭關係存在訴訟，則因第三人對勞雇關係的存否、內容、消滅等並無處分權，不宜由第三人方面達成和解。

　　最後，勞動事件直接起訴雖然「原則上」視為是勞動調解之聲請，但直接起訴與逕行聲請調解仍有是否產生「訴訟繫屬」效力之不同，此於類如強制執行法第 120 條第 2 項有起訴期間規定者，即有不同制度上的功能分野。

過苛競業禁止約款之效力
—臺灣高等法院暨所屬法院 107 年法律座談會民事類提案第 7 號決議評釋

壹、前　言

有關過苛競業禁止約款之效力，作者最早於 1997 年 12 月 22 日在臺大思亮館舉辦，由行政院勞工委員會主辦之「勞動契約與勞資關係研討會」所提出之書面報告，就曾參考美國法院規整的三種方式予以說明❶。

2015 年 12 月 16 日勞動基準法增訂第 9 條之 1 明定離職後競業禁止約定規範後，本以為此一問題應該要落幕了，卻誰也想不到規範是一回事，操作規範的人如何解釋又是另一回事。

勞動基準法第 9 條之 1 規定：

I. 未符合下列規定者，雇主不得與勞工為離職後競業禁止之約定：

一、雇主有應受保護之正當營業利益。

二、勞工擔任之職位或職務，能接觸或使用雇主之營業秘密。

三、競業禁止之期間、區域、職業活動之範圍及就業對象，未逾合理範疇。

四、雇主對勞工因不從事競業行為所受損失有合理補償。

II. 前項第四款所定合理補償，不包括勞工於工作期間所受領之給付。

III. 違反第一項各款規定之一者，其約定無效。

IV. 離職後競業禁止之期間，最長不得逾二年。逾二年者，縮短為二年。

在上揭法律明文規範情形下，過苛競業禁止約款的效力如何？

---

❶ 該研討會書面報告其後稍經改寫發表於明理法律事務所官網，「勞動法論文選輯」項下「論離職後競業禁止契約」，http://明理.com/rule_page.php?no=24。

貳、臺高院暨所屬法院民國 107 年 11 月 21 日 107 年法律座談會民事類提案第 7 號決議

法律問題：

　　勞動基準法第 9 條之 1 第 1 項第 3 款及第 3 項規定：「I. 未符合下列規定者，雇主不得與勞工為離職後競業禁止之約定：三、競業禁止之期間、區域、職業活動之範圍及就業對象，未逾合理範疇。……III. 違反第 1 項各款規定之一者，其約定無效。」如經法院審理後，認當事人間競業禁止約定條款，就勞動基準法第 9 條之 1 第 1 項第 3 款所定事項，有部分逾越合理範疇之情形時，該競業禁止約定條款之效力為何？

討論意見：

一、甲說：僅超過合理範圍部分無效

　　按法律行為之一部分無效者，全部皆為無效，但除去該部分亦可成立者，則其他部分，仍為有效，民法第 111 條定有明文。是競業禁止約定中有關競業禁止之時間、地區、範圍及方式，如依社會一般觀念及商業習慣，認為有部分已逾越合理之範疇，應僅該不合理之部分為無效，至尚在合理範圍之部分，既屬合理適當且不危及勞工之工作權，則兼為確保雇主之利益，並促進經濟之發展，自應認為有效，而無從嚴認定競業禁止約款全部無效之必要。

二、乙說：全部無效

　　㈠按勞動契約終止後，勞工對原雇主即無忠誠義務，原得利用其因工作所累積之經驗、技能，繼續發展其經濟、職業活動，此項勞工生存權、工作權、自由權係受憲法第 15 條、第 22 條所保障，雇主為保護自身工作權或財產權，與勞工約定離職後禁止競業，係對勞工上開權利之限制，自應具備相當性，始能承認其效力。從而，競業禁止約定條款中限制勞工就業之對象、時間、區域、職業活動之範圍，尚不得逾必要、合理之範圍，如有逾越，即

與憲法第 15 條保障工作權之精神有違，依民法第 71 條、第 72 條之規定，該競業禁止約定應全部無效。

　　㈡如認競業禁止約定條款僅在逾越合理範圍部分為無效，其他部分仍屬有效，無異變相鼓勵雇主得濫用其締約之優勢地位，恣意提出不合理之競業禁止約定條款要求勞工遵守，並使勞工應遵守競業禁止約定之範圍不明確，而須待法院確認何範圍之競業禁止約定條款屬無效後，始得安心從事新職，顯與保障勞工工作權之立法意旨有違。

初步研討結果：採甲說、乙說票數相同。

審查意見：採甲說，惟理由修正如下：

　　競業禁止約定中有關競業禁止之時間、地區、範圍及方式，如依社會一般觀念及商業習慣，認為有部分已逾越合理之範疇，應僅該部分係違反勞動基準法第 9 條之 1 第 1 項第 3 款規定，依同條第 3 項規定，其約定為無效，至尚在合理範圍之部分，既屬合理適當且不危及勞工之工作權，則兼為確保雇主之利益，並促進經濟之發展，自應認為有效，而無從嚴認定競業禁止約款全部無效之必要。

研討結果：

　　㈠審查意見末加入「（最高法院 75 年台上字第 1261 號判例意旨參照）」等字。

　　㈡多數採審查意見（實到 71 人，採乙說 11 票，採審查意見 52 票）。

　　相關法條：勞動基準法第 9 條之 1 第 1 項、第 3 項，民法第 111 條。

參考資料：

資料 1　臺灣高等法院 97 年度勞上字第 69 號判決要旨：

系爭競業禁止條款雖未明白約定競業禁止之地域，然兩造此項約定之目

的既係為防止被上訴人於離職後與上訴人為不公平之競爭,其所為競業禁止之地域,自係以上訴人之營業活動區域為準。又系爭競業禁止條款已約定競業禁止之業務範圍係被上訴人離職時上訴人所研發、生產、銷售之產品產業,雖未就該等產業逐一具體列載,然仍屬可得特定。是尚不能憑此即謂系爭競業禁止條款所定競業禁止之範圍,除有時間限制外,就其他事項均毫無限制,並據以認定系爭競業禁止條款係不合理地限制被上訴人之工作權、生活權,應屬無效。

資料2　臺灣高等法院臺中分院103年度上字第70號判決要旨:

競業禁止條款固為法秩序所允許,但其所保護者係雇主個人或公司之營業利益,是其禁止之結果勢必造成勞工生存權及工作權受到限縮,是在判斷競業禁止條款是否有效性,自需同時考慮勞工因此所遭受之損害,否則若容認雇主一方得不必給予任何補償,亦無須負擔任何之義務,即得以競業禁止之條款作為唯一之理由,要求勞工不得從事同業或似近之勞務,無異要求勞工犧牲自己之所長,而自行承擔及吸收經濟上不利益之結果,此無異在勞資雙方間形成一單務、無償之法律關係,顯然對於勞資雙方之權利義務有所失衡。因而對勞工離職後就職所加諸之限制,仍應兼顧及斟酌就勞工所受之損失是否有為適當之補償,且此一代價不能僅以有無觀之,其數額亦需至少達可使員工過合理生活之程度,始可認為競業禁止約款為有效。故補償措施不但是勞資雙方利益之衡平措施,且不致於過度侵害契約自由,如無代價措施者,應認競業禁止之限制已逾合理範圍,該契約即屬無效。

資料3　勞動部106年4月12日勞動關2字第1060125770號函釋要旨:

雇主與勞工簽訂離職後競業禁止條款,勞工離職後若實際上從事原有職業活動工作及洩漏營業秘密,由法院斟酌具體個案實質認定該離職後競業禁止條款效力,另競業禁止區域縱在境外亦應包含在內,是否合理應由法院斟酌具體個案實質認定。

資料4　最高法院 75 年台上字第 1261 號判例要旨：

民法第 111 條但書之規定，非謂凡遇給付可分之場合，均有其適用。尚須綜合法律行為全部之旨趣，當事人訂約時之真意、交易之習慣、其他具體情事，並本於誠信原則予以斟酌後，認為使其他部分發生效力，並不違反雙方當事人之目的者，始足當之。

提案機關：臺灣士林地方法院

（臺灣高等法院暨所屬法院 107 年法律座談會民事類提案第 7 號）

參、本文評釋

一、所謂「過苛」在此指競業禁止約款不合理的意思。離職後競業禁止約款有簽訂的必要性，意即符合勞動基準法第 9 條之 1 第 1 項第 1、2 款規定的「雇主有應受保護之正當營業利益。且勞工擔任之職位或職務，能接觸或使用雇主之營業秘密。」這兩個前提要件下，雖有簽署的必要性，但簽署的條款卻不合理對勞工太過苛刻，此稱之為「過苛條款」。假如欠缺簽署必要性者，則不必再討論第二層次的「合理性」問題，即可直接逕行認定該約款為無效。

二、競業禁止約款合不合理，可以從勞動基準法第 9 條之 1 第 1 項第 3 款所規定的「競業禁止之期間、區域、職業活動之範圍及就業對象」，與第 4 款規定的「雇主對勞工因不從事競業行為所受損失之補償」是否合理，等這幾個面向來觀察。另實務上因競業禁止約款通常也都會有「違約金或損害賠償預定額」（以下通稱：違約金）之約定，如果約定金額過高也是不合理過苛的另一種態樣。因此實際操作上可以把過苛條款區分為四類：

1. 違約金。
2. 禁止競業之期間。
3. 禁止競業之補償。

4.禁止競業之區域、職業活動之範圍及就業對象。

三、過苛條款之規整，如前言所述作者曾參考美國法院判決例，提出三項規整原則，爰仍先予簡述，再從違約金起依序說明我國法院處理過苛條款之方式。

美國法院對過苛競業禁止條款之規整方式有所謂的「全有或全無原則」(all or nothing approach)、「藍鉛筆原則」(blue pencil rule) 及「合理化原則」(rule of reasonableness) 等三方式。

㈠全有或全無原則

所謂全有或全無原則，又名「紅鉛筆」原則 (the red pencil doctrine)，即必須「全部」的競業禁止條款皆被法院認為合理，法院才承認其「全部」有效。有任何一部分被判認不合理，則「全部」競業禁止契約一概歸於無效。

㈡藍鉛筆原則

藍鉛筆原則，係指當合理及不合理的條款很容易可由法院予以區隔開來時所能適用，有部分州法院採此所謂的藍鉛筆原則：只承認合理部分的條款為有效，不合理部分的條款則當然無效（好像一份契約可用一支藍筆劃分為兩部分的樣子，以此得名）。當然其前提是競業禁止契約的條款間是可分割的，若不可分割則法院只能判認全部無效。類似我國民法第 111 條規定：「法律行為之一部分無效者，全部皆為無效。但除去該部分亦可成立者，則其他部分，仍為有效。」

㈢合理化原則

合理化原則又稱限縮效力原則❷。當一份競業禁止契約被判認不合理時

---

❷ 又稱「司法改造原則」、「部分執行原則」等。The reformation rule (also known as "judicial modification," the "rule of reasonableness," the "reasonable alteration

（全部不合理或部分不合理皆同），法院有權只在它認為「合理」的限度賦予其有效執行之效力，此稱為合理化原則。上揭合理化原則與法國部分判決所採認之法院有「改造特權」(privilege of remodeling) 類似。所謂法院改造特權是指法院有權將不合理之競業禁止條款修改至法院認為合理之程度，然後於該合理之限度內認定其為有效。

四、我國處理過苛約款之方式

㈠違約金

就違約金部分言，違約金數額約定過高者，向來認為並非無效只是「酌減」而已。最高法院 68 年 6 月 26 日 68 年度第 9 次民庭庭推總會議決議：「當事人約定如債務人不於適當時期履行債務時，即須支付違約金者，其違約金係以強制債務之履行為目的，實為確保債權效力之一種強制罰，與利息之性質迥然不同，就令約定之違約金額過高，但既得由法院減至相當之數額（民法第 252 條），亦非無救濟之途，不得謂其約定為無效或無請求權。」

參照上述美國法院實證，顯然對於過苛（過高）違約金之約定，係以酌減至相當數額之「合理化原則」處理之。

㈡期 間

勞動基準法第 9 條之 1 制定前，對於約定競業禁止期間過長者，絕大部分見解，均採合理化規整說，即將期間縮短至「合理」的期限內，仍承認競業禁止約款之效力。勞動基準法第 9 條之 1 則直接處理此一期間過長問題，於第 4 項明文規定：「離職後競業禁止之期間，最長不得逾二年。逾二年者，縮短為二年。」解釋上同採「合理化規整說」，但以法律明定合理期間上限為

---

approach," and the "partial-enforcement" rule). https://beckreedriden.com/50-state-noncompete-chart-2/；最後瀏覽日期：2021.7.9。

2 年，即使法院認定合理期間應超過 2 年者，亦不得宣告超過 2 年部分之約款仍為有效。

解釋本條第 4 項規定之適用，應以「合理」為第一檢視標準，2 年只是最上限的第二檢視標準，應重疊適用這兩個檢視標準，並非一概約定為 2 年即屬合法，也非超過 2 年的約款均一概減到 2 年即屬合理。舉例來說，約款定為 2 年但法院認為 6 個月始為合理者，應限縮到 6 個月。又例如約款定為 3 年而法院雖認定 2 年半尚屬合理者，僅能減縮到 2 年。再例如約款定為 2 年半但法院認為僅 8 個月為合理者，當然也是限縮到 8 個月。

㈢競業禁止補償

過去在勞動基準法第 9 條之 1 增訂前，對於雇主應否給予遵守競業禁止約款之勞工補償，甚至有不同見解。惟晚近大致均認補償已是合法性要件之一，剩下來有關補償的爭議，略為在職期間內之給付可否作為補償之一部分、補償額度、補償給付方式等。

勞動基準法第 9 條之 1 第 1 項第 4 款規定：「雇主對勞工因不從事競業行為所受損失有合理補償。」第 2 項規定：「前項第四款所定合理補償，不包括勞工於工作期間所受領之給付。」母法的這兩項規定首先明揭：補償必須合理、在職期間內的給付不得充作補償的全部或一部。至於合理與否則在勞動基準法施行細則第 7 條之 3 第 1 項，以共 4 款規定作為衡酌「合理」與否之標準：「一、每月補償金額不低於勞工離職時一個月平均工資 50%。二、補償金額足以維持勞工離職後競業禁止期間之生活所需。三、補償金額與勞工遵守競業禁止之期間、區域、職業活動範圍及就業對象之範疇所受損失相當。四、其他與判斷補償基準合理性有關之事項。」其中第 1 款所稱的「每月補償金額不低於勞工離職時一個月平均工資 50%」，只是標準的「下限」規定，法院審理個案時發現補償低於勞工離職時一個月平均工資 50% 時，不得認為補償還尚稱合理。但也並非只要補償不低於法定下限即一律認為合理，法院

審酌其他三款情事，假如認為每月補償應為勞工離職時一個月平均工資 80%
以上始為合理者，即使約定補償已是 75%，仍不得認為「合理」，此為當然
之解釋。

　　補償金額不合理之競業條款一概均屬「無效」，與前述過苛違約金、期間
條款規整，法院可採「合理化原則」予以調整者顯有不同。理由也很容易理
解，蓋補償金額不合理，法院無法將之調整到合理程度，然後命雇主應為該
合理補償金額之給付，為求簡便乃直接認定為無效。

　　補償之給付方式，勞動基準法施行細則第 7 條之 3 第 2 項規定：「前項合
理補償，應約定離職後一次預為給付或按月給付。」一次預為給付較無爭議。
至於本條第 2 項所規定的「按月給付」，參照另一給付模式的「一次預為給
付」，應解釋為須於每月月初即「預先」給付，雇主不能等到月底觀察並確認
勞工確有遵守離職後競業禁止義務無誤後再予給付。

　　此外因勞動基準法施行細則第 7 條之 3 第 2 項已規定補償之方式只有上
述兩種，而且沒有附帶條件，因此假如約款另約定勞工應每月陳報其就業情
形、檢附勞保投保資料供前雇主審查確認無競業情事再予以補償；甚或約定
競業禁止後並不事先給予補償，而要求勞工在約定期間內要再就業時，須先
將新雇主、新工作內容陳報給前雇主審查，前雇主認有競業禁止必要時，前
雇主才開始給付補償金換取勞工不去競業，假如前雇主審查後認無限制必要，
則放任勞工去就業但也不給予補償等等。樣態凡多，有些甚屬取巧，但均屬
違反勞動基準法施行細則第 7 條之 3 第 2 項規定之不合理補償約款，應一概
認為全部競業禁止約款無效，無調整到合理程度命雇主按法定方式為合理補
償給付後宣告約款有效之餘地。

㈣禁止競業之區域、職業活動之範圍及就業對象

　　此即本件臺高院法律座談會討論之主要對象。最後的決議為：「競業禁止
約定中有關競業禁止之時間、地區、範圍及方式，如依社會一般觀念及商業

習慣，認為有部分已逾越合理之範疇，應僅該部分係違反勞動基準法第 9 條之 1 第 1 項第 3 款規定，依同條第 3 項規定，其約定為無效，至尚在合理範圍之部分，既屬合理適當且不危及勞工之工作權，則兼為確保雇主之利益，並促進經濟之發展，自應認為有效，而無從嚴認定競業禁止約款全部無效之必要。最高法院 75 年台上字第 1261 號判例意旨參照。」簡言之，採合理化規整原則，而且還把過長「期間」的規整也一起拉進來一起統整處理。

五、對於上揭臺高院法律座談會決議採合理化規整原則，本文有不同看法。在勞動基準法第 9 條之 1 增訂前採「合理化規整原則」雖然極端不合理❸，但至少在法律上還可謂並無違反實定法之明文規定。惟於勞動基準法第 9 條之 1 增訂後，本文認為再無合理化規整原則適用餘地。按勞動基準法第 9 條之 1 第 3 項規定：「違反第一項各款規定之一者，其約定無效。」而第 1 項第 3 款規定：「競業禁止之期間、區域、職業活動之範圍及就業對象，未逾合理範疇。」本文認為就立法規範而言，其實已經明文規定過苛條款為無效。蓋競業禁止約定為「一個」約定，條文所稱的「其約定」也僅指該「一個」競業禁止約定，無從分割為「合理」部分的競業禁止約定，與另一個「逾合理範疇」部分的競業禁止約定。尤其勞動基準法第 9 條之 1 第 3 項後段規定形式為：「其約定無效」，並非規定為「逾合理範疇部分之約定無效」，更再無採所謂合理化規整原則之餘地。

六、有論者討論此一問題時認同臺高院本則決議見解，理由指出：「倘若認為雇主與勞工所約定之競業禁止約定，若有部分條款逾勞動基準法 9 條之 1 第 1 項第 3 款之『合理範疇』即使全部競業禁止約定無效者，無異要求雇主於擬定契約之時須絲毫不差地與事後審查契約效力之法院，在價值判斷上完全相同、無所偏差，競業禁止之約定方生效力，此種認定將使雇主承擔過重之法律風險，且無助於競業禁止條款在實務上之合理運用❹。」論者認為

---

❸ 對「合理化規整原則」之批評，請參拙著，勞動訴訟實務，頁 428，2020 年 9 月。

❹ 許景翔，競業禁止約款部分逾越合理範疇，僅逾越部分無效？——臺灣高等法院

如採「全有全無」原則，即無異於要求雇主在擬定條款時，必須與事後審查之法院在價值判斷上「絲毫不差、完全相同、無所偏差」，競業禁止之約定方生效力，而如此要求顯然使雇主承擔過重之法律風險等語。

七、本文淺見以為上揭論述可能是出於誤會。從來沒有人要求競業禁止約款必須與法院認定的合理標準「絲毫不差、完全相同、無所偏差」方生效力，相反的，只要在合理標準「以內、以下、以降」都可發生效力，從無要求必須與法院認定的合理標準「完全相同、絲毫不差」之情事。而會有要與法院認定合理標準「絲毫不差、完全相同、無所偏差」的看法，極可能是為追求雇主利益的極大化，即雇主在擬定競業禁止約款時，希望把競業禁止的利益極大化到極點，希望約款的禁制範圍盡可能的達到近乎合理極限與過苛的分界點，但這個分界點事實上每個法官都不一樣，要利益極大化等同在賭博，就必須承受賭輸的不利益。這本來是條款擬定者必須承受的風險，如果還要把此一風險轉嫁給條款擬定者的相對人，才真正是最大的不公平！

八、查法院事後的審查標準，固然無法求其完全一致，但也並非完全不能預測，總是有一個尚可客觀預期的「標準區」（而不是一條「標準線」）存在，固不可能達到像上述論者講的那樣「分毫不差」，但這時雇主為求安全就會選擇稍退讓一點，把禁制界線畫在標準區的下限之下一點點，以求可以通過任何法院最嚴苛的審查，這是作者早在 1997 年時就已提出的觀點。如此一來將使過苛條款絕跡，勞工所受束縛也會達到最低，可謂勞資雙贏。反之，合理化原則完全未慮及離職後競業禁止條款制定者的僥倖心態，條款制定者（雇主）明知條款再怎麼過苛、不合理，雇主都不虞喪失條款在「合理」範圍內必仍會有效執行的利益，而且雇主會喪失「過苛」部分之利益，還必須是勞工提出不合理抗辯才有此一可能，但不是每個勞工都會提出訴訟。則圖僥倖的雇主將條款越訂越苛，其仍有恃無恐，反正再怎麼不合理，其最低限

---

106 年度勞上字第 38 號判決評析，月旦會計實務研究，第 26 期，頁 108，2020 年 2 月。

度仍還是會享有限縮至合理範圍內仍然有效之利益，如此一來條款越訂越苛刻，勞工所受束縛越深反彈越大，勞資糾葛永無寧日矣！

肆、結　語

　　勞動基準法第 9 條之 1 增訂之後，作者以為過苛條款依同條第 3 項規定最後一句：「其約定無效。」再也無合理化規整原則適用餘地，此為立法裁量空間，既已由立法者作出選擇，並無存在法律漏洞，而得由法官造法以司法解釋方式另採「合理化規整原則」之空間。因此，本文淺見以為臺高院暨所屬法院 107 年法律座談會民事類提案第 7 號決議，所通過的審查意見違背法律的明文規定，應無足採，法官於審理具體個案時，允宜不予參考援用。

▶ 最新綜合六法全書

陶百川、王澤鑑、葛克昌、劉宗榮／編纂

　　三民書局綜合六法全書嚴選常用法規逾七百種，依憲、民、民訴、刑、刑訴、行政及國際法七類編排，條號項下參酌立法原意，例示最新法規要旨，重要法規如民、刑法等並輯錄立法理由、修正理由、相關條文及實務判解。書末列有法規索引及簡稱索引，悉依筆畫次序排列，幫助快速搜尋法規；並於每類法規首頁設計簡易目錄、內文兩側加註條序邊款及法規分類標幟，提高查閱便利。另蒐錄最新司法院大法官解釋等資料，可以說是資料最豐富、更新最即時、查閱最便利的綜合六法全書，適合法學研究、實務工作、考試準備之用，為不可或缺之工具書。

國家圖書館出版品預行編目資料

勞動訴訟裁判評釋／陳金泉著.－－初版一刷.－－臺
北市：三民，2021
面；　公分

ISBN 978-957-14-7299-7　（平裝）
1.勞動法規 2.訴訟法 3.裁判 4.判決

556.84　　　　　　　　　　　　　　110015731

勞動訴訟裁判評釋

作　　　者	陳金泉
責任編輯	沈家君
美術編輯	蔡季吟

發 行 人	劉振強
出 版 者	三民書局股份有限公司
地　　址	臺北市復興北路 386 號 (復北門市)
	臺北市重慶南路一段 61 號 (重南門市)
電　　話	(02)25006600
網　　址	三民網路書店 https://www.sanmin.com.tw

出版日期	初版一刷 2021 年 11 月
書籍編號	S586530
I S B N	978-957-14-7299-7

三民書局